ALGARVE

Les auteurs du guide Évasion Algarve

Blogueuse voyage passionnée par le Portugal dont elle est originaire *(www.detoursdumonde.fr)*, **Sabrina Pessanha Foucaud** livre ici le meilleur de l'Algarve : plages dorées aux eaux translucides, villages authentiques de l'Algarve intérieure, falaises déchiquetées face à l'Atlantique... Son coup de cœur ? Une balade au fil de l'eau dans le Parc naturel de Ria Formosa.

Audrey Nguyen, franco-portugaise, est auteur d'un blog de voyage sur le Portugal où elle a élu domicile *(www.bomdiaportugal.fr)*. En Algarve, elle a écumé les plages festives, testé *cataplana* et *petiscos* et randonné dans la serra de Monchique.

Ont également collaboré : **Denis Montagnon,** auteur de l'édition originale du guide *Évasion Portugal* et **Sophie Tardy-Joubert,** qui a contribué à l'actualisation de ce même guide.

Guide évasion

A.2.4.0.9.L

Sommaire

L'Algarve
en un coup d'œil

Avec ses 200 km de littoral, presque autant de plages et trois chaînes de montagnes qui la protègent des vents du nord, l'Algarve est une destination-phare pour le tourisme balnéaire. Pourtant, cette région la plus au sud du Portugal est bien plus qu'une grande station estivale et festive ! Poussez à quelques minutes des côtes et retrouvez-vous dans le cœur authentique de l'Algarve où sentiers de randonnées, paysages naturels de grande beauté et riche patrimoine culturel font de cette région une destination aux charmes insoupçonnées.

Pour voir l'essentiel de l'Algarve : Vous ne pourrez pas tout voir en une semaine. Concentrez-vous sur Faro et ses plages, le parc naturel de Ria Formosa, Albufeira, Lagos et la région de Monchique. Si vous avez plus de temps, mettez le cap sur la côte ouest pour une balade iodée, attardez-vous dans les petits villages de l'arrière-pays et profitez des nombreux festivals qui rythment la belle saison.

Vous êtes plutôt plage ? Cela tombe bien, l'Algarve compte plus d'une centaine de plages. De la célèbre Praia da Rocha à la grande plage de sable fin de Faro, en passant par les petites criques secrète des environs d'Albufeira, les possibilités sont infinies.

Vous préférez un séjour nature ? L'Algarve, ce sont aussi trois sentiers de grande randonnée. Direction la côte ouest de l'Algarve ou l'arrière-pays.

À faire

Après avoir apprécié les plus belles plages de la région, prenez le temps de découvrir les vieilles villes de Faro, d'Albufeira ou de Lagos et leurs ruelles typiques. Vous aimez observer les oiseaux et la faune marine ? Faites un tour en bateau dans le parc naturel de Ria Formosa. Besoin d'action ? Initiez-vous au surf sur la côte ouest, à Carrapateira, découvrez les rochers de Ponta da Piedade en kayak de mer ou enfilez masque et tuba pour flirter avec les anémones de praia da Marinha. Envie de vert ? Prenez les chemins de montagne autour de Monchique, à la découverte des forêts d'eucalyptus, enfourchez un VTT pour une randonnée sportive ou croisez le fer au golf de Quinta do Lago. Décompressez aux thermes de Caldas de Monchique ou au pied des cascades cachées de la serra de Monchique. Enfin, si vous vous rêvez chevalier des temps anciens, filez à Silves admirer son château maure ou grimpez sur les murailles de Castro Marim pour narguer l'Espagne !

Le blog Évasion

Faites un tour sur notre blog (www.guide-evasion.fr) et sur nos pages Facebook (GuideEvasion), Twitter et Instagram (@guideevasion) : vous y retrouverez l'actu des destinations, les conseils et les idées de découverte de nos experts du voyage.

- **Climat :** En été, la température moyenne oscille entre 18 °C et 30 °C. Si vous souhaitez éviter les foules estivales, les meilleures périodes sont le printemps et l'automne avec des températures maximales respectivement de 23 °C et 20 °C.
- **Formalités :** carte d'identité ou passeport en cours de validité.
- **Durée de vol :** 2 h 30 de Paris à Faro.
- **Décalage horaire :** moins 1 h été comme hiver par rapport à la France métropolitaine.
- **Budget :** L'Algarve est l'une des destinations européennes offrant le meilleur rapport qualité/prix. Comptez moins de 15 € pour un repas (hors boisson) ; moins de 100 € la nuit en hôtel 4 étoiles ou en chambre d'hôtes de charme.

Dans la vieille ville de Faro

Les incontournables

Ponta da Piedade

Faro

La porte de l'Algarve a plus d'un charme dans son sac. À l'abri des remparts, dans la Vila Adentro (la vieille cité de Faro), on découvre une ville agréable à vivre, même en plein cœur de l'été. Ruelles, placettes, restaurants et musées donnent envie de flâner en toute saison.

> *p. 35*

Le parc naturel de Ria Formosa

La Ria Formosa est un somptueux territoire lagunaire protégé qui fait face à Faro. Les plages et les différents parcours balisés du parc (Trilho de São Lourenço et Quinta do Marim) offrent de formidables terrains de jeu. Pour apprécier toute la beauté du site, réservez un circuit en bateau au départ de Faro, Olhão ou Fuzeta.

> *p. 40*

Tavira

Avec ses nombreuses églises, ses maisons patriciennes qui se reflètent dans le fleuve Gilão et ses salines, Tavira est sans conteste l'une des plus belles villes de l'Algarve. Le quartier du port, le pont romain et le castelo dos Mouros sont une invitation à la flânerie. En été, des bateaux relient en quelques minutes la ville aux plages de l'île de Tavira.

> *p. 45*

Ponta da Piedade

À 4 km au sud de Lagos, ne manquez pas Ponta da Piedade, un site naturel de grande beauté composé d'arches et de grottes marines bordées par l'océan vert émeraude. Et pour une tout autre perspective sur le site, embarquez pour une balade guidée des grottes en bateau !

> *p. 56*

Praia da Rocha

Au pied de Portimão, c'est l'une des plages les plus célèbres de l'Algarve et la toute première station huppée de la côte. Sa particularité ? Des formations rocheuses uniques creusées de grottes, une eau cristalline et une vie nocturne trépidante. Allez-y hors saison pour l'apprécier au mieux.

> *p. 60*

Ria Formosa

Albufeira

Albufeira

Bienvenue dans cette immense station balnéaire de 15 km de long ! Ancien port de commerce avec l'Afrique, Albufeira concentre aujourd'hui la moitié des hôtels de l'Algarve. Perdez-vous dans les ruelles du village blanc, plantez votre parasol sur l'une des 25 plages et terminez la journée à la « Sunset party » du bar de plage NoSoloÁgua *(p. 136)*.

> p. 67

Le cap Saint-Vincent

Un cap mythique. Point de départ de l'épopée des grandes découvertes aux XVe-XVIIe s., le cabo de São Vicente marque l'extrémité sud-ouest de l'Europe. Le paysage rocheux chaotique des falaises battues par le vent donne un sentiment de vertige et de bout du monde. Son phare est l'un des plus puissants d'Europe.

> p. 76

Trilho dos Pescadores

Ce « Sentier des pêcheurs » est un tronçon du GR11 Rota Vicentina qui offre de très belles balades de difficulté variable. Emprunter ce sentier suspendu, c'est sillonner la côte ouest le long des falaises, comme le font les pêcheurs, sans jamais quitter l'océan des yeux. Une occasion unique pour découvrir de très belles plages sauvages et une tout autre facette de la région.

> p. 76

La serra de Monchique

Imaginez des forêts denses de chênes verts, de pins, d'arboursiers et d'eucalyptus… Bienvenue en Algarve ! Les douces montagnes de Monchique

Trilho dos Pescadores, Praia de Odeceixe

Caldas de Monchique

et le microclimat qui caractérise cette région de l'arrière-pays vont vous surprendre. Au menu : randonnée, cure thermale à Caldas de Monchique et balade VTT dans la *serra*.

> *p. 88*

Le château de Silves

On ne voit que lui ! Ce château du XIe s. à l'enceinte crénelée de grès rouge, d'où son nom – Al Hamra, a été érigé par les Maures sur les fondations d'une ancienne citadelle romaine. Superbement conservé, l'intérieur du château médiéval abrite les vestiges d'un palais, une ancienne citerne et une galerie souterraine qui servait à acheminer l'eau en période de siège.

> *p. 95*

Château de Silves

Castro Marim et sa forteresse

Si vous aimez…

Plage de Carvoeiro

Vous poser sur une plage

L'Algarve compte une centaine de plages, toutes plus belles les unes que les autres. Ce sont de grandes plages de sable fin, entrecoupées de petits promontoires dorés, bordées de hautes falaises ou d'un cordon lagunaire. Ambiance sport sur celles de la côte ouest, festive à Albufeira ou plus familiale à l'est… Il y en a vraiment pour tous les goûts ! *(Voir aussi Nos plages préférées, p. 17)*

Marcher en pleine nature

Malgré sa taille réduite, l'Algarve compte trois sentiers de grande randonnée : à l'ouest, la Rota Vicentina *(p. 75)* ; dans les terres, la Via Algarviana *(p. 84)* ; à l'est, la Grande Rota do Guadiana *(p. 120)*. Trois sentiers balisés et une multitude d'expériences à la clé : plages immenses battues par les vents, forêt dense, petits villages, patrimoine et traditions…

Le sport en plein air

Surf sur la côte ouest, parapente au-dessus du parc naturel de Ria Formosa, canoë sur les barrages de l'arrière-pays, golf à Quinta do Lago, VTT dans la serra de Monchique ou encore plongée à Sagres… Nul doute, l'Algarve vous réserve une large gamme d'activités sportives pour assouvir votre passion tout en admirant la beauté de ses paysages. *(Voir aussi Nos activités préférées, p. 19)*

Les châteaux médiévaux

L'Algarve compte autant de châteaux que l'écu rouge figurant sur le drapeau du Portugal, c'est-à-dire sept. Héritage de plus de cinq siècles de présence arabe, ces forteresses militaires ont pour la plupart été reprises aux Maures par le roi du Portugal (Afonso III), au XIIIe s. Les plus célèbres : Silves *(p. 95)*, Paderne *(p. 97)*, Castro Marim *(p. 117)* et Alcoutim *(p. 113)*.

Faire la fête

Profiter de la vie en Algarve, c'est souvent siroter un cocktail en terrasse, *chiller* en écoutant un DJ set à Praia da Rocha ou tout simplement se retrouver entre amis dans un bar à *petiscos*. Bar dans les criques à Carvoeiro, *sunset party* sur la plage à Albufeira, bar à vins à Loulé, soirée fado à Santa Luzia… Les occasions ne manquent pas. Pour un maximum d'ambiance, privilégiez Praia da Rocha *(p. 60)* et Albufeira *(p. 67)*.

Surfeurs sur une plage vers Sagres

Golf de Vale do Lobo à Almancil

L'artisanat et les traditions

L'Algarve est une terre de savoir-faire et de traditions. Pêche, ramassage de bivalves, récolte du liège ou ramassage de fleur de sel sont autant d'activités traditionnelles qui se transmettent de génération en génération. Le museu regional do Algarve, le museu do Traje à São Brás de Alportel *(p. 105)* et le museu do Mar e da Terra à Carrapateira *(p. 80)* proposent un bel aperçu de ce patrimoine culturel riche.

Talève sultane, parc de Ria Formosa

Le golf

L'engouement pour le golf en Algarve est né dans les années 1960 avec l'arrivée des touristes anglais férus de ce sport. La région regroupe trente 18-trous et huit 9-trous, soit la moitié des golfs portugais. Piste sinueuse à travers les pins et les lacs ou terrain perché sur une falaise face à l'océan… Les parcours de l'Algarve réservent de belles surprises! Les plus réputés sont situés entre Vilamoura et Faro *(encadré p. 137)*.

Observer les oiseaux

La richesse ornithologique de l'Algarve est indissociable de la biodiversité qui caractérise les nombreux sites naturels protégés de la région: péninsule de Sagres, vasières de la Ria d'Alvor, Quinta do Lago, parc naturel de Ria Formosa, salines de Castro Marim… Sagres organise chaque année un festival dédié à l'observation des oiseaux pendant la migration *(p. 140)*.

Déguster des saveurs nouvelles

Thon, palourde, couteau, poulpe, seiche… La cuisine de l'Algarve est

par tradition tournée vers la mer et sa diversité de produits. C'est le moment d'égayer vos papilles avec d'étranges coquillages et crustacés tels pouce-pieds ou tellines. En dessert, découvrez les pâtisserie à base de farine de caroube, d'amande ou de patate douce. Plusieurs festivals rendent hommage à la gastronomie régionale.

Les festivals traditionnels

Ils sont en général dédiés à un produit du terroir ou aux traditions du Moyen-Âge. Ainsi, Portimão a son Festival de la sardine (août), Aljezur son Festival de la patate douce (automne), Monchique sa foire au jambon et son Festival de l'eau-de-vie d'arbouse (en été) et Vila do Bispo a son Festival du pouce-pied (automne). À ne pas manquer : en août, les festivals médiévaux de Silves *(p. 147)* et de Castro Marim *(p. 150)*.

Les ports de charme

Commencez par une promenade sur le minuscule port de pêche d'Alvor *(p. 58)*. Profitez d'une étape à Olhão *(p. 43)* pour flâner sur le port en attendant le retour des pêcheurs de sardines, et admirez leur attirail ! À Tavira *(p. 45)*, les conserveries d'antan ont disparu mais quelques barques multicolores et chaluts subsistent. Profitez également du charme paisible des petits ports de Ferragudo *(p. 60)* et de Fuseta *(p. 44)*.

Port de Ferragudo

La grotte de Benagil,
le long du Percurso dos Sete Vales Suspensos

L'Algarve, c'est aussi…

Une île déserte

Comme son nom l'indique, l'ilha Deserta (ou ilha da Barreta) est une île inhabitée au large de Faro. Sur ce cordon dunaire, vous ne trouverez qu'un restaurant et des kilomètres de sable blanc bordés par l'océan turquoise. Accès par bateau depuis Faro *(p. 41)*.

Des cascades cachées

La serra de Monchique réserve de belles surprises, comme ces trois cascades (Barbelote, Chilrão et Penedo do Buraco), toutes accessibles en voiture pour peu qu'on ait l'esprit aventureux. Depuis Fóia, vous pouvez les découvrir à pied, en suivant les indications du GR Via Algarviana *(p. 91)*.

Un sentier « suspendu »

Lande, belvédères secrets, petits canyons et eaux émeraude… Le **Percurso dos Sete Vales Suspensos,** qui serpente sur la côte au sommet des falaises, vous conduira de surprise en surprise sur près de 6 km. Sur le parcours, vous pourrez admirer la célèbre grotte marine de Benagil *(p. 65)*.

Des amandiers en fleurs

Le printemps est la saison idéale pour admirer le spectacle. Entre mer et montagne, les collines de l'arrière-pays se parent d'un manteau blanc et rose pâle. Pour être aux premières loges, optez pour une randonnée sur la Via Algarviana *(p. 108)*.

Des géants verts

Eucalyptus, châtaigniers, magnolias et pins géants (de 15 à 50 m de hauteur) poussent dans la région montagneuse de Monchique. Partez à leur rencontre en arpentant les sentiers aménagés du GR Via Algarviana. Un guide dédié présente les itinéraires.

Un spa dans une saline

Dans l'est de l'Algarve, au cœur de la réserve naturelle de Castro Marim, offrez-vous une séance de bien-être et de relaxation hors du commun. À l'intérieur d'une saline, vous pourrez bénéficier d'un massage, d'un gommage aux cristaux de sel ou d'une séance de flottaison *(p. 150)*.

Un village abandonné transformé en hôtel

À quelques kilomètres au nord de Vila do Bispo, le village abandonné de Pedralva a pu retrouver une seconde jeunesse grâce à une bande de copains. En rachetant une trentaine de maisons en ruines, ils ont créé Aldeia da Pedralva, un concept hôtelier très original *(p. 78)*.

Une tyrolienne qui se joue des frontières

Cette attraction consiste à traverser le fleuve Guadiana au départ du village frontalier de Sanlúcar, en Espagne, pour rejoindre Alcoutim sur l'autre rive… au Portugal ! D'une longueur de 720 m, la tyrolienne Limite Zero vous transporte à 70 km/h *(p. 114)*.

Un cimetière naval sous-marin

Les amateurs de plongée trouvent leur compte en Algarve depuis l'installation d'un récif artificiel baptisé Ocean Revival *(p. 60)*. Pour le créer, quatre navires de guerre de la Marine portugaise ont été coulés à 5 km des côtes de Portimão.

Praia da Bordeira

Nos plages préférées

Praia da ilha do Farol

Envie d'être seul(e) au monde ? Depuis Olhão ou Faro, prenez un bateau en direction du village de Farol et de sa plage sur l'île de Culatra. Son grand ruban de sable désert se déroule au pied d'un petit village de pêcheurs. Avis aux amateurs de naturisme !

> *p. 42*

Praia da ilha de Tavira

Une très belle plage familiale située sur l'ilha de Tavira, qu'on atteint en bateau au départ de Tavira. Cette île fait partie du cordon lagunaire séparant le parc naturel de l'océan. Eaux calmes et tièdes, le parasol est de rigueur.

> *p. 42*

Praia de Cacela Velha

Ce petit bijou de l'est de l'Algarve est situé cœur du parc naturel de Ria Formosa, face au village de Cacela Velha. À marée basse, on y accède à pied en traversant la lagune, et sinon en barque à moteur. Le spot idéal pour être seuls au monde… sauf en été !

> *p. 47*

Praia do Vau

Au sud de Portimão, les eaux calmes de praia do Vau plairont aux familles. Grâce aux rochers qui l'entourent, cette jolie plage est bien abritée du vent. À marée basse, on peut atteindre sa voisine, la praia da Rocha *(p. 60)*.

> *p. 60*

Praia da Marinha

Cette plage a tous les attributs du spot paradisiaque : magnifiques falaises dorées creusées de grottes, eaux translucides riches en poissons et lumière incroyable. Un sentier pédestre permet de l'admirer depuis les hauteurs.

> *p. 65*

Praia do Camilo

Cette plage de Lagos en forme de coquillage est accessible via un long escalier de 200 marches. Le sable est d'or, et les majestueuses falaises dentelées creusent de petits tunnels à explorer.

> *p. 56*

Meia Praia

À quelques encablures à l'est des petites plages bondées de Lagos, se trouve la plage de sable de Meia Praia. Très étendue, elle offre de belles promenades et d'agréables baignades avec une eau plus chaude que celle des plages du sud de Lagos.

> *p. 56*

Praia do Amado

Ses hautes falaises et les grosses vagues de l'océan attirent les sportifs intrépides et les amoureux de nature. La plage possède sa propre école de surf.

> *p. 80*

Praia da Bordeira

Au sud d'Aljezur, sur la côte ouest, voici une immense bande de sable qui se fond dans les dunes où coule une petite rivière calme. La sublime praia da Bordeira plaira particulièrement aux familles.

> *p. 80*

Praia de Odeceixe

Après la découverte du village, une halte sur la plage abritée d'Odeceixe s'impose ! Coincée entre les falaises, cette plage originale se compose d'une zone « plage » et d'une zone « rivière » avec un cours d'eau que vous pourrez parcourir en canoë. Même si l'eau est fraîche, le cadre reste magnifique.

> *p. 83*

Kayak au large de Lagos

Nos activités préférées

Surfer à Carrapateira

Pratiquant confirmé ou débutant, les opportunités de taquiner la vague ne manquent pas autour de Carrapateira. Praia do Amado, très prisée des étrangers, est la destination idéale pour une initiation au surf. En matière de paysages, on est servi : la roche calcaire offre une large palette de couleurs *(p. 141)*.

Sillonner l'Algarve à vélo

Selon votre niveau d'expérience, vous pourrez sillonner les sentiers de l'arrière-pays à votre rythme. Les parcours à travers la serra de Monchique figurent parmi les plus exigeants. L'Algarve peut être parcourue à vélo d'ouest en est par l'Ecovia, la piste cyclable du littoral *(encadré p. 146)*.

Faire du snorkeling à la praia da Marinha

N'oubliez pas vos masque et tuba car la très belle praia da Marinha est un spot de snorkeling réputé. Anémones, étoiles de mer, oursins et petits poissons apprécient son habitat naturel composé de roches dorées immergées. *(p. 65)*.

Jouer au chevalier à Castro Marim

Durant plusieurs jours au mois d'août, Castro Marim accueille les Journées médiévales (*Dias medievais*), un festival de grande qualité qui transporte les visiteurs au Moyen-Âge *(p. 150)* : chevaliers dans l'enceinte du château, souks, banquets médiévaux, danseuses orientales, défilés costumés…

Préparer une *cataplana*

Cette spécialité à base de fruits de mer, de coquillages et de poissons frais porte le nom de l'ustensile traditionnel en cuivre dans lequel elle est préparée : la *cataplana.* Vous pourrez en préparer une vous-même en participant aux ateliers Loulé Criativo à Quinta do Lago *(p. 128)*.

Nager avec les hippocampes

Encadrés par un guide-biologiste, vous gagnez en bateau la praia da Barra (Fuseta) puis descendez de bateau pour rejoindre les eaux calmes de la lagune où vivent deux espèces d'hippocampes. Masque et tuba suffisent pour observer ce poisson fascinant qui nage souvent près du bord *(p. 130)*.

Tresser un panier typique comme un artisan

L'*empreita,* art de tressage de la palme et du roseau, est une activité traditionnelle en Algarve. Vous pourrez vous initier à cet art et réaliser votre propre panier tressé à Loulé, avec TASA *(p. 100)*, et observer un vannier en plein travail sur le site de Fonte de Benémola *(p. 103)*.

Prendre soin de son corps

Faites-vous chouchouter en réservant un soin aux thermes de Caldas de Monchique *(p. 143)* dans un cadre luxuriant et hydratez votre corps en buvant l'eau de source locale. La plupart des hôtels de luxe du littoral intègrent un spa proposant des massages en extérieur. De quoi finir son séjour en beauté !

Faire du kayak de mer

Êtes-vous plutôt océan ou lagune ? En Algarve, le kayak de mer peut se pratiquer dans les grottes de Lagos *(p. 132)*, entre Ferragudo et Carvoeiro ou sur la lagune, dans le parc naturel de Ria Formosa *(p. 40)*. Le moyen de transport idéal pour aller à la découverte des plages secrètes !

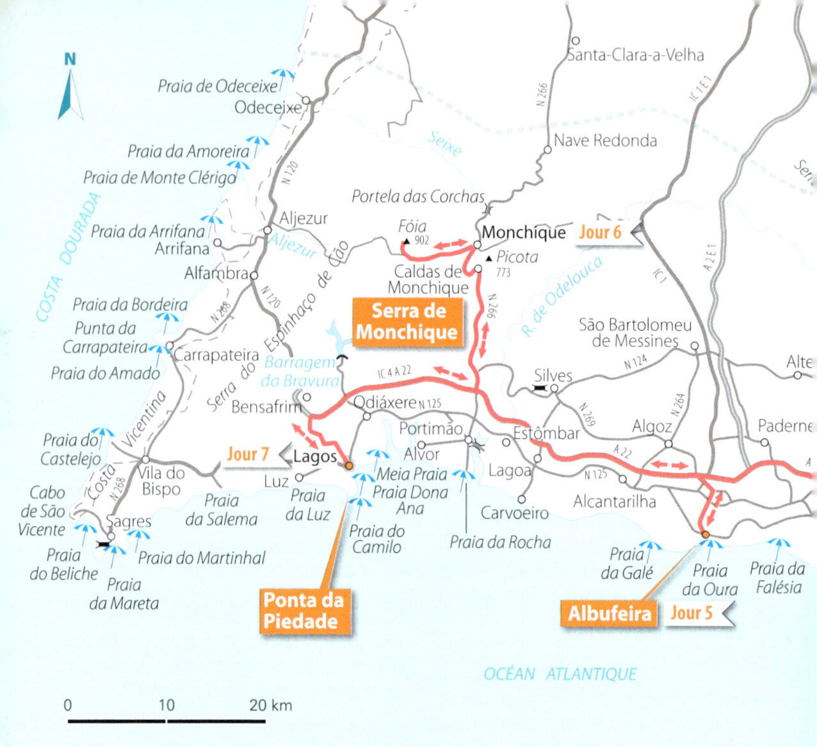

4 idées de circuits

1 semaine pour un séjour découverte

Une semaine pour goûter à l'essentiel de l'Algarve : les villes de Faro et de Tavira, le rythme lent et les plages sans fin de la Ria Formosa, l'ambiance festive d'Albufeira et les rochers dorés de Ponta da Piedade, tout en s'accordant une incursion dans les terres.

Jour 1 : Faro

➤ ***Arrivée la veille à Faro.***

Balade dans la vieille ville de Faro abritée derrière ses remparts médiévaux. Visitez le Musée municipal, pour découvrir les vestiges romains et maures de la ville, puis passez le porche de la cathédrale et grimpez au sommet du clocher pour admirer le panorama sur les lagunes et les canaux du parc naturel. Pour déjeuner, posez-vous à la terrasse de Tertúlia Algarvia *(p. 37)* : on y savoure une *cataplana* à se pâmer ! L'après-midi, rejoignez en bateau la plage de l'île de Faro. *Visite 1.*

Jours 2 et 3 : Olhão et le parc naturel de Ria Formosa

➤ ***10 km entre Faro et Olhão.***

Maisons blanches à toit-terrasse, port de pêche animé, marché pittoresque et parc naturel… Les charmes d'**Olhão,** petite ville de pêcheurs, ne laissent pas indifférent. À midi, les restaurants de poisson autour du marché font le plein. L'après-midi, rendez-vous à l'embarcadère pour aller découvrir l'**ilha do Farol,** l'une des îles du **parc naturel de Ria Formosa.** Son village blanc et sa plage immense laisse une impression mémorable (nuit à Olhão). Le lendemain, visi-

1 semaine
pour un séjour découverte

tez le Centre environnemental Quinta do Marim pour tout savoir sur la faune et la flore de la Ria Formosa, puis naviguez d'île en île dans le parc naturel. Le soir, admirez le coucher du soleil au bar **O Castelo** *(p. 125)*. Nuit à Olhão.
Visite 2.

Jour 4 : Tavira

➤ ***30 km entre Olhão et Tavira.***
Donnez-vous une bonne journée pour apprécier la charmante Tavira, sa trentaine d'églises, les vestiges de son château, son fleuve tranquille et ses salines. Après un déjeuner chez Aquasul *(p. 129)*, faites une pause digestive dans le jardin du Coreto et un brin de shopping, ou direction l'embarcadère de Quatro Águas pour passer l'après-midi sur l'immense plage de **ilha de Tavira**. Le soir, on trinque chez Taska Madeira *(p. 129)*. Nuit sur place.
Visite 2.

Jour 5 : Albufeira

➤ ***65 km entre Tavira et Albufeira.***
Retour sur le littoral pour découvrir la station balnéaire la plus touristique de l'Algarve avec son village blanc, son église-musée d'art sacré et quelques vestiges de la présence arabe. Choisissez votre plage pour l'après-midi. En soirée, à moins d'aimer les ambiances très festives, on ira dîner chez Bistro *(p. 136)*, une adresse hors des sentiers battus. Nuit à Albufeira.
Visite 5.

Jour 6 : Monchique

➤ ***60 km entre Albufeira et Monchique.***
Perdez-vous dans les ruelles pavées de Monchique, achetez du miel ou de l'eau-de-vie d'arbouse produits localement, puis prenez la route de Fóia, point culminant de l'Algarve. En chemin, déjeunez chez Luar da Fóia *(p. 144)*. D'ici, vous pourrez gagner le mont Fóia pour une petite randonnée revigorante à travers un bois de pins, de chênes-lièges et d'eucalyptus. Nuit à Monchique.
Visite 8.

Jour 7 : Lagos

➤ ***45 km de Monchique à Lagos, puis 90 km jusqu'à Faro.***
Pour plonger dans l'ambiance de Lagos, débutez votre visite par le marché municipal, face à la marina. Déjeunez sur le pouce dans la vieille ville, avant de découvrir ses trésors : maison aux arcades, église baroque Santa Maria, Musée municipal… Faites une halte au **forte da Ponta da Bandeira** avant de rejoindre praia do Camilo, puis les formations rocheuses de Ponta da Piedade. Retour sur Faro.
Visite 5.

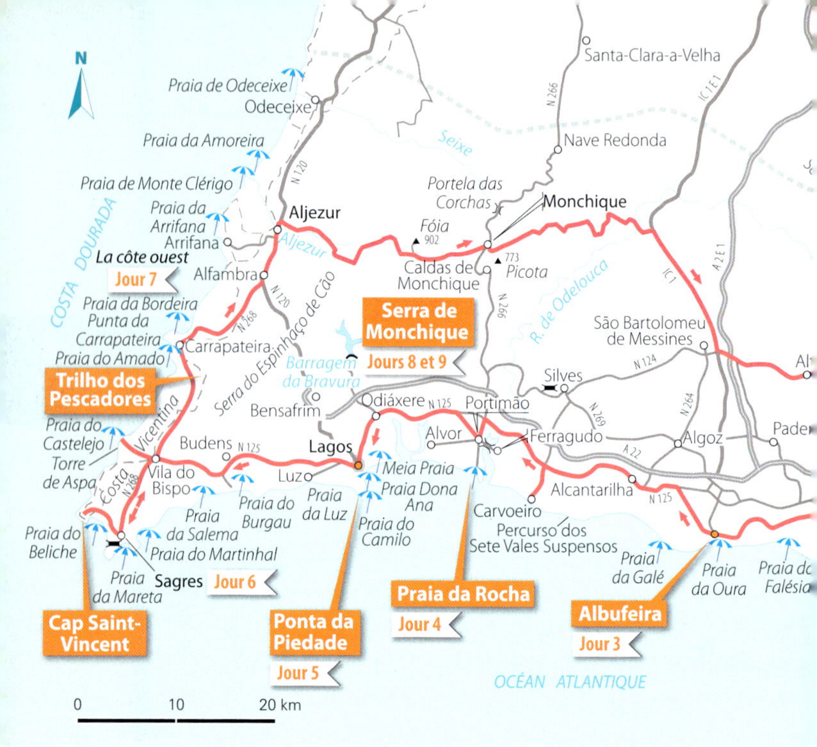

12 jours pour tout voir (ou presque)

Cette grande boucle mêle tous les plaisirs de l'Algarve : les plus belles plages de la région, les forêts d'eucalyptus de la serra de Monchique, la lagune paisible de Ria Formosa et la belle Tavira !

Jours 1 et 2 : Faro et la Ria Formosa

➤ ***Arrivée la veille à Faro***

Démarrez par la visite de la vieille ville de Faro dont vous explorerez les moindres recoins ! Visitez la cathédrale puis le museu régional do Algarve avant d'aller déjeuner chez Tertúlia Algarvia *(p. 37)*. L'après-midi sera consacré au shopping et à la visite de la ville nouvelle (nuit sur place). Le lendemain, cap sur les îles du parc naturel de Ria Formosa en bateau. Retour à Faro pour la nuit.

Visites 1 et 2.

Jour 3 : Albufeira

➤ ***40 km entre Faro et Albufeira.***

Découvrez la station balnéaire d'Albufeira et son petit village blanc préservé dont les ruelles typiques ont beaucoup de charme. Après un coup d'œil au Musée d'art sacré et une balade dans la vieille ville, posez votre serviette sur la praia do Inatel ou la praia dos Alemães. Nuit sur place.

Visite 5.

Jour 4 : D'Albufeira à Alvor

➤ ***45 km d'Albufeira à Alvor.***

Dans la matinée, rejoignez la praia do Vale do Centianes pour suivre le Percurso dos Sete Vales suspensos, un magnifique parcours à flanc de falaise semé de criques et de plages. L'après-midi, bronzez sur la praia da Rocha, puis partez en bateau à la découverte de la Ria d'Alvor, un fabuleux écosystème de lagunes, de marais et de prés salés. Passez la soirée et la nuit dans la petite cité portuaire d'Alvor.

Visite 4.

Jour 5 : Lagos

➤ ***30 km entre Alvor et Lagos.***

À Lagos, déjeunez sur le pouce avant d'explorer les trésors de la vieille ville (chapelle Saint-Antoine, Musée municipal). Visitez le fort et flânez sur l'agréable marina. Après une étape sur la praia do Camilo, allez admirer les formations rocheuses de Ponta da Piedade au soleil couchant. Nuit à Lagos.

Visite 3.

12 jours
pour tout voir (ou presque)

Jour 6 : Sagres et la pointe ouest

➤ ***30 km de Lagos à Sagres.***

Après la visite de la forteresse, découvrez le cap Saint-Vincent, le point le plus au sud-ouest de l'Europe. L'après-midi, partez à la découverte de la côte ouest sur le Trilho dos Pescadores, un sentier à flanc de falaise autrefois utilisé par les pêcheurs. Nuit à Sagres.

Visite 6.

Jour 7 : La côte ouest

➤ ***45 km de Sagres à Aljezur.***

Débutez la journée à Torre de Aspa, un superbe belvédère sur l'océan perché à 156 m au-dessus des flots ! À Vila do Bispo, goûtez les pouces-pieds au Cafe Correia *(p. 140)*, puis allez passer l'après-midi à ne rien faire sur la délicieuse praia da Bordeira. Nuit à Aljezur.

Visite 7.

Jours 8 et 9 : Serra de Monchique

➤ ***32 km d'Aljezur à Monchique.***

Respirez l'air frais de la ville thermale de Caldas de Monchique, puis gagnez Monchique et ses ruelles, avant de déjeuner chez Tasca do Petrol *(p. 88)*. Le lendemain, rejoignez le mont Fóia, point culminant de l'Algarve, pour une randonnée parmi les pins et les eucalyptus. Nuits à Monchique.

Visite 8.

Jour 10 : Alcoutim

➤ ***140 km de Monchique à Alcoutim.***

À Alcoutim, face à l'Espagne, visitez le château médiéval perché au-dessus du Guadiana, puis flânez sur les berges du fleuve ou sur la plage fluviale toujours très animée en saison.

Visite 11.

Jour 11 : Castro Marim

➤ ***37 km d'Alcoutim à Castro Marim.***

Sur la route 507, entre Alcoutim et Odeleite, faites une pause au miradouro do Pontal pour jouir de la vue sur les collines verdoyantes puis, à Guerreiros do Rio, visitez le museu do Rio. Explorez enfin Castro Marim, sa forteresse et ses marais salants (reserva natural do Sapal). Nuit à Castro Marim.

Visites 11 et 12.

Jour 12 : Tavira

➤ ***22 km de Castro Marim à Tavira, puis 40 km jusqu'à Faro.***

Consacrez du temps à la charmante Tavira, avec sa trentaine d'églises, les vestiges de son château, son fleuve tranquille et ses salines. L'après-midi, avant de profiter des plages de la Ria Formosa, passez chez Kubidoce *(p. 127)* acheter quelques douceurs. Retour sur Faro en fin de journée pour le vol retour.

Visite 2.

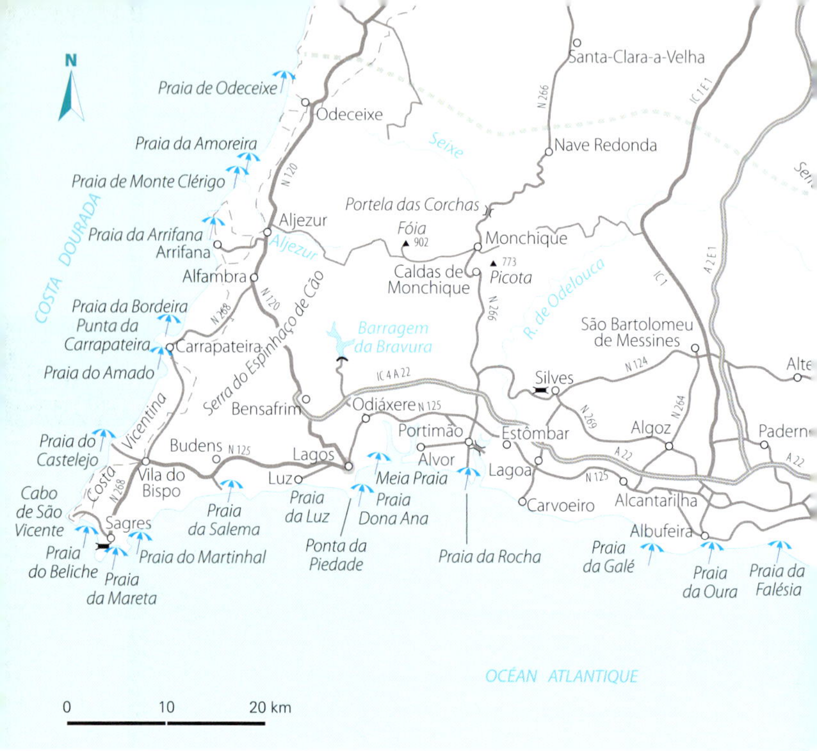

8 jours d'Algarve authentique

La plage n'est pas le seul plaisir de l'Algarve ! Partez à la découverte des lagunes de la Ria Formosa, puis plongez de Loulé à Alcoutim dans un arrière-pays discret et encore secret, à la frontière espagnole.

Jour 1 : Faro et la Ria Formosa

➤ *Arrivée à Faro*

Débutez votre visite par une balade autour de la marina et de la praça Dom Francisco Gomes pour prendre le pouls de la ville. Poussez ensuite la porte du **museu regional do Algarve** pour tout apprendre sur l'habitat et les métiers traditionnels, avant de déjeuner en terrasse. Passez ensuite l'arco da Vila, la porte de la **vieille ville,** grimpez au sommet du clocher de la cathédrale pour une vue imprenable sur la **Ria Formosa,** puis rejoignez l'embarcadère pour un après-midi plage sur l'**ilha do Farol.**

Visites 1 et 2.

Jour 2 : Estói et São Brás de Alportel

➤ *20 km entre Faro et Loulé.*

À **Milreu,** découvrez les ruines d'une villa romaine du IVe s., puis le palais rococo d'**Estói.** À **São Brás de Alportel,** déjeunez au restaurant Lagar da Mesquita *(p. 148),* ancien pressoir à huile. Visitez le **Musée ethnographique,** marchez sur l'ancienne **voie romaine,** avant de visiter une **usine** de transformation de liège. Nuit à Loulé.

Visites 1 et 9.

Jour 3 : Loulé et Salir

Le matin, prenez le pouls de **Loulé** au **marché municipal,** un bel édifice néomauresque, avant d'admirer les vestiges du **château** et de flâner dans les rues du **quartier historique.** Déjeunez chez Museu do Lagar *(p. 145),* avant de prendre la route en direction de **Salir** avec son **château** du XIIe s. ouvrant sur la serra de Caldeirão. S'il vous reste des forces, promenez-vous à **Fonte de Benémola.** Nuit à Loulé.

Visite 9.

Jour 4 : Barranco do Velho et la serra do Caldeirão

➤ *60 km de Loulé à Vaqueiros.*

Explorez l'Algarve authentique en suivant les sentiers de la **Via Algarviana.** Après une courte étape à **Barranco do Velho,** progressez à travers les paysages

8 jours d'Algarve authentique

verdoyants de la **serra do Caldeirão.** Au programme: visite d'une distillerie familiale, achat d'objets en liège et découverte de granges circulaires d'origine préhistorique à **Cachopo.** Nuit à Vaqueiros.
Visite 10.

Jour 5 : Alcoutim

➤ ***37 km de Vaqueiros à Alcoutim.***

Autre étape du séjour, la ville frontalière d'Alcoutim. Visitez son **château,** flânez sur les berges du fleuve Guadiana ou lézardez au soleil sur la **plage fluviale** très animée en saison. Alcoutim vous invite à ralentir ! Nuit sur place.
Visite 11.

Jour 6 : Vila Real de Santo António

➤ ***40 km d'Alcoutim à Vila Real de Santo António.***

Sur la route de Vila Real de Santo António, faites une halte au miradouro do Pontal : la vue sur les collines verdoyantes de part et d'autre du fleuve est mémorable ! À Guerreiros do Rio visitez le petit museu do Rio, puis rejoignez Vila Real de Santo António et la belle place animée du marquis de Pombal, avant de dîner sur les quais au bord du Guadiana.
Visite 12.

Jour 7 : Tavira

➤ ***22 km de Vila Real de Santo António à Tavira.***

Donnez-vous une journée pour apprécier la charmante Tavira, sa trentaine d'églises, les vestiges de son château, son fleuve tranquille et ses salines. Après un déjeuner chez Aquasul, flânez dans le jardin du Coreto ou mettez le cap sur l'embarcadère de Quatro Águas pour rejoindre l'immense plage de l'île de Tavira. Le soir, on trinque chez Taska Madeira. Nuit à Tavira.
Visite 2.

Jour 8 : Olhão

➤ ***28 km de Tavira à Olhão, puis 10 km jusqu'à Faro.***

Vous tomberez sous le charme d'Olhão, de ses maisons blanches cubiques, de son port de pêche et de son marché aux poissons où se pressent les habitants. Sa position, en bordure de la lagune, permet de profiter au maximum du parc naturel et de ses kilomètres de plages sublimes. Le soir, on se régale de tapas ou d'une généreuse *cataplana* chez Tasca O Galo *(p. 44)*. Retour à Faro.
Visite 2.

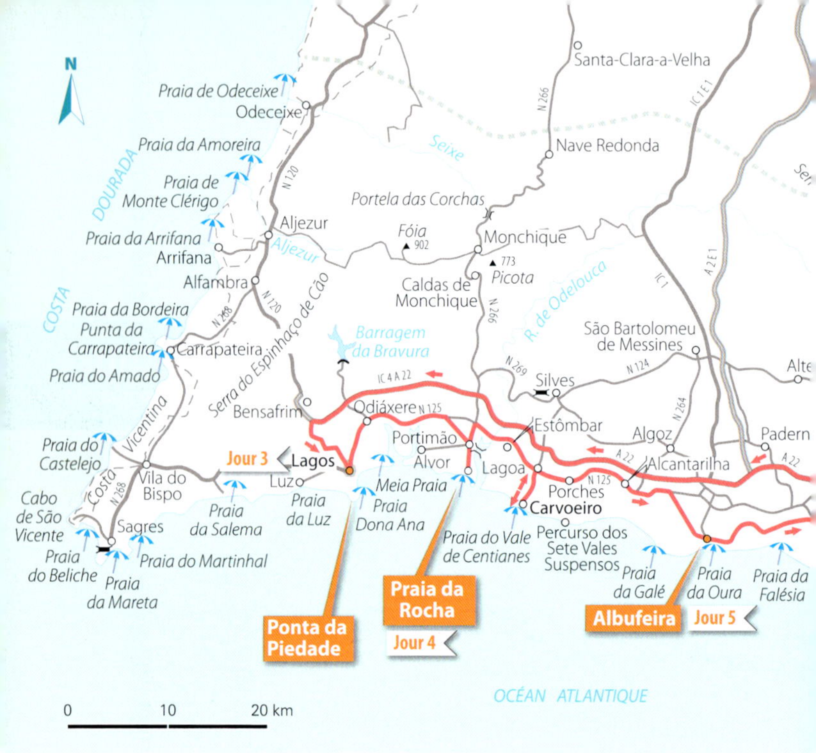

5 jours de farniente

Opération « décompression » à la découverte du meilleur de l'Algarve : immersion nature dans le parc naturel de Ria Formosa, farniente à praia da Rocha et plongeon dans les nuits folles d'Albufeira !

Jours 1 et 2 : Faro et la Ria Formosa

➤ ***Arrivée à Faro.***

Démarrez par une balade dans les ruelles de la **vieille ville** pour capturer l'âme de la capitale régionale. Visitez la cathédrale ou le **Museu municipal** avant de déjeuner au soleil chez Tertúlia Algarvia *(p. 37)*. Consacrez l'après-midi au shopping chez les artisans de la ville. Le lendemain, cap sur le **parc naturel de Ria Formosa** et ses plages tranquilles, puis refaites le monde au bar O Castelo *(p. 125)*. Nuits à Faro.

Visites 1 et 2.

Jour 3 : Lagos

➤ ***90 km entre Faro et Lagos.***

Déjeunez chez A Comidinha *(p. 132)* avant de visiter la **vieille ville** de Lagos, puis profitez de ses **plages** bordées de grottes marines. En fin de journée, gagnez **Ponta da Piedade** pour un coucher de soleil mémorable. Nuit à Lagos.

Visite 3.

Jour 4 : Praia da Rocha, Carvoeiro

➤ ***25 km entre Lagos et Praia da Rocha.***

Passez quelques heures sur la mythique **praia da Rocha** et faites quelques plongeons avant de déjeuner en terrasse. L'après-midi, dépassez Carvoeiro et arrêtez-vous à Porches chez **Porches Pottery** *(p. 137)* pour découvrir de belles pièces en faïence peinte à la main. Puis à Carvoeiro, rejoignez la **praia do Vale de Centianes** pour suivre le Percurso dos Sete Vale suspensos, un parcours à flanc de falaise semé de plages. Au soleil couchant, prenez un verre au Boneca Bar *(p. 65)*. Nuit à Albufeira *(à 29 km de Carvoeiro)*.

Visite 4.

Jour 5 : Albufeira

Le « Saint-Tropez » de l'Algarve mérite bien une journée. Déambulez dans les ruelles du village blanc, visitez le musée d'art sacré et photographiez les vestiges de la présence arabe. Après le déjeuner, tirez votre plage au sort ! Retour à Faro.

Visite 5.

5 jours
de farniente

Praia de São Rafael, Albufeira

Visiter l'Algarve

L'Algarve en 5 chapitres

L'Algarve

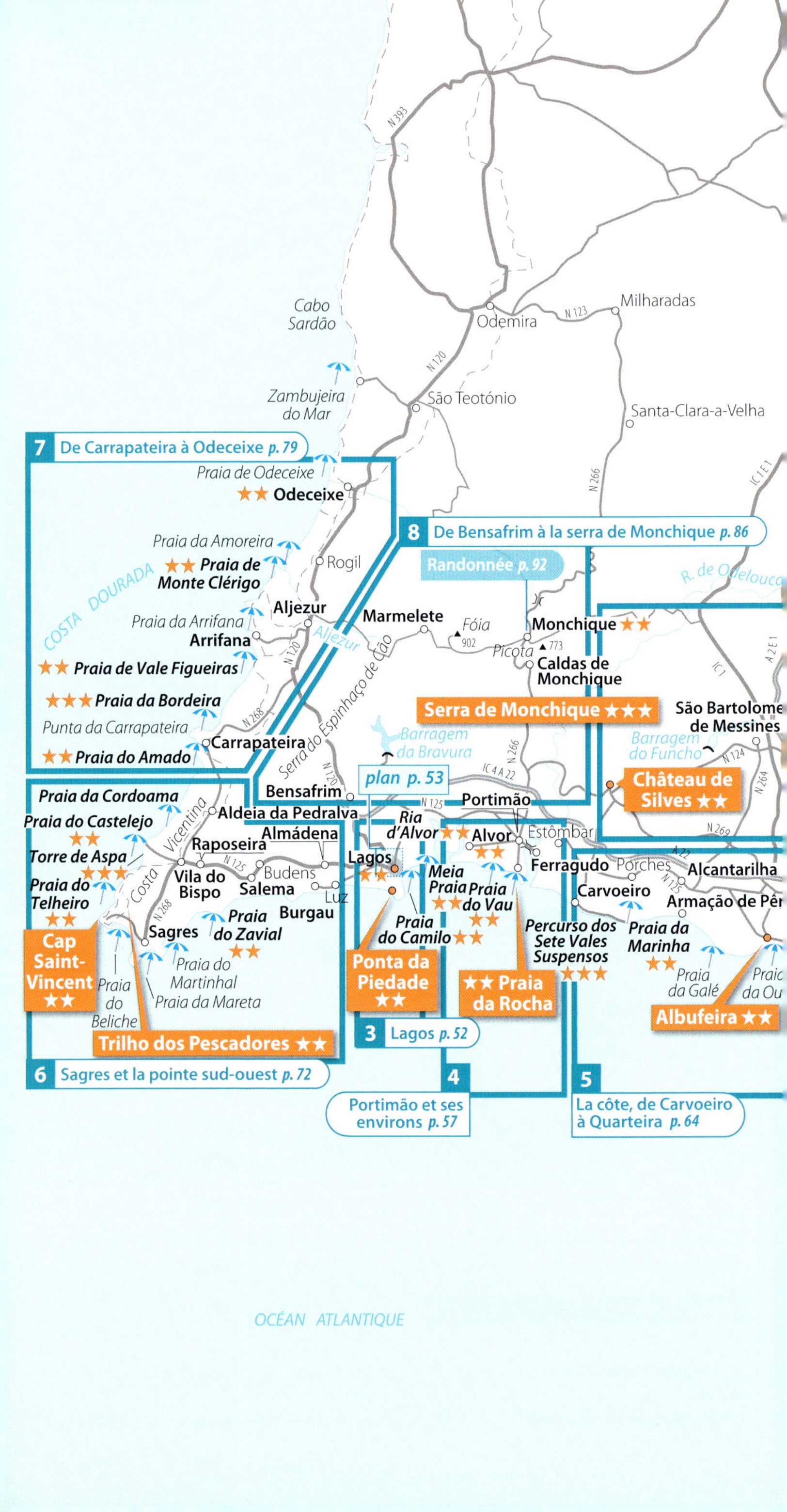

Cabo Sardão
Odemira
Milharadas
N 393
N 123
N 120
Zambujeira do Mar
São Teotónio
Santa-Clara-a-Velha
N 266
IC 1 E 1
7 De Carrapateira à Odeceixe p. 79
Praia de Odeceixe
★★ Odeceixe
Praia da Amoreira
★★ Praia de Monte Clérigo
Rogil
COSTA DOURADA
Praia da Arrifana
Aljezur
Arrifana
★★ Praia de Vale Figueiras
★★★ Praia da Bordeira
Punta da Carrapateira
Carrapateira
★★ Praia do Amado
N 268
8 De Bensafrim à la serra de Monchique p. 86
Randonnée p. 92
R. de Odelouca
Marmelete
Fóia
902
Monchique ★★
Picota
773
Caldas de Monchique
Serra do Espinhaço de Cão
Serra de Monchique ★★★
São Bartolome de Messines
Barragem da Bravura
Barragem do Funcho
N 124
N 264
IC 1
A 2 E 1
IC 4 A 22
plan p. 53
Château de Silves ★★
Bensafrim
Portimão
N 125
Praia da Cordoama
Aldeia da Pedralva
Praia do Castelejo ★★
Costa Vicentina
Raposeira
Almádena
Torre de Aspa ★★★
Vila do Bispo
Budens
Salema
Luz
Praia do Telheiro ★★
Burgau
Praia do Zavial ★★
Sagres
Cap Saint-Vincent ★★
Praia do Beliche
Praia do Martinhal
Praia da Mareta
Trilho dos Pescadores ★★
6 Sagres et la pointe sud-ouest p. 72
Ria d'Alvor
Lagos ★★
★★ Alvor ★★
Estômbar
N 269
Meia Praia
Praia do Vau ★★
Ferragudo
Porches
Alcantarilha
A 22
Carvoeiro
Armação de Pêr
Praia do Camilo ★★
Ponta da Piedade ★★
Percurso dos Sete Vales Suspensos ★★★
Praia da Marinha ★★
Praia da Galé
Praia da Ou
★★ Praia da Rocha
Albufeira ★★
3 Lagos p. 52
4 Portimão et ses environs p. 57
5 La côte, de Carvoeiro à Quarteira p. 64
OCÉAN ATLANTIQUE

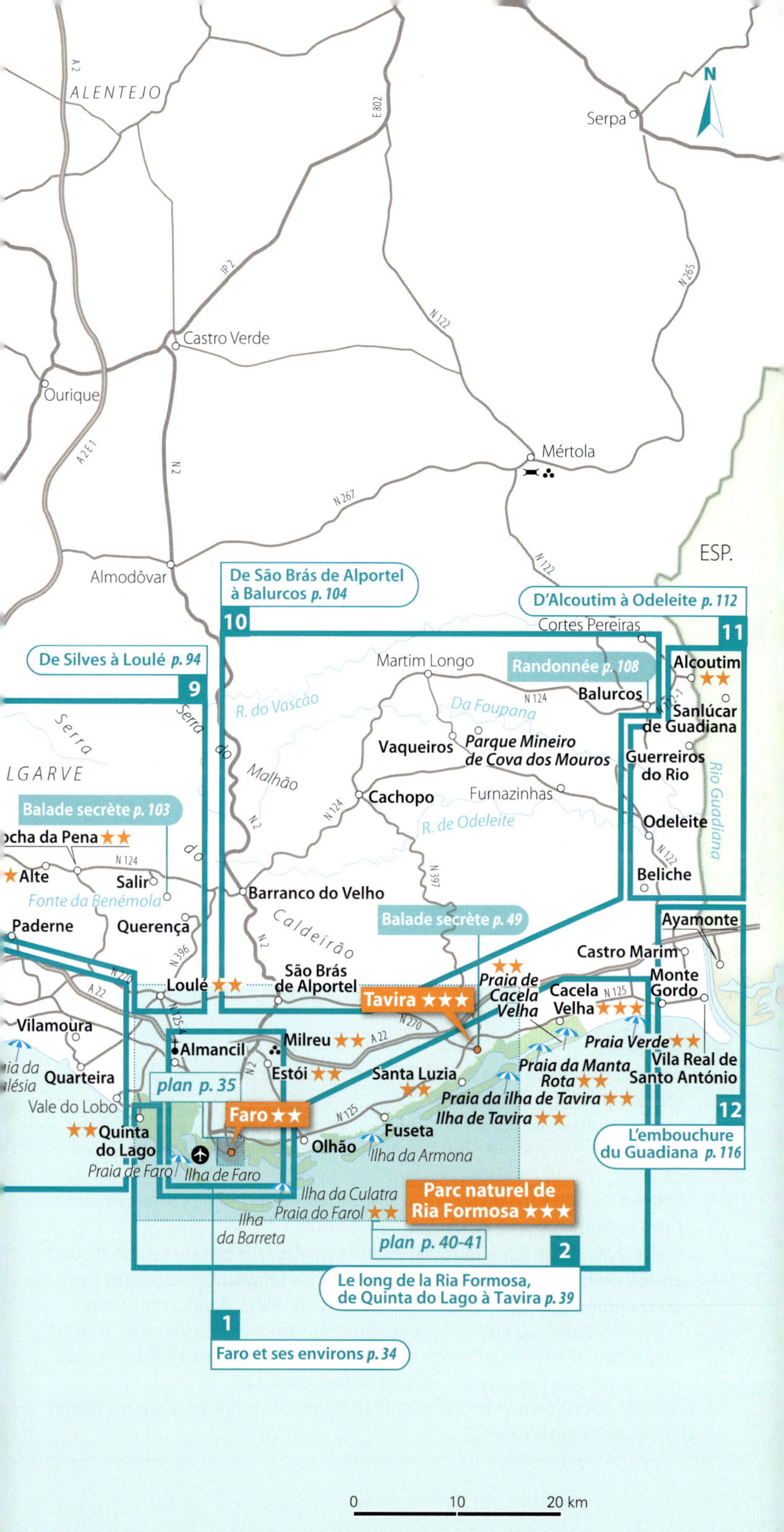
ALENTEJO
Serpa
Castro Verde
Ourique
Mértola
Almodôvar
ESP.
De São Brás de Alportel à Balurcos p. 104
10
D'Alcoutim à Odeleite p. 112
11
Cortes Pereiras
De Silves à Loulé p. 94
9
Martim Longo
Randonnée p. 108
Alcoutim
Balurcos
Sanlúcar de Guadiana
R. do Vascão
Da Foupana
Vaqueiros
Parque Mineiro de Cova dos Mouros
Guerreiros do Rio
Serra
LGARVE
Malhão
Cachopo
Furnazinhas
Rio Guadiana
Balade secrète p. 103
R. de Odeleite
Odeleite
ocha da Pena
Alte
Salir
Fonte da Benémola
Beliche
Barranco do Velho
Balade secrète p. 49
Ayamonte
Paderne
Querença
Caldeirão
Castro Marim
São Brás de Alportel
Praia de Cacela Velha
Monte Gordo
Loulé
Tavira
Cacela Velha
Vilamoura
Almancil
Milreu
Praia Verde
Vila Real de Santo António
Quarteira
Estói
Santa Luzia
Praia da Manta Rota
plan p. 35
Vale do Lobo
Faro
Praia da ilha de Tavira
Ilha de Tavira
12
Quinta do Lago
Fuseta
L'embouchure du Guadiana p. 116
Olhão
Ilha da Armona
Praia de Faro
Ilha de Faro
Ilha da Culatra
Parc naturel de Ria Formosa
Praia do Farol
Ilha da Barreta
plan p. 40-41
2
Le long de la Ria Formosa, de Quinta do Lago à Tavira p. 39
1
Faro et ses environs p. 34
0
10
20 km

Faro et le Sotavento

La côte est de l'Algarve, qui court de Faro à la frontière espagnole, porte le nom de Sotavento, « sous le vent », une promesse de plages à l'abri des vents océaniques… Si vous trouvez l'océan trop frais à l'ouest, optez pour le Sotavento et ses eaux cristallines qui l'été frôlent les 25 °C ! L'est de l'Algarve donne également à voir un Portugal bien plus traditionnel, tant sur le plan architectural que gastronomique. Les stations balnéaires laissent la place au rythme lent du parc naturel de Ria Formosa, une lagune côtière qui offre des plages immenses, un chapelet d'îles aux eaux calmes, ainsi qu'une faune et une flore d'une grande richesse.

PRATIQUE

Cartes et plans : L'Algarve p. 30-31 • Faro p. 35 • Le parc naturel de Ria Formosa p. 40-41.
Manger, dormir, s'amuser : p. 124.
Se déplacer : en voiture pour l'essentiel, mais aussi en train, en bateau et à vélo.

- **Visite 1** *(p. 34)* : Faro se découvre à pied. Empruntez le bus pour rejoindre Estói et Almancil *(voir Carnet pratique p. 187)*.
- **Visite 2** *(p. 39)* : la ligne ferroviaire **Linha do Algarve** relie la région d'ouest en est, de Lagos à Vila Real de Santo António. Empruntez-là depuis Faro pour rejoindre Olhão, Fuseta, Tavira et Cacela Velha. À vélo, empruntez la piste cyclable du littoral Ecovia, elle relie Faro à Cacela Velha en toute quiétude (40 km env.). Pensez au bateau pour relier Faro à Olhão, Fuseta et Tavira *via* les îles du parc naturel de Ria Formosa.

Conseil : attention aux courants côté mer lors des baignades sur les plages des îles de la Ria Formosa.

VISITES
1 et 2

Faro et le Sotavento

1 Faro et ses environs

Faro et la Ria Formosa

Bienvenue à Faro, capitale de l'Algarve ! Après avoir apprécié la beauté de la vieille ville de Faro, visité sa poignée de musées et piqué une tête sur les plages de l'île de Faro, explorez ses environs. On y trouve les ruines d'une villa romaine, un palais du XVIIIe au style rococo et une église au fabuleux décor d'azulejos !

- **Plan :** p. 35.
- **Arriver, se déplacer :** voir Carnet pratique p. 187.
- **Point de départ :** le port de plaisance.
- **Manger, dormir, s'amuser :** p. 124.

Faro

➤ Faro★★

***Plan ci-dessus** - À 280 km S de Lisbonne par l'A2 (E1) et à 66 km E de Portimão par l'A22. Laissez votre voiture à l'E des remparts (plan ci-dessus / B2).*

Ville importante, active et industrielle, Faro s'est vue propulsée au rang de capitale de l'Algarve grâce à son aéroport et son université. Les visiteurs se contentent souvent de la traverser pour se rendre sur les plages des environs. À tort: au point le plus méridional du pays, la dernière des cités maures reconquises par Afonso III (1249) a beaucoup de charme. Malgré le séisme de 1755, elle a conservé sa vieille ville, la Vila Adentro, encore partiellement enclose de murailles.

À l'extérieur des remparts, au niveau de la rua do Castelo, on accède à l'avenida Engenheiro Joaquim L. Belchior, grande allée pavée et aménagée de bancs, qui longe la mer.

Depuis Faro vous pourrez rejoindre facilement les îles de Barreta et Culatra de la Ria Formosa *(p. 40-41),*

Faro et sa marina

où vous attendent des paysages naturels d'une beauté surprenante.

Autour de la marina

***Plan p. 35 / A2** - Praça Dom Francisco Gomes.*

Du côté opposé à la capitainerie du port, qui héberge le **Museu marítimo** *(rua da Comunidade Lusiada ☎ 289 89 44 90 ; lun.-ven. 9h-12h et 14h30-17h ; entrée plein tarif : 1 €)*, la grande **praça Dom Francisco Gomes** constitue le cœur battant de la ville. Au centre de la place, ouvrant sur le port, le jardin Manuel Bívar et son joli kiosque à musique constituent un endroit très agréable où les habitants aiment se retrouver pour jouer aux cartes, prendre un verre et discuter à l'ombre.

À l'angle de la place et de la rue João Dias, remarquez le bâtiment du **Banco de Portugal** achevé en 1926 dans un style néomanuélin et mauresque.

À deux pas de la place, au nº 7 de la rua Dom Francisco Gomes, se trouve l'ancien **café Aliança**, au rez-de-chaussée d'un immeuble des années 1930. Après avoir été longtemps fermé, l'endroit, avec ses boiseries enchâssant de vieilles photos et son plafond à caissons, pourrait bien rouvrir ses portes prochainement, car tous à Faro, voudraient que ce lieu culte retrouve sa vocation première.

Museu regional do Algarve*

***Plan p. 35 / B1-2** - Praça da Liberdade, 2 ☎ 289 87 82 38. Lun.-ven. 10h-13h30 et 14h30-18h. Entrée plein tarif : 1,50 € ; 2,50 € billet combiné avec le Museu municipal.*

Cet écomusée expose des objets typiques de la région, ainsi que plusieurs reconstitutions d'espaces de vie caractéristiques de l'Algarve telles la maison traditionnelle et la taverne. L'artisanat, la pêche et l'agriculture y sont représentés au moyen d'outils et ustensiles du quotidien. Une visite qui amusera tous les curieux !

PAUSE HAMBURGER

Si vous avez un petit creux, pourquoi ne pas faire une pause hamburger maison ? **Hamburgueria da Baixa** propose un choix de hamburgers alléchants – les frites et la sauce aillée sont délicieuses – à déguster dans un décor simple et servi par un personnel sympathique !
➤ *Rua Vasco da Gama, 44 (plan p. 35 / B1) ☎ 960 42 63 35 (mob.). T. l. j. 12h-minuit.*

Igreja do Carmo - Capela dos Ossos*

L'église des Carmes - la chapelle des Os

***Plan p. 35 / B1** - Largo do Carmo ☎ 289 82 44 90. Lun.-ven. 10h-13h et 15h-18h, sam. 10h-13h. Entrée gratuite pour l'église, 1 € pour la chapelle des Os.*

La grande église baroque de la ville à la façade imposante possède deux chapelles. La première ruisselle de dorures, comme souvent au Portugal, l'autre, la capela dos Ossos, plus originale, affiche des murs recouverts de crânes et d'ossements humains. Il a fallu pas moins de 1 200 squelettes de moines pour réaliser cette macabre décoration au cours du XIXe s. Troublant.

La vieille ville

Plan p. 35 / AB2.

À l'angle de la rua da Misericórdia et de la praça Dom Francisco Gomes se dresse l'**Arco da Vila,** porte monumentale inaugurée en 1812 donnant accès à la vieille ville.

Sé**

La cathédrale

Largo da Sé ☎ 289 82 30 18. Lun.-ven. 10h-17h (18h en été), sam. 9h30-13h. Entrée plein tarif : 3 €.

La cathédrale s'élève sur le largo da Sé, une grande place plantée d'orangers que barre le **palais épiscopal** (paço episcopal), dont la construction fut initiée à la fin du XVIe s. Elle est précédée d'un porche massif de style gothique. On entre par le cloître surmonté d'une galerie Renaissance. À droite du chœur, on trouve une élégante chapelle ornée d'azulejos bleu et jaune et un orgue en bois peint d'un rouge exotique. La décoration intérieure de la cathédrale a été refaite après qu'elle a été pillée et détruite en 1596 lors du sac de Faro par les troupes de Robert Devereux – un favori de la reine Elisabeth Ire d'Angleterre –, de retour d'une campagne victorieuse à Cadix.

PAUSE GOURMANDE

Tertúlia Algarvia est une très bonne table où poissons et fruits de mer sont à l'honneur. Mention spéciale pour la *cataplana* de poulpe et le gâteau chocolat-caroube au coulis de fruits rouges.
➤ Praça do Afonso III (plan p. 35 / B2) ☎ 289 82 10 44, www.tertulia-algarvia.pt. Lun.-mer. et sam. 10h-minuit, jeu.-ven. 10h-1h, dim. 10h-23h.

Un escalier permet de grimper à la terrasse dominant la place, puis au clocher qui offre, en plus d'une vue rapprochée sur les cloches, un panorama sur la vieille ville, le port, la mer et même les salines.

Museu Municipal*

Le Musée municipal

Praça Dom Afonso II, 14 ☎ 289 87 08 24/29. Mar.-ven. 10h-18h (19h en été), sam.-dim. 10h30-17h (11h30-18h en été). Entrée plein tarif : 2 € ; 2,50 € billet combiné avec le museu regional do Algarve.

L'un des plus vieux musées de l'Algarve a investi l'ancien couvent N. S. da Assunção (XVIe s.). Son beau cloître Renaissance expose les trouvailles archéologiques faites dans la ville, dont une grande mosaïque romaine représentant Océan (IIe-IIIe s.). On voyage entre les vestiges islamiques, le département des peintures portugaises et étrangères (XVIe-XIXe s.), les travaux du peintre algarvien Carlos Porfírio et les expositions temporaires. Un musée particulièrement bien aménagé.

Praia da ilha de Faro**

***Carte p. 40-41** - Île de Faro. À 10 km S-O du centre. Bus nos 14 et 16, face à la gare de Faro ; billet plein tarif : 2 € ; durée : 30 min env. Bateau : juin-sept. 6 départs/j. depuis la marina.*

Du sable fin à perte de vue, de l'espace et encore de l'espace ! C'est la promesse de la plage de Faro. Vu le manque d'espaces ombragés, il est vivement recommandé d'emporter un parasol. Sur place, activités nautiques, bars et restaurants.

➤ Núcleo Museológico da Villa Romana de Milreu★★

Carte p. 30-31 - Estói. 10 km N de Faro par la N2 ☎ 289 99 78 23. Mai-sept. mar.-dim. 9h30-12h30 et 14h-18 ; oct.-avr. mar.-dim. 9h30-12h30 et 14h-17h. Entrée plein tarif : 2 €.

Les très belles ruines de cette exploitation agricole romaine du IVe s. sont parvenues jusqu'à nous. L'opulente villa comprenait des thermes, des pressoirs à huiles et à vins, ainsi que diverses annexes. La maison patricienne est célèbre pour sa mosaïque aux poissons recouvrant l'une des piscines des thermes. Le site intègre également un temple romain du IVe s., transformé en église au VIe s., puis en cimetière musulman jusqu'au Xe s. !

➤ Palácio de Estói★★

Carte p. 30-31 - Rua de São José, Estói. À 12 km N de Faro par la N2 ☎ 210 40 76 20, www.pestana.com/uk/hotel/pousada-estoi.

Ce palais rococo, dont la construction débuta au milieu du XIXe s., fut achevé en 1909 par le vicomte José Francisco da Silva. L'édifice a été reconverti en *pousada* de luxe et remodelé par l'architecte portugais Gonçalo Byrne. Néanmoins, considéré comme un bâtiment d'intérêt public, l'ancien palais reste ouvert aux visites en journée. Il fait bon flâner dans les allées de son jardin bucolique planté d'orangers et de palmiers. Un lieu insolite qui plaira aux amateurs de peinture, de beaux lustres et d'opulence.

➤ Igreja de São Lourenço★★

L'église Saint-Laurent

Carte p. 30-31 - Rua da Igreja, Almancil. À 12 km N-O de Faro par la N125 ☎ 289 39 54 51. Lun.-ven. 9h30-17h30, sam. 9h30-16h. Entrée plein tarif : 2 €.

L'intérieur de la chapelle est tapissé d'azulejos réalisés par Oliveira Bernardes, le spécialiste du genre au XVIIIe s. Ils illustrent avec une justesse un peu crue des scènes de la vie de saint Laurent, mort en martyr à Rome en 258 lors de la persécution de Valérien. Le saint homme préférait distribuer les biens de l'Église aux pauvres plutôt que de les livrer à l'empereur romain ! La légende raconte qu'on le fit brûler sur un gril chauffé par un brasier…

Jardins du palais d'Estói

2 Le long de la Ria Formosa, de Quinta do Lago à Tavira

Tavira

La descente en avion sur Faro laisse entrevoir la beauté fascinante de la Ria Formosa. Ce chapelet d'îles et de lagunes est baigné par l'océan d'un côté et par les marais de l'autre. Sillonnée de canaux, ponctuée de plages infinies et de villages de pêcheurs croquignolets, la Ria Formosa constitue une formidable réserve naturelle pour les oiseaux migrateurs. Bienvenue dans un univers naturel préservé et encore peu fréquenté. Pourvu que cela dure !

- **Carte :** p. 40-41.
- **Arriver, se déplacer :** voir Carnet pratique p. 188.
- **Manger, dormir, s'amuser :** p. 125.
- **Balade secrète :** De Tavira à l'île de Tavira, p. 49.

Le parc naturel de Ria Formosa

➤ Parque natural da Ria Formosa★★★

Carte ci-dessus - Accès aux îles en bateau. ***Depuis Faro*** *vers Culatra, ilha do Farol, praia de Faro : horaires et départs variables selon la saison (départ de Cais Comercial, Cais das Portas do Mar ou Arco da Porta Nova) ; billet plein tarif : 3-6 € A/R.* ***Depuis Olhão*** *vers Armona, Culatra, Farol : horaires et départs variables selon la saison (départ de la marina) ; billet plein tarif : 3,60-4,20 € A/R. Possibilité d'excursions en bateau. Rens. sur place ou auprès des offices de tourisme (p. 188).*

Aussi réputée pour son écosystème à la faune et à la flore variées, que pour la beauté de ses paysages, cette zone protégée est une merveille de la région. Avec ses 18 000 ha de lagunes, de labyrinthes de canaux, d'îles et de bancs de sable fin, la Ria Formosa s'étend sur 60 km et se compose d'une barrière de cinq îles, quasiment parallèles à la côte : **Faro, Barreta, Culatra, Armona et Tavira.** L'accès aux richesses de la réserve naturelle se fait uniquement en bateau, que ce soit pour profiter de ses jolies plages ou de découvrir les nombreuses espèces d'oiseaux migrateurs qui trouvent refuge ici et les chiens d'eau portugais – fidèles amis des pêcheurs, qui n'hésitent pas à plonger pour attraper le poisson.

Quinta do Lago★★

Carte ci-dessus - À 18 km O de Faro par la N125. Trilho de São Lourenço, sentier pédestre facile avec balisage bleu. Départ

au niveau du parking de la plage de Quinta do Lago.

On accède à la **praia de Quinta do Lago,** préservée de l'urbanisation, en empruntant une longue passerelle en bois de 320 m qui court au-dessus de la lagune. La traversée permet de saisir toute la beauté des différents habitats qui composent l'écosystème de la Ria Formosa *(p. 167)*. Au bout du chemin, la promesse est tenue: 3,5 km de sable fin…

Quinta do Lago est aussi célèbre pour ses **parcours de golf** (trois 18 trous et un 27 trous; *www.quintadolago.com*), tous classés parmi les vingt meilleurs d'Europe *(p. 128 et encadré p. 136)*. Celui de Quinta do Lago Nord (18 trous) a reçu le Prix du meilleur nouveau parcours de golf des prestigieux World Golf Awards.

Au départ de Quinta do Lago, le **Trilho de São Lourenço,** un sentier balisé *(départ au pied de la passerelle vers l'E; 3,2 km A/R)* au cœur du parc naturel de Ria Formosa, offre une promenade très agréable à travers les paysages de lagune, de salines et de prés salés. Le parcours comporte plusieurs points d'intérêt: pinède, lacs d'eau douce et bassin de salaison de l'époque romaine. Selon la saison, on pourra observer de nombreuses espèces d'oiseaux: flamant rose, cigogne, geai azuré…

Ilha da Barreta★ (Ilha Deserta)

Carte ci-dessus *- Accès en bateau depuis Faro (p. 40).*

Île de Farol

vous avez la possibilité d'aller à pied jusqu'à l'île de Culatra, à l'ouest

Son surnom d'«île déserte» n'est pas anodin puisque personne ne vit ici. Le ponton de bois guidera votre balade, tandis que le sable à perte de vue est idéal pour un moment de détente. Plus on avance, plus on a le sentiment d'être seul au monde. Dépaysement total garanti. Pensez à prendre tout ce dont vous avez besoin pour votre visite (pique-nique, crème solaire, parasol, etc.), le seul restaurant de l'île pratique des prix assez élevés!

Ilha do Farol**

Carte p. 40-41 - Accès en bateau depuis Faro ou depuis Olhão en remontant à pied vers l'O de la plage de Culatra.

Perdez-vous dans le village de **Farol** avec son phare et ses maisons d'une blancheur éblouissante. Profitez du silence, arpentez les petits chemins à travers la végétation dense, saluez un habitant qui cultive son jardin ou qui part à la pêche… Vous avez l'impression d'être au paradis? Attendez un peu de rejoindre la mer, calme et limpide… Profitez de l'espace offert par la praia do Farol pour faire d'interminables balades sur la jetée, flâner autour du phare de Cabo de Santa Maria avant de rejoindre l'immense plage de sable fin. Un petit bar-restaurant vous y attend pour parfaire l'expérience. Pour continuer la visite, vous avez la possibilité d'aller à pied jusqu'à l'île de Culatra, à l'ouest

Centro de educação ambiental de marim (Quinta do Marim)*

Centre d'éducation à l'environnement maritime

*Carte p. 40-41 - À 12 km E de Faro. Quinta do Marim, **Quelfes.***
☎ 289 70 41 34. Lun.-ven. 8h-20h, sam.-dim. 10h-20h. Entrée plein tarif: 1,50 €. Parcours balisé de 2,5 km. Vis. guidée à réserver à l'avance.

Si vous souhaitez y voir plus clair sur la Ria Formosa, rendez-vous au Centre d'éducation à l'environnement maritime. Ce grand parc de 60 ha accueille de nombreuses infrastructures pour mieux comprendre la faune et la flore locales (pinèdes, marécages, salines, caméléons, oiseaux migrateurs…). Suivez les sentiers pédestres qui traversent les salines, observez les oiseaux migrateurs, découvrez les ruines d'une ancienne villa romaine, le petit musée du moulin à marée, l'ancien bateau de pêche au thon restauré et plus encore… On s'imprègne peu à peu de la culture locale.

Ilha da Armona*

Carte p. 40-41 - Accès depuis Olhão (p. 40) ou depuis Fuseta (départ ttes les 5 min; billet aller plein tarif: 1,60 €).

Les eaux azur et limpides qui bordent cette île invitent à l'observation des poissons et à la pêche aux petits crabes. Le sable est clair et parsemé de nombreux coquillages à ramasser avec les enfants. Les plus grands pourront s'adonner à la pratique du canoë ou de la voile, ou bien observer au loin les pêcheurs en plein travail.

Ilha de Tavira**

Carte p. 40-41 - Accès en bateau depuis l'embarcadère des Quatro Águas à Tavira. Départ ttes les 30 min. Billet plein tarif: 3 € A/R.

L'île de Tavira fait partie intégrante du parc naturel de Ria Formosa et l'accès en bateau est réservé uniquement aux piétons. À l'entrée de l'île, le camping municipal vit au rythme des vacanciers *(p. 128)*. Plus au sud, la **praia da ilha de Tavira** est un large ruban de sable blanc bordé d'une eau claire. Son ambiance décontractée séduit beaucoup les familles. De la plage, vous pourrez rejoindre la praia do Barril au sud, à environ 40 min env.

Praia do Barril**

Carte p. 40-41 - Pedras d'El Rei. À 27 km E de Faro par la N125.

Voici une très belle plage de sable fin à laquelle on accède à pied ou en petit train (comboio da praia do Barril) au départ de Pedras d'El Rei *(l'été t.l.j. 9h-20h; billet plein tarif: 1,50 €)* en traversant la lagune de Ria Formosa. L'accès à la plage – atypique et écolo – constitue l'un des atouts du site. Les enfants adorent! Ses cabanes de pêcheurs reconverties en restaurants et le fameux **cimetière des Ancres** font aujourd'hui le bonheur des photographes. Bars et restaurants sur place. De la praia do Barril, vous pouvez rejoindre la praia da ilha de Tavira, au nord.

> Lire aussi la balade secrète : De Tavira à l'île de Tavira (p. 49).

➤ Olhão*

Carte p. 40-41 - 8 km E de Faro par la N125. Train régional depuis Faro (10 min).

C'est vrai, le plus grand port de pêche de la région n'est pas très enchanteur à première vue… Mais poussez un peu dans les ruelles du vieux centre, autour de la **praça da Restauração,** et le charme agit! On y redécouvre la beauté de ses maisons blanches cubiques à toit-terrasse et ses demeures colorées. Depuis le port *(av. 5 de Outubro, E du Jardim Patrão Joaquim Lopes)*, vous pourrez rejoindre en 20 min les **îles de Fuseta et de Culatra.**

Nossa Senhora do Rosário*

Praça da Restauração. T. l. j. 10h-12h30 et 15h-17h30. Entrée libre.

Cette imposante église baroque fut édifiée de 1698 à 1722. Comme l'indique la phrase en portugais sur la façade de l'église, sa construction a été financée par les pêcheurs d'Olhão! Grimpez jusqu'au clocher pour jouir de la vue sur la ville.

Mercado municipal**

Le marché municipal

Av. 5 de Outubro ☎ 289 70 72 98. T. l. j. 7h-13h.

Le marché couvert d'Olhão est composé de deux édifices imposants en brique rouge, surmontés de dômes aux inspirations orientales (1915). Même s'il est ouvert tous les jours, c'est le samedi matin que l'on peut

Pont pour l'île de Tavira

Nossa Senhora do Rosário, Olhão

mieux capter son ambiance. Un bâtiment entier est consacré aux fruits et légumes, aux viandes, aux fromages et aux produits régionaux, l'autre, aux poissons et aux crustacés en provenance directe du port. D'autres stands sont présents à l'extérieur, des marchands ambulants proposent des crustacés grillés, mais ce sont surtout les **terrasses** accueillantes qui appellent à profiter de la **vue sur la Ria Formosa.**

Jardim do Pescador Olhanense

Le jardin du Pêcheur

Face à la marina.

PAUSE À LA TAVERNE

La **Tasca O Galo,** en face du marché, est une sympathique taverne portugaise pas sophistiquée pour un sou. Les petiscos et autres petits plats savoureux pourront aussi être dégustés en terrasse dans la rue.
➤ *Rua da Gazeta 7, Olhão*
☎ *967 70 97 46. Mer.-lun. 11h-2h.*

Si vous préférez vous dégourdir les jambes, les jardins situés côté ouest du marché offrent une jolie promenade pavée le long du front de mer, et ce jusqu'au port de pêche.

➤ Fuseta

Carte p. 40-41 *- À 20 km E de Faro par la N125. Train régional depuis Faro (20 min).*

Ce petit village de pêcheurs n'est peut-être pas le plus beau du Sotavento, mais il a le charme des villages côtiers. Barques et bateaux colorés se reposent dans le petit port, tandis que le marché municipal sur le port *(largo 1° de Maio)* bat son plein. De l'embarcadère, on rejoint la praia da Fuseta.

➤ Santa Luzia★★

Carte p. 40-41 *- À 28 km E de Faro par la N125. Accessible à vélo depuis Tavira via une piste cyclable le long de la M515 (1,6 km).*

Ce petit village de pêcheurs au bord de la lagune ne s'anime véritablement que tôt le matin, lorsque les hommes déchargent leur pêche au

PAUSE POULPE

La **Casa do Polvo Tasquinha** est certainement le meilleur restaurant de Santa Luzia lorsqu'on souhaite goûter au poulpe. Le produit est décliné en plusieurs recettes, chaudes ou froides, toutes plus savoureuses les unes que les autres. Chaque jeudi soir, la maison s'anime au son du fado. Serveur francophone.
➤ *Av. Eng. Duarte Pacheco 8,* ***Santa Luzia*** *(carte p. 40-41)*
☎ 281 32 85 27. Mer.-lun. 12h-15h et 18h30-22h.

port, à l'est du village. Dans les restaurants du front de mer, on se régale de la spécialité locale: un excellent poulpe cuisiné (*polvo cozido* en portugais). Ici, il est encore capturé selon une technique traditionnelle faisant intervenir des pots en argile dispersés au fond de l'eau: les poulpes y entrent et se retrouvent piégés. Ne manquez pas le coucher de soleil à Santa Luzia!

➤ Tavira***

Carte p. 40-41 *- À 33 km E de Faro par la N125. Train régional depuis Faro (35 min).*

Il y a à Tavira quelque chose de doux, d'élégant et de terriblement romantique. En se promenant au cœur de la ville, on est vite envahi d'un sentiment agréable et paisible. Est-ce le **rio Gilão** et son petit pont qui nous évoquent la belle Venise? Les 37 clochers d'églises qui nous rassurent? Les façades d'un blanc immaculé qui jouent avec le soleil à toute heure de la journée? Ou bien les petites rues animées par les restaurants et les boutiques de souvenirs chic? Sa plage paradisiaque peut-être? Si votre cœur ne bat pas déjà la chamade pour Tavira, c'est le moment de craquer et d'y aller.

La rive droite**

En allant vers le centre-ville *(suivez les indications),* on atteint d'abord la praça da República. En longeant le fleuve vers l'est, la promenade jusqu'à l'embarcadère des **Quatro Águas** *(vers l'île de Tavira)* est plus qu'agréable si l'on passe par le **jardim do Coreto,** puis l'ancien marché municipal, qui abrite désormais **cafés et boutiques,** et enfin par les **salines.** En revanche, en s'enfonçant dans la ville, autour de la **rue 31 de Janeiro,** c'est une tout autre architecture qui nous surprend, celle des **maisons de Tavira** avec leur toiture à quatre pans dotée d'une cheminée typique et leur porte de bois ajourée agrémentée de heurtoirs en forme de main.
À la hauteur du pont romain, en face des arcades de la mairie, un escalier monte vers la vieille ville.

Igreja da Santa Maria do Castelo

Largo Abu-Otmane. Lun.-ven. 10h15-12h30 et 14h30-17h30.

La grande horloge présente sur le clocher attire l'œil. En pénétrant dans l'église de Santa Maria do Castelo,

Marais salants vers Tavira

PAUSE SUCRÉE

La **pastelaria Tavirense** offre une jolie sélection de douceurs régionales bon marché, de bons jus d'orange et aussi quelques snacks tout près du fleuve. Idéal aussi pour un petit déjeuner rapide.
➤ *Rua Dr Marcelino Franco, 17.*

vous pourrez admirer les panneaux d'**azulejos** et découvrir les **tombeaux** des chevaliers qui autrefois prirent la ville des mains des musulmans.

Castelo de Tavira

Rua da Liberdade. Avr.-sept. t. l. j. 10h-19h30 ; oct.-mars t. l. j. 9h-17h.

En ce qui concerne le château, ne cherchez pas de mastodonte : de l'édifice, il ne reste que quelques morceaux de remparts, qui constituent l'enceinte d'un sublime petit **jardin.** On peut y grimper pour profiter d'un superbe panorama. Attention tout de même, rien n'est sécurisé, ça glisse un peu.

Museu municipal

Calçada da Galeria. ☎ 281 32 05 40. Mar.-sam. 9h-16h30. Entrée plein tarif : 2 €.

Le musée de la ville est installé dans le **palácio da Galeria,** un superbe édifice baroque surmonté de toits typiques à quatre pans. Ici, des fouilles ont révélé l'existence de puits rituels datant des VII-VIe s. av. J.-C. Les expositions permanentes s'intéressent de près à l'héritage maure en Algarve, mais aussi aux traditions de Cachopo *(p. 106)*, un village de l'arrière-pays.

Tavira, remparts du château et église

La rive gauche★★

Le joli pont qui traverse le fleuve Gilão pour atteindre l'autre rive n'a de romain que le nom. Le Ponte Romana de Tavira a été construit à l'époque des Maures et il est cocasse de noter que la partie la plus récemment rénovée est bien moins réussie que les parties originales. Exclusivement piéton, on y croise souvent des musiciens et des artistes de rue. Les boutiques de souvenirs chics *(p. 128)* vous plongent dans l'ambiance bohème. Enfoncez-vous dans les rues commerçantes ou bien prenez l'apéritif au bord du fleuve. Les dîners en terrasses sont souvent accompagnés de musiciens venus divertir les touristes. Ambiance garantie !

➤ Les environs de Tavira

Cabanas de Tavira

***Carte p. 30-31** - À 7 km E de Tavira et à 40 km E de Faro par la N125.*

L'histoire de Cabanas remonte au XVIIIe s., lorsque les cabanes de pêcheurs dédiées à la pêche au thon font leur apparition. D'où le nom de « Cabanes » donné à ce village tourné vers la lagune. En saison, la petite station balnéaire et sa plage ne manquent pas d'animation.

Cacela Velha★★★

***Carte p. 30-31** - À 44 km E de Faro et à 12 km E de Tavira par la N125.*

Sur le chemin de Vila Real de Santo António *(p. 119)*, le village côtier de Cacela Velha mérite une halte. Ses remparts du XVIIe s. lui permirent longtemps de garder le contrôle sur l'embouchure du fleuve Gilão à Tavira. Avec sa poignée de maisons tradi-

Cacela Velha

tionnelles et son église ceinturée d'une terrasse ouverte sur la lagune, la cité est un lieu de toute beauté. Cacela Velha a par ailleurs été le berceau d'une figure majeure des lettres d'Al-Andalus*)*, le poète Al-Qastalli (958-1030).

Praia de Cacela Velha

***Carte p. 30-31** - Suivre les indications « Praia da Fábrica », parking au bord de la lagune. Descendre sur le sable et prendre l'un des bateaux disponibles, au pied du restaurant. Mai-sept. t. l.j. 9h-20h env. Traversée plein tarif : 3 € A/R.*

De l'autre côte de la lagune, la praia de Cacela Velha (non surveillée), à laquelle on accède en bateau ou à pied à marée basse, est sans doute l'une des plus belles plages de l'Algarve! Depuis la longue étendue de sable fin, le panorama sur la baie de Monte Gordo *(p. 151)*, sur le fort de Cacela Velha et l'arrière-pays est superbe.

Praia da Manta Rota★★

***Carte p. 30-31** - À 45 km E de Faro et à 13 km E de Tavira par la N125.*

Manta Rota est la grande plage populaire du Sotavento. Très recherchée par les vacanciers portugais pour son vaste espace et ses eaux calmes et chaudes, elle dispose à proximité de bars, de restaurants, d'un petit marché et de commerces. Par la plage, vous pourrez rejoindre **praia de Cacela Velha** *(à l'O, ci-contre)* ou **praia da Alagoa** (praia Altura, à l'E).

Praia Verde★★

***Carte p. 30-31** - À 50 km E de Faro et à 17 km E de Tavira par la N125.*

Moins populaire que les plages voisines, et aussi beaucoup plus exclusive en raison de la présence d'hôtels et de résidences luxueuses, la Praia Verde n'en demeure pas moins une plage magnifique. La plage est bordée d'une colline plantée de pins parasols et de genêts. Curiosité des lieux : sur le sable, au niveau de la passerelle en bois, un puits ancien datant probablement de la fin du XIXe s.

PAUSE À PRAIA VERDE

Pézinhos N'Areia est un très bon restaurant de plage offrant une cuisine portugaise raffinée avec en prime une vue plongeante sur l'océan. Réservation conseillée en été. Moins de 30€/p

➤ *Praia Verde ☎ 281 51 31 95, www.pezinhosnareia.com. T. l. j. 10h-22h (23h en été).*

La plage d'ilha de Tavira

Balade secrète

De Tavira à l'île de Tavira

De ses 37 clochers à son île éclatante de beauté, le charme de Tavira opère. Celle qui signifie en arabe « la cachée » peut être fière de son patrimoine. Depuis l'ancien port de pêche aujourd'hui très animé, on rejoint les eaux calmes et chaudes de son île protégée, le temps d'un bain de soleil ou d'une activité.

L'ancien port de pêche

Collé à la praça da República, le **jardin du kiosque à musique** (jardim do Coreto) est un lieu agréable qui attire les locaux et les touristes en quête d'un peu de fraîcheur. Il doit son nom à son kiosque central aux lignes octogonales, qui fut acheminé depuis Porto par la mer en 1890 et témoigne de l'architecture de fer du XIXe s. De part et d'autre, les anciens discutent sur les bancs, un couple s'embrasse tendrement, tandis que des familles se promènent, avant de déguster une délicieuse glace artisanale chez **Muxa Gata,** le plus vieux glacier de Tavira *(p. 128).* On aperçoit maintenant l'**ancien marché municipal.** Fondé en 1887 pour fournir la ville en poisson et produits frais, il a cessé son activité en 1999. Il accueille aujourd'hui des événements culturels et touristiques (expositions, foires à l'artisanat, concerts) et mêle **boutiques** de souvenirs et **restaurants.**

Le sel, l'or de Tavira

La route de l'embarcadère *(voir ci-après)* dévoile des paysages magnifiques. Un labyrinthe de canaux formé par la mer a permis la création de réservoirs naturels peu profonds. Sous l'effet de la chaleur, l'eau s'évapore et laisse place à des montagnes de cristaux translucides qui scintillent au soleil. Bienvenue au cœur des marais salants de la Ria Formosa ! Voilà déjà plus de 1 000 ans que Tavira produit un sel de mer pur dont la qualité est mondialement reconnue. Sur le fond bleu de la mer, le quadrillage régulier de salines, où viennent se nourir oiseaux migrateurs et grands échassiers, forment une belle carte postale.

Détente sur l'ilha de Tavira

La route vers l'est vous conduit tout droit à l'**embarcadère des Quatro Águas,** d'où vous pourrez rejoindre en bateau *(15 min)* l'**île de Tavira,** dans le **parc naturel de Ria Formosa.** Le restaurant Quatro Águas, sur le quai, est une adresse réputée ; les prix sont bien un peu élevés mais il propose une excellente cuisine portugaise avec une sélection de poisson frais *(p. 129).* Le cadre avec vue sur le canal est agréable, le personnel sympathique et la carte des vins comporte des crus de la région.
Prêt pour une bonne dose de farniente ? L'île de Tavira fait partie du **parc naturel de Ria Formosa.** Ses 12 km de sable fin, ses eaux transparentes, son ambiance un peu bohème et sa beauté renversante font d'elle la plage la plus connue de la région. Au débarcadère, on découvre un petit village envahi par le sable, un camping blotti sous une poignée d'arbres, puis les restaurants, dans de simples baraques en bois, et enfin la plage, aussi loin que la vue porte. Pour l'option 3 étoiles, visez les parasols et transats, pour l'option sauvage, éloignez-vous d'un bon kilomètre.

PRATIQUE

Carte : *p. 40-41.*
Location de vélo : *à partir de 7€/j.*
Embarcadère des Quatro Águas pour ilha de Tavira (Tavira) : *bateau ttes les 35 min 10h-18h (ttes les heures 8h-10h et 18h-minuit). Ticket plein tarif : 1,50€ A/R.*

Portimão et le Barlavento

Le Barlavento, partie occidentale de l'Algarve (en portugais la « côte au vent »), est une succession de stations balnéaires très prisées en période estivale. Vers l'est, à partir de Lagos, le schiste laisse la place à des falaises rocailleuses qui arborent une jolie couleur dorée avec le soleil, tandis que les eaux cristallines aux mille reflets offrent un large choix d'activités. Sur cette portion de côte, où les plages sont nombreuses, l'océan a creusé des criques et des grottes qui invitent à l'exploration. Embarquez pour une balade au fil de l'eau sur le site majestueux de Ponta da Piedade ! Pour retrouver des paysages plus typiques, il faut s'enfoncer un peu plus dans les terres à la découverte de la Ria d'Alvor.

PRATIQUE

Cartes et plans : L'Algarve p. 30-31 • Lagos p. 53.
Manger, dormir, s'amuser : p. 130.
Se déplacer : en voiture, mais aussi en train et à vélo.

- **Visite 3** *(p. 52)* : Lagos se visite facilement à pied. Pour rejoindre les plages et le site de Ponta da Piedade au sud de la ville, la voiture est le plus simple (parking sur place). Sinon, optez pour le bus n° 2 *(départ face à la marina sur l'av. dos Descobrimentos, plan p. 53 /A1)* jusqu'à praia Dona Ana ; praia do Camilo et Ponta da Piedade ne sont plus respectivement qu'à 500 m et 1 km à pied.
- **Visite 4** *(p. 57)* : Portimão se visite aisément à pied. Pour rejoindre praia da Rocha depuis le centre, prenez le bus n° 33 praça da República jusqu'à l'av. Tomás Cabreira (le front de mer).
- **Visite 5** *(p. 64)* : pas de liaison ferroviaire sur la côte entre Carvoeiro et Quarteira. De Portimão, empruntez les bus Eva *(voir Carnet pratique p. 189)* pour rallier Carvoeiro, Alcantarilha, Armação de Pêra et Albufeira.

VISITES
3 à 5

Portimão et le Barlavento

3 Lagos

Lagos

Lagos est un port de plaisance et une station balnéaire réputée pour le charme de sa vieille ville ceinte de remparts, ses criques dorées et les fabuleux rochers de Ponta da Piedade. Très animée toute l'année, la cité est plébiscitée par les touristes nord-européens, qui sont nombreux à s'y installer à demeure. La station n'en finit pas de s'étendre vers l'est, autour de la très longue plage de Meia Praia.

- **Plan :** p. 53.
- **Arriver, se déplacer :** voir Carnet pratique p. 188.
- **Point de départ :** la vieille ville.
- **Manger, dormir, s'amuser :** p. 130.

Lagos

➤ Lagos★★

Carte ci-dessus - À 300 km S de Lisbonne par l'A2 et l'A22 et à 90 km O de Faro par l'A22.

Colonie carthaginoise, romaine (sous le nom de Lacobriga), puis maure, Lagos a connu son heure de gloire aux XVe et XVIe s., à l'époque des grandes découvertes. Après la conquête de Ceuta en 1415, la plupart des expéditions du XVe s. le long de la côte africaine partirent du port de Lagos. Le site, choisi comme base par Henri le Navigateur, conjointement avec Sagres, fut un temps la capitale de l'Algarve (1576-1756). L'histoire de Lagos est également marquée par le tremblement de terre de 1755, qui détruisit le port.

La vieille ville★

Plan ci-dessus (dans les remparts).

Enclose dans des remparts reconstruits au XVIIIe s., la vieille ville débute au sud de la **praça Gil Eanes.** Vers le sud-ouest, du côté de la **rua Cândido dos Reis,** une belle balade au hasard des ruelles étroites dévoile une ville

PAUSE GLACE

Crema di Gelato est l'adresse idéale pour se rafraîchir en été, avec de bonnes glaces et des sorbets maison aux parfums variés. Les portions sont généreuses. Sur place ou à emporter.
➤ *Rua Marreiros Netto, 17 (plan ci-dessus / A1) ☎ 282 79 86 35. T.l.j. 12h-23h30.*

attachante et pittoresque. Par la **rua A. de Almeida** et la bruyante et animée **rua 25 de Abril,** où s'alignent **restaurants et bars,** vous atteindrez la **praça Infante Dom Henrique,** à l'emplacement probable du port à l'époque des découvertes.

Au fond à droite de la place, ouvrant sur le boulevard maritime, se dresse la **maison aux arcades** (casa das arcadas) où s'est tenu le premier marché aux esclaves d'Europe dans les années 1440. À l'intérieur *(☎ 282 76 23 01; lun.-sam. 10h-17h30; entrée payante),* une petite exposition sur l'esclavagisme est appelée à s'étoffer avec le soutien de l'Unesco. Du côté de l'église baroque **Santa Maria,** la rua Henrique Correia da Silva mène à l'église **Santo António.**

Centro cultural de Lagos

Plan p. 53 / B2 *- Rua Lançarote de Freitas, 7 ☎ 282 77 04 50. Lun.-sam. 11h-19h (jusqu'à 3h selon programmation). Entrée libre sf concerts et événements.*

Lagos

PAUSE *PETISCOS*

Casinha do Petisco, tout petit restaurant un peu désuet, est une institution. Goûtez-y les crevettes maison !

➤ *Rua da Oliveira, 51 (plan p. 53 / A2) ☎ 282 08 42 85. Lun.-sam. 18h-23h.*

Expositions, concerts... Dans ce centre culturel, il y a toujours quelque chose à faire ! La programmation est régulièrement renouvelée et si vous ne trouvez pas votre bonheur, posez-vous le temps d'un café dans la cour intérieure. Vous pourrez profiter du WiFi.

Museu municipal Dr José Formosinho*

Plan p. 53 / B2 *- Rua General Alberto da Silveira ☎ 282 76 23 01. Mar.-dim. 9h30-13h et 14h-17h. Entrée plein tarif : 2,60 €.*

Installé dans l'annexe de l'église **Santo António,** ce musée aux allures de capharnaüm renferme des **collections éclectiques.** Vitrines remplies de vestiges archéologiques, bijoux, minéraux, pièces de monnaie, poteries et autres pièces d'art sacré, mais aussi scènes de la vie en miniature pour découvrir et comprendre l'histoire de Lagos et des alentours. Au fond à droite, quelques **peintures** mais surtout les **xylographies** (gravures) de Manuel Cabanas (1902-1995), un des fondateurs du parti socialiste portugais.

On termine la visite par le chœur de l'église (XVIIIe s.). Celle qu'on surnomme « l'église d'or » affiche un intérieur riche, fait de murs de bois travaillés et recouverts de feuilles d'or. Les **panneaux d'azulejos** inférieurs, quant à eux, racontent les miracles de saint Antoine.

Au nord de la vieille ville

Centro Ciência Viva*

Plan p. 53 / A1 *- Rua Doutor Faria e Silva ☎ 282 77 00 00, www.lagos.cienciaviva.pt. Mar.-dim. 10h-18h. Entrée plein tarif : 3 €.*

Forte da Ponta da Bandeira

Comprendre l'époque des grands navigateurs de manière éducative et ludique, c'est possible. Les appareils de navigation, les moyens d'orientation, la vie à bord d'un navire, ou encore la communication à distance, n'auront plus de secret pour vos chérubins. Une expérience à tenter avec l'aide des guides si vous séchez. En prime, un **jardin** agréable et une superbe vue sur la marina.

Mercado municipal

Plan p. 53 / A1 - Av. dos Descobrimentos. Lun.-sam. 7h-14h (pas de poisson lun.). Depuis le Centro Ciência Viva, un escalier et un ascenseur mènent directement au marché.

Le marché municipal offre des produits de qualité. À l'étage, il y a quelques **fruits et légumes** et un **restaurant** avec vue, mais ici, on vient surtout pour le poisson frais. Au rez-de-chaussée, on trouve de nombreuses variétés à prix raisonnables qui n'attendent que d'être cuisinées.

Mercado de Levante**

Plan p. 53 / hors plan par A1 - Rua Professor Crisanto Correia. Sam. 6h-14h.

Depuis 1974, les petits **producteurs locaux** y vendent leurs produits sur des étals de fortune, dans un joyeux brouhaha à la portugaise. Les dames en tablier et les messieurs en casquette proposent fruits et légumes, herbes aromatiques, miel, savons, fleurs fraîchement cueillies, confitures maison, fruits secs, poules et lapins… Si vous ne venez pas pour vous ravitailler, venez pour l'ambiance.

Au sud de la vieille ville

Forte da Ponta da Bandeira

Plan p. 53 / B2 - Cais da Solaria. Mar.-dim. 10h-13h et 14h-18h. Entrée plein tarif : 3 €.

Pensé pour devenir l'une des forteresses militaires les plus à la pointe de l'Algarve, le fort du XVIIe s. est l'un des mieux conservés de cette époque. Il abrite en son sein la petite **chapelle de Santa Barbara,** aux murs recouverts d'azulejos d'époque. Vous y trouverez également une salle d'expositions temporaires et des œuvres du plasticien José Maria Pereira sur le toit.

Praia de Dona Ana et praia do Camilo**

***Plan p. 53 / hors plan par B2** - Prenez l'av. dos Descobrimentos vers le S puis tournez à dr. sur l'estrada da Ponta da Piedade.*

Faites une pause sur l'une de ces deux jolies **plages.** Bien qu'elles soient très fréquentées en saison, ces plages blotties entre des falaises dorées vous donneront envie de sortir votre appareil photo. Attention, l'eau est fraîche !

Ponta da Piedade**

***Carte p. 30-31** - Poursuivez sur l'estrada da Ponta da Piedade jusqu'à la mer, puis empruntez l'escalier de 132 marches jusqu'aux rochers.*

Sublime ! On commence doucement, avec des falaises dorées caressées par le soleil et une jolie vue sur la mer ; puis, lorsqu'on emprunte l'escalier, on aperçoit peu à peu les formations rocheuses baignées d'une eau turquoise ; viennent ensuite les grottes, les arches, les tunnels, les caves... On aurait presque envie de sauter ! Ne manquez pas une superbe virée en bateau *(p. 132)*. Lorsque vous sortirez de votre rêve éveillé et que vous aurez rebroussé chemin, jetez un œil sur le phare. On ne peut pas le visiter, mais c'est tout de même une jolie carte postale.

Meia Praia**

***Plan p. 53 / hors plan par B2** - En été, accès en bateau-taxi depuis l'av. dos Descobrimentos.*

Derrière la gare, de l'autre côté du port de pêche, se trouve une immense plage de sable (4 km) bordée de quelques bars animés. La plage possède des accès sur toute sa longueur. À pied, on peut même rejoindre la praia de Alvor, baignée d'un côté par la mer et de l'autre par les eaux de l'Odiáxere.

Praia do Camilo

4 Portimão et ses environs

Ferragudo

Port sardinier autrefois important, la grande ville de Portimão (env. 50 000 habitants) cherche à séduire et y parvient presque avec son port, son musée dédié à l'histoire des conserveries et ses jolies rues piétonnes. Dans les environs, sortez des sentiers battus et explorez la Ria d'Alvor et les sources d'Estômbar. Leur patrimoine culturel et naturel mérite bien un détour !

- **Carte :** p. 30-31.
- **Arriver, se déplacer :** voir Carnet pratique p. 189.
- **Manger, dormir, s'amuser :** p. 133.
- **Coup de cœur de l'auteur :** Au musée de Portimão, p. 63.

DANS UNE CABANE DE PÊCHEUR

Les chaises colorées et la bonne odeur de poisson grillé sont une invitation à prendre place sur la terrasse de cette ancienne cabane de pêcheur reconvertie en restaurant. La déjà centenaire **Taberna Zé Morgadinho** offre un cadre ravissant et propose des plats simples et frais qu'on accompagne volontiers d'un jus d'orange pressée.

➤ *Rua Vasco da Gama, 62, Alvor*
☎ *282 45 91 44. Oct.-mars ven.-mer.*

➤ Alvor★★

Carte p. 30-31 *- À 20 km E de Lagos par la N125 et à 8,5 km S-O de Portimão.*

Avant d'arriver à Portimão et la très populaire station balnéaire de Praia da Rocha, faites une halte dans ce village de pêcheurs. Le charme de ses ruelles pavées fait vite oublier sa fréquentation touristique. Au cœur du bourg, les restaurants et bars animés abondent, et vous aurez peut-être la chance d'assister à une partie de carte entre seniors sous le porche situé en bas de la rue principale. Difficile de faire plus typique !

Morábitos de igreja Matriz, de São João et de São Pedro

Le portail manuélin de l'**église Matriz** (XVIe s. ; *rua da Igreja*) ne laisse pas deviner, à l'intérieur, la présence d'un *morábito*. Ce temple islamique de forme carrée a sans doute été construit sous la dynastie des Almoravides (XI-XIIe s.), tout comme les deux autres *morábitos* d'Alvor : celui de **São João** *(rua Infante D. Henrique)* et celui de **São Pedro** *(rua de São Pedro, à côté du cimetière)*. Ces petites chapelles à l'architecture épurée et dotées de quatre pinacles surmontés d'un dôme sont les seuls édifices religieux de ce type en Algarve.

Praia de Alvor★ et Praia dos Três Irmãos★

Carte p. 30-31 *- À 1 km S du centre d'Alvor.*

Si vous cherchez un coin paisible, rendez-vous au sud du village, sur les promenades aménagées sur le front de mer. Le paysage sauvage vaut le détour et plusieurs chemins s'offrent à vous le temps d'une balade, d'un footing ou d'un petit tour à vélo, à faire de préférence quand le soleil n'est pas encore trop haut ! Ornithologues et curieux pourront admirer de nombreuses espèces d'oiseaux migrateurs dans cette zone mondialement réputée. À l'est de praia do Alvor, une autre bande de sable très agréable : la praia dos Três Irmãos.

Ria de Alvor★★

Carte p. 30-31 *- Départ et arrivée du sentier pédestre PR2 Via Algarviana au niveau du parking du port de pêche, rua da Ribeira. Durée : 1h30 ; niveau : facile.*

Avec ses 350 ha de dunes, de prés salés et de marais, la lagune d'Alvor est le plus vaste estuaire du Barlavento. Cette zone humide côtière d'une longueur de 2,5 km est un écosystème fragile qui doit sa survie à la présence d'un long cordon dunaire. La biodiversité y est particulièrement riche : oiseaux, reptiles, petits mammifères, joncs, salicorne, etc. Les marais forment une zone de transition entre terre et mer où se développe une grande quantité de plantes aux propriétés dépolluantes. Une boucle balisée rattachée au GR Via Algarviana permet d'explorer cette zone humide de grande beauté en empruntant des chemins de terre et des passerelles en bois avec une étape par la plage d'Alvor.

➤ Portimão★

Carte p. 30-31 *- À 23 km E de Lagos par la N125.*

Museu de Portimão

Rua Dom Carlos I ☎ 282 40 52 30. www.museudeportimao.pt Août mar. 19h30-23h, mer.-dim. 15h-23h ; sept.-juil. mar. 14h30-18h, mer.-dim. 10h-18h. Entrée plein tarif : 3 €.

Le musée de Portimão est installé dans une ancienne conserverie proche du club nautique. Sous forme de promenade dans différents espaces, il retrace l'**histoire de la ville** depuis la préhistoire. Le temps fort, c'est bien sûr l'époque des **conserveries** de poisson – maquereaux et sardines. Ne manquez pas les machines à imprimer les boîtes de conserve, un élément de ligne d'emboîtage et la salle où les ouvrières éviscéraient et tranchaient les têtes des poissons. Face au musée, un rond-point décoré de trois statues en pierre à leur effigie leur rend hommage.

➤ *Lire aussi le coup de cœur de l'auteur : Au musée de Portimão (p. 63).*

Igreja do Colégio dos Jesuitas

L'église du collège des Jésuites

Praça da Republica. T. l. j. 10h-20h.

La construction du collège des Jésuites a été initiée en 1660 par le noble Diogo Gonçalves. Il n'ouvrit ses portes qu'en 1707. Après l'expulsion des Jésuites en 1757, date qui marqua l'extinction des ordres religieux, l'édifice jaune et blanc de style maniériste aux lignes rigides hébergea des services publics, et le siège du conseil de paroisse de Portimão. Aujourd'hui, seule l'église se visite. À quelques mètres, l'église **Nossa Senhora da Conceição**, à la façade également blanche et jaune, présente un riche portail gothique sculpté.

Teatro municipal*

Largo 1° de Dezembro ☎ 282 40 24 70, www.teatromunicipaldeportimao.pt.

Le théâtre municipal de la ville est bien plus qu'un simple espace dédié au théâtre. Bâtiment moderne de 4000 m², il a été pensé pour le théâtre, mais aussi pour les concerts de fado et de jazz. Le théâtre possède

PAUSE THÉ ET PÂTISSERIES

Dans la vieille ville, **A Casa da Isabel** est un salon de thé croquignolet à la façade recouverte d'azulejos. La maison propose certainement les pâtisseries régionales les plus délicieuses de tout Portimão. Belle carte de thés et d'infusions.
➤ *Rua Direita, 61, ☎ 282 48 43 15. T. l. j. 9h-20h30.*

PAUSE TYPIQUE

Poussez la porte de cette *merendeira* (« snack ») juste en retrait de praia da Rocha. Son menu *pão com chouriço* comprend, en plus du sandwich lui-même, du *caldo verde* (soupe) en entrée, un riz au lait accompagné d'un café en dessert et une boisson. Simple, rapide et typique : pour 5,50 €, c'est le fast-food à la portugaise.
➤ **O Pão Com Chouriço,** *av. Tomás Cabreira, Portimão. http://amerendeira.com. T. l. j. 10h-1h.*

également une salle d'expositions, un café-concert ainsi qu'une bibliothèque.

Ocean Revival

Rua Engenheiro José de Bívar, Edifício Scorpius, Loja B ☎ 935 57 70 00 (mob.), www.oceanrevival.org.

Afin de promouvoir la plongée sous-marine en Algarve, la ville de Portimão et une entreprise locale ont imaginé le projet Ocean Revival : un vaste récif artificiel créé à trois milles de la plage d'Alvor. Pour former ce récif, plusieurs navires de la Marine portugaise ont été coulés par 30 m de fond ! Pour en savoir plus, visitez l'exposition originale qui lui est consacrée au sous-sol du musée de Portimão *(p. 63)*.

Le quartier du fleuve

Se promener sur les quais de Portimão (ou « *zona ribeirinha* »), au bord du fleuve Arade, c'est prendre le pouls d'une ville dont l'économie, aux XVIIe et XVIIIe s., dépendait en grande partie des échanges marchands. Il est agréable de flâner le long du fleuve en traversant petites places et jardinets. Pour manger un bon poisson grillé, rendez-vous du côté du **largo da Barca.** Plus au sud, praça Manuel Teixeira Gomes, prenez un café en terrasse chez **Casa Inglesa** *(t. l. j. 8h-23h)* l'un des établissements les plus anciens de la ville.

Fortaleza de Santa Catarina*

Accès par l'av. Rio Arade ou l'av. Tomás Cabreira. Départ/arrivée : fortaleza de Santa Catarina.

La forteresse défensive de Santa Catarina (1633) domine l'embouchure du fleuve Arade et la marina de Portimão. Au pied de la forteresse, une piste cyclable permet de découvrir la praia da Rocha sur environ 1,5 km.

Praia da Rocha**

Carte p. 30-31 - À 4 km S du centre de Portimão.

C'est l'une des stations balnéaires les plus connues de l'Algarve et par conséquent l'une des plus fréquentées. Sa plage de 3 km, sa mer tranquille et ses formations rocheuses offrent un paysage idyllique, malgré les immeubles et les complexes hôteliers qui s'élèvent à l'horizon.

À praia da Rocha, les activités ne manquent pas ! En journée, plage, farniente, shopping, sports nautiques ou plein air ; en soirée et jusqu'au bout de la nuit, restaurants, bars, clubs et casino font le plein, notamment sur l'avenida Tomás Cabreira !

À l'ouest de la plage, le **miradouro dos Três Castelos** est le spot idéal pour admirer le soleil couchant. L'avenida Tomás Cabreira, qui longe la plage, ne dort jamais, soyez-en sûr !

Praia do Vau**

Carte p. 30-31 - À 2 km O de praia da Rocha et à 5 km S-O de Portimão.

La jolie praia do Vau, encadrée de falaises dorées, est très prisée des familles. Si vous la trouvez trop fréquentée en été, tentez votre chance à l'ouest sur la **praia do Alemão** – dite aussi praia do Barranco das Canas – où vous pourrez profiter de piscines naturelles et explorer des grottes.

➤ Ferragudo*

Carte p. 30-31 - À 3 km S de Portimão.

Le village étage ses petites maisons sur un promontoire, de l'autre côté

Praia da Rocha

de l'estuaire du fleuve Arade, face à la praia da Rocha. La place principale, bordée de nombreux cafés, possède encore beaucoup de charme et appelle à la paresse. Les pêcheurs font sécher leurs filets au bord du quai à deux pas de là.

On pourra visiter le **farol de Ponta do Altar** *(mer. 14h-17h)* à l'embouchure de l'Arade. Le **castelo de São João do Arade,** construit au XVIIe s. comme la forteresse de Portimão qui lui fait face, appartient aujourd'hui à une riche famille portugaise. Hélas, il ne se visite pas.

➤ Sítio das Fontes de Estômbar*

Les sources d'Estômbar

***Carte p. 30-31** - À 8,5 km N-E de Portimão par la route Estômbar-Silves ; suivez les indications « Fontes de Estômbar ».*

Voici une très belle étape pour se mettre au vert à quelques encablures des plages animées du Barlavento. Le site naturel de 18 ha abrite une piscine, elle aussi naturelle, formée par la rencontre d'une eau pure jaillissant d'une nappe souterraine et des eaux du fleuve Arade. Sur place, on visite un moulin à marée encore en fonctionnement et une maison typique de l'Algarve. Un parcours pédestre permet d'explorer le site.

PROMENADE SUR LE FLEUVE ARADE

Durant des millénaires, des embarcations arrivées par l'Atlantique et la Méditerranée ont remonté le fleuve Arade. Comme elles, on embarque sur le *Barca Arade*, un bateau typique de la région guidé par João Venâncio, notre capitaine, pour qui le fleuve et son histoire n'ont plus de secrets : conquête de Silves par les Vikings au Xe s., anciennes conserveries de poisson, chapelle creusée dans la roche, île oubliée au milieu du fleuve, c'est tout le patrimoine du fleuve Arade qui revit !

➤ Cais Vasco da Gama, Portimão ☎ 963 74 11 89.
Billet plein tarif : 20 €. Durée : 3 h 30.

Reconstitution de l'ancienne conserverie

Coup de cœur de l'auteur

Au musée de Portimão

L'ancienne conserverie de poissons Feu Hermanos a fait l'objet d'une réhabilitation complète (2008) pour accueillir un musée-hommage à l'âge d'or de l'industrie des conserves à Portimão et en Algarve. Le Museu de Portimão donne à voir ce qui fait désormais partie de l'histoire de ce territoire tourné vers la mer.

Un cadre étonnant

Avant de pénétrer dans le musée, observez le bâtiment depuis l'extérieur ! Le nom de l'ancienne conserverie de sardines à l'huile d'olive, « La Rose », y est écrit en lettres majuscules. La ville portuaire de Portimão fut en effet autrefois l'un des principaux centres producteurs et exportateurs de conserves de poisson de l'Algarve. L'entrée du musée a volontairement été placée côté fleuve, à quelques mètres de l'estuaire.

« Portimão, Territoire et Identité »

L'exposition permanente intitulée « Portimão, Territoire et Identité » s'ouvre sur une introduction aux civilisations qui se sont succédé en Algarve, de la Préhistoire à nos jours. Un petit espace présente les objets usuels issus de fouilles archéologiques conduites aux alentours. Plus loin, zoom sur les chantiers navals Portimão, avec une matière première, le bois, des hélices et quelques miniatures de chalutiers dans une vitrine. Dans cet espace de 1 000 m², on découvre aussi la vie de Manuel Teixeira Gomes, homme d'affaires et président de la République portugaise de 1923 à 1925, originaire de Portimão.

Une grande partie de l'exposition permanente est consacrée au patrimoine industriel de la ville grâce, notamment, aux collections personnelles de Júdice Fialho et António Feu, anciens magnats de la conserve en Algarve. Au début du XIXe s., la situation géographique idéale de la ville et la richesse maritime du littoral attirent de nombreux industriels étrangers. La première usine de conserves de poisson s'établit à Portimão en 1892. Très vite, la moitié du total de la production nationale de conserves de sardines provient de l'Algarve. Le parcours, divisé en cinq étapes, s'attache à décrire le quotidien de la conserverie, et les différentes étapes de production de la conserve, depuis le déchargement des paniers jusqu'à la mise en boîte par les ouvrières de l'usine. Autre point intéressant : la lithographie des conserves, richement documentée. Les dernières conserves de poisson furent commercialisées à la fin des années 1970.

Au sous-sol du bâtiment, où se trouvait autrefois la citerne de stockage de l'usine, l'exposition se termine par une mise en avant du projet insolite Ocean Revival *(p. 60)*.

PRATIQUE

Carte : *p. 30-31.*

Museu de Portimão (p. 58) : *Rua Dom Carlos I ☎ 282 40 52 30. Août mar. 19h30-23h, mer.-dim. 15h-23h ; sept.-juil. mar. 14h30-18h, mer.-dim. 10h-18h. www.museudeportimao.pt*

Budget : *3 € (entrée plein tarif).*

5 La côte, de Carvoeiro à Quarteira

Praia do Carvoeiro

Dans la catégorie « paysages somptueux », la côte de Carvoeiro à Quarteira est un must ! Pour l'explorer, préférez la marche ou encore le bateau, et retenez que c'est encore mieux hors saison. Des plages bordées de falaises dorées, des criques secrètes, des randonnées fabuleuses ou encore quelques parcours de golf parmi les plus réputés d'Europe, voilà de quoi remplir la boîte à souvenirs. Cerise sur le gâteau, l'été, l'animation y bat son plein !

- **Carte :** p. 30-31.
- **Arriver, se déplacer :** voir Carnet pratique p. 189.
- **Manger, dormir, s'amuser :** p. 135.

Entre les stations balnéaires de Carvoeiro et de Quarteira, le littoral déroule 17 km de plages vouées à la baignade et au farniente, mais aussi des plages secrètes et des criques uniquement accessibles par la mer. L'érosion qui grignote les falaises dorées a indéniablement fait de cette portion du littoral l'une des plus photogéniques de l'Algarve.

➤ Carvoeiro★

Carte p. 30-31 - À 14 km E de Portimão et à 65 km O de Faro.

L'ancien petit village de pêcheurs s'est aujourd'hui mué en station balnéaire réputée. Les quelques ruelles du village conservent néanmoins un charme certain. Les petits commerces et restaurants sont nombreux.

Praia do Carvoeiro★

Carte p. 30-31 - 2 km S de de Carvoeiro.

Pittoresque et familiale, la plage est fréquentée en majorité par des vacanciers étrangers. Sur la plage, les embarcations traditionnelles aux couleurs chatoyantes attendent aujourd'hui le touriste. À l'est de la plage, la route mène au site d'**Algar Seco,** un très beau belvédère planté sur un éperon rocheux. La promenade à travers escaliers et passerelles en bois permet de profiter au mieux de ce site naturel d'une grande beauté. Ne manquez pas au-dessous la **gruta da Boneca** (grotte) et sa fenêtre naturelle sur l'océan.

PAUSE AVEC VUE

Niché dans les rochers, **Boneca Bar** est un bar-restaurant qui offre certainement l'une des plus belles vues mer de l'Algarve. On ne vient pas ici seulement pour la cuisine, mais aussi pour admirer le coucher du soleil, un verre à la main.

➤ *Site d'Algar Seco, à l'extrémité S-E de l'estrada do Algar Seco, praia do Carvoeiro ☎ 282 35 83 91. Avr.-oct. t.l.j. 10h-minuit.*

➤ Les plages à l'est de Carvoeiro★★

Carte p. 30-31 - Accès aux plages en voiture depuis Carvoeiro par l'estrada do Farol (M530) dir. Vale de Centianes.

Les plages qui défilent à l'est de Carvoeiro sont toutes plus belles les unes que les autres. Pour les découvrir à pied, empruntez le **Percurso dos Sete Vales suspensos.**

Percurso dos Sete Vales suspensos★★★

Le chemin des Sept Vallées suspendues

Carte p. 30-31 - Départ : Praia do Vale de Centianes (à 5 km SE de Carvoeiro). Arrivée : Praia da Marinha.

Ce « parcours » relie la praia do Vale de Centianes à la praia da Marinha via un sentier de 6 km à flanc de falaise. Falaises ocres, lande, eaux émeraude, belvédères secrets, petites criques… Vous auriez vraiment tort de passer à côté de tant de beauté !

Praia do Vale de Centianes★

Lorsqu'on s'éloigne en direction de Faro, après Carvoeiro, la plage de Vale Centeanes est l'autre grande plage surveillée en saison. Bien abritée du vent, elle convient particulièrement aux familles.

Praia do Carvalho★

Une plage secrète, celle de Carvalho, lui succède. Très petite et accessible par un escalier qui se termine en tunnel naturel, elle est très recherchée par les locaux *(non surveillée).*

Praia de Benagil★

Plus à l'est, on atteint la plage de Benagil, une petite plage de pêcheurs très agréable. Comme à Carvoeiro, les pêcheurs proposent des balades en barque à la découverte des criques sauvages et des grottes.

Praia da Marinha★★

Bienvenue sur l'une des plages emblématiques de l'Algarve ! Vue des hauteurs, la plage de Marinha res-

Praia da Marinha

semble à un mirage : hautes falaises dorées sculptées, voire par endroits percées par l'érosion (attention, elles sont très instables, ne vous approchez pas trop près du bord), eaux translucides et calmes, sable fin… Vue d'en bas, elle est idéale pour la randonnée aquatique avec palmes, masque et tuba. La plage est de petite taille donc à privilégier hors saison pour une étape prolongée sur le sable.

Les plages suivantes – praia da Albandeira, praia dos Tremoços et praia dos Beijinhos – sont relativement difficiles d'accès, et c'est ce qui fait leur charme !

➤ Capela de Nossa Senhora da Rocha★★

Carte p. 30-31 - À **Porches.** *À 13 km E de Carvoeiro et à 18 km O d'Albufeira.*

La très photogénique **chapelle de Notre-Dame du Rocher** doit sa réputation à sa situation géographique unique. Posée sur un éperon rocheux, elle surplombe l'océan et les plages voisines (praia Nova et praia de Nossa Senhora da Rocha). Selon les historiens, au XVe s. la chapelle se trouvait à l'intérieur d'une forteresse qui fut détruite lors du tremblement de terre de 1755.

➤ Alcantarilha

Carte p. 30-31 - À 15 km E de Carvoeiro par la N125.

À l'écart des grands axes, Alcantarilha n'est pas dépourvue de charme. Son église possède un joli chœur manuélin. Un ossuaire (capela dos Ossos), moins impressionnant que celui de Faro *(p. 37)*, s'élève sur son flanc droit.

➤ Du côté d'Armação de Pêra

Carte p. 30-31 - À 15 km E de Carvoeiro par la N125.

Bienvenue dans l'une des stations balnéaires les plus populaires de l'ouest de l'Algarve ! Animée grâce à la présence d'une ribambelle de restaurants et autres commerces, Armação de Pêra est recherchée pour sa très longue plage de sable doré. La ville, en soi, n'a pas grand intérêt si ce n'est lorsqu'on recherche une chambre d'hôtel bon marché avec vue sur l'océan.

Praia dos Salgados★

Carte p. 30-31 - À 22 km de Carvoeiro et à 8 km E d'Armação de Pêra par la M526.

La plage de Salgados est une perle rare. Loin des hauts immeubles d'Armação de Pêra, une immense plage

PAUSE

À l'intérieur dans un cadre typique à la décoration chargée, ou en terrasse, face à la mer, le long de la promenade, on y va pour les plats à base de poisson. Les prix sont un peu élevés, mais le poisson y est frais. C'est donc le moment de découvrir la *cataplana*, une des spécialités de la région.
➤ **Tasca do Viegas,** *largo Cais Herculano, 2, Albufeira ☎ 289 51 40 87.*

de sable fin, encore peu fréquentée par rapport à ses voisines. La raison ? L'accès au long ruban de sable se mérite.

Praia da Galé

Carte p. 30-31 - À 23 km E de Carvoeiro et 9 km E d'Armação de Pêra par la M526.

Entourée de rochers dorés, la plage de Galé est divisée en deux plages distinctes (est et ouest). Très facile d'accès, sa particularité est de posséder de petits rochers disposés de manière aléatoire sur le sable. Côté ouest, plus d'espace et des rochers qui cèdent la place à de douces dunes.

➤ Albufeira★★

Carte p. 30-31 - À 29 km E de Carvoeiro et à 14 km E d'Armação de Pêra.

L'ancien village de pêcheurs est devenu le « Saint-Tropez de l'Algarve », une grande station balnéaire très fréquentée.

La ville prit le nom d'Albufeira au moment de la conquête par les Maures. Elle connut alors une période de prospérité, grâce à l'agriculture et au commerce avec l'Afrique du Nord, qui permit la construction d'un château et d'une enceinte fortifiée dont il ne susbiste qu'un vestige *(rua Joaquim Pedro Samora)*. Pour remonter le temps, rendez-vous dans la partie basse de la ville. Plusieurs séismes endommagèrent Albufeira au XVIIIe s. La cité ne retrouva sa prospérité qu'à la fin du XIXe s., grâce à l'expansion de la pêche et des conserveries en Algarve.

Chapelle Nossa Senhora da Rocha

Albufeira

La ville haute

Les rond-points de l'avenida dos Descobrimentos, ornés de sculptures artistiques, sont l'une des curiosités d'Albufeira. C'est le cas de la « Rotunda dos Descobrimentos », considérée comme l'un des plus beaux rond-points de l'Algarve ! Les autres, plutôt kitsch, arrachent quelques sourires : grosses montres en plastique, dauphins, vers de terre... Original.

Heureusement, les ruelles voûtées de la ville haute, entrecoupées d'escaliers et parsemées de petites maisons blanches, ont gardé un certain charme, bien qu'il soit parfois difficile de faire abstraction de la foule estivale et des résidences modernes.

La ville basse

On gagne la ville basse par un passage creusé dans la roche à l'extrémité de la rua 5 do Outubro. Si cette partie de la ville vous montrera le visage ancien de la cité, notamment le long des **travessa da Igreja Velha** et **rua da Bateria,** boutiques, hôtels, restaurants, bars et clubs sont aussi légion ! Vous comprendrez rapidement qu'Albufeira est le cœur d'une vie nocturne plutôt agitée !

On accède au rivage par la **praça dos Pescadores,** une grande esplanade en pente douce ouverte sur l'océan. Si la plage est trop fréquentée à votre goût, tentez votre chance sur praia do Inatel et praia dos Alemães. Pour regagner la ville haute, empruntez les escaliers mécaniques en haut de la place.

➤ Vilamoura

Carte p. 30-31 - À 40 km E de Carvoeiro par la N125 et à 16 km E d'Albufeira.

La station balnéaire branchée de Vilamoura est très prisée des touristes car elle a des atouts séduisants : de nombreux hôtels de luxe, une belle marina, un casino, des parcours de golf, des bars, des clubs et des restaurants en pagaille ! Même Luís Figo, l'ex-international portugais, a cédé à ses charmes en ouvrant ici un bar. Aucune chance de s'ennuyer, donc !

La plage, quant à elle, est immense et équipée de tout le confort qu'on attend d'une station haut de gamme.

Ruínas romanas do Cerro da Vila*

Les ruines romaines de Cerro da Vila

Av. Cerro da Vila ☎ 289 31 21 53. Mai-oct. t. l. j. 10h-13h et 16h-21h ; nov.-avr. t. l. j. 9h-12h30 et 14h-18h. Entrée plein tarif : 3 €.

Situé au cœur d'un complexe touristique, non loin de la marina, le site de Cerro da Vila constitue un témoignage important de la présence romaine en Algarve. Les premiers vestiges furent mis au jour dans les années 1960 par José Farrajota, un archéologue originaire de l'Algarve.

Dès le Ier s., sous l'Empire romain, l'économie de Vilamoura repose sur l'industrie de la pêche. Ses conserves de poisson sont particulièrement appréciées à Rome, et exportées à travers tout l'Empire. Parmi les ruines, on trouve une maison de maître ou villa, des thermes, les fondations d'un édifice funéraire, des réservoirs, des bassins de teinture, des canalisations et quelques belles mosaïques.

Les golfs de Vilamoura**

Vilamoura compte six parcours de golf (cinq 18-trous et un 27-trous), ce qui fait d'elle une destination golfique internationale. Certains d'entre eux sont situés dans un cadre naturel de grande beauté planté de pinèdes et ponctué de lacs *(p. 138)*.

➤ Quarteira

***Carte p. 30-31** - À 44 km E de Carvoeiro par la N125 et à 4 km S de Vilamoura.*

Cette grande station balnéaire de 20 000 habitants, la dernière avant Faro, est très prisée des vacanciers. Avec ses nombreux restaurants de poisson, sa grande plage et sa promenade de front de mer, Quarteira séduit les vacanciers portugais depuis longtemps déjà. Si la plage principale est trop peuplée, tentez votre chance à l'est, sur la **praia do Forte novo.**

PAUSE

Sandbanks, c'est l'adresse parfaite pour partager un petit déjeuner, un déjeuner ou un brunch à quelques mètres de l'eau. Les fruits de mer sont parfaits et les steaks savoureux. Moins de 25€ au déjeuner.

➤ Praia de Vale do Lobo, à 8 km E de Quarteira ☎ 289 39 84 29, www.sandbanks-algarve.com. Avr.-sept. t. l. j. 9h30-minuit.

Galeria de arte da Praça do mar

Praça do Mar ☎ 289 31 32 75. Mar.-sam. 9h30-13h30 et 15h-18h.

Voici bientôt vingt ans que la **galerie d'art** généraliste de Quarteira accueille les œuvres d'artistes contemporains portugais et internationaux résidant pour la plupart en Algarve. Une alternative à la plage.

Aquashow Family Park

***Carte p. 30-31** - À 4 km N de Quarteira par la N396 ☎ 289 31 51 29, www.aquashowparkhotel.com. Mai-juin et sept. t. l. j. 10h-17h30 ; juil.-août t. l. j. 10h-18h30. Entrée plein tarif : 29 € (adulte) ; 19 € (5-10 ans).*

Vos enfants ne résisteront pas à une journée dans le plus grand parc aquatique du Portugal. Toboggans de tous les records, montagne russe aquatique, chute libre de 32 m de haut… Ils auront l'embarras du choix et vous aussi !

La côte ouest

Située en plein cœur du parc naturel du Sud-Ouest Alentejano et Costa Vicentine, la côte ouest de l'Algarve offre des paysages sauvages et préservés. Les nombreuses plages du littoral, encadrées d'immenses falaises de schiste ou de calcaire, sont magnifiques. Plébiscité par les surfeurs tout au long de l'année, ce littoral offre de superbes vagues grâce au tumultueux océan Atlantique qui le borde. Les rivières et les marais, quant à eux, créent d'agréables piscines naturelles. Le sentier de grande randonnée Rota Vicentina, dont le Trilho dos Pescadores en est un tronçon, permet de découvrir la côte en suivant le littoral ou d'explorer les terres grâce à deux itinéraires distincts. L'endroit idéal si vous hésitez (encore) entre mer et campagne !

PRATIQUE

Cartes et plans : L'Algarve p. 30-31.
Manger, dormir, s'amuser : p. 139.
Se déplacer : sur la côte ouest, la voiture est indispensable pour accéder aux plages, mais les bus sont utiles et plutôt rapides.
• **Visites 6 et 7** *(p. 72 et 79)* : aucune ligne ferroviaire ne dessert la côte ouest de l'Algarve. De Sagres, les **bus Eva** *(voir Carnet pratique p. 190)*, permettent de rejoindre praia do Beliche, le cap Saint-Vincent, Vila do Bispo et Salema. La même compagnie dessert Odeceixe et Aljezur depuis Lagos.

VISITES
6 et 7

La côte ouest

6 Sagres et la pointe sud-ouest

Le port de Sagres

Une succession de promontoires rocheux, des baies profondes et des plages sauvages battues par les vents, la région de Sagres a des airs de Bretagne. Et de bout du monde.
À elles seules, Sagres et la pointe sud-ouest incarnent le mythe d'Henri le Navigateur et des grandes découvertes. Aujourd'hui, le Trilho dos Pescadores, l'un des deux sentiers du GR de la Rota Vicentina, permet de longer la côte à flanc de falaise, à la manière des anciens pêcheurs.

- **Carte :** p. 30-31.
- **Arriver, se déplacer :** voir Carnet pratique p. 190.
- **Manger, dormir, s'amuser :** p. 139.

➤ Sagres

Carte p. 30-31 *- À 32 km O de Lagos par la N125 et à 116 km O de Faro par l'A22.*

La ville de Sagres, très calme, et comme isolée du reste de l'Algarve, peut se résumer à une rue principale *(rua do Comandante Matoso)* et à une place du XIXe s. La symbolique, elle, vaut son pesant d'or. C'est à Sagres qu'Henri le Navigateur (1394-1460) reçut cartographes, marins et astronomes pour élaborer les outils indispensables aux grandes découvertes.

Fortaleza*

Forteresse

Rua da Fortaleza (pointe S de Sagres) ☎ 282 62 01 42. Avr.-sept. t. l. j. 9h30-20h ; oct.-mars t. l. j. 9h30-17h30. Entrée plein tarif : 3 €.

C'est ici qu'Henri le Navigateur installe son quartier général en 1415, au lendemain de la prise de Ceuta. Il y crée une école navale d'où sortiront les grands explorateurs de la première moitié du XVe s. et un bateau léger et maniable d'un genre nouveau : la caravelle. Les résultats ne se font pas attendre : dès 1418, l'île de Porto Santo est découverte, un an plus tard c'est au tour de l'île voisine Madère puis des Açores en 1427.

On ne se rend pas compte de l'immensité des lieux avant d'avoir franchi l'entrée. Il y a une superbe **rose des vents** au sol, en plein milieu de l'esplanade. Défiez le vent et prenez possession des lieux : grimpez sur les remparts, profitez de la vue sur Sagres d'un côté, sur le cap Saint-Vincent de l'autre, laissez courir votre regard sur la végétation, perdez-vous dans les dédales du petit **théâtre** moderne, observez un badaud pêcher bien trop près du vide, admirez une petite chapelle solitaire… Puis, quand vous n'en pourrez plus d'être fouetté par le vent, faites une pause à la boutique ou à la cafétéria.

PAUSE FAMILIALE CHEZ CARLOS

Ce restaurant est une affaire familiale ouverte depuis des années. Famille et amis travaillent ici main dans la main pour satisfaire le client, et toujours avec le sourire. Une entente parfaite qui se ressent jusque dans l'assiette, où l'on trouve principalement du poisson. La terrasse est agréable, mais il serait dommage de se priver de la décoration intérieure. ➤ *Rua Comandante Matoso (angle rua Dom Sebastião) ☎ 282 62 42 28. Mer.-lun. 12h-23h.*

➤ À l'est de Sagres

Praia da Mareta, praia do Martinhal et praia do Rebolinhos

Carte p. 30-31 *- Au S et à l'E de Sagres.*

Connue sous le nom de « fenêtre sur l'Atlantique », la **praia da Mareta** est une jolie plage de Sagres. Ses falaises la protègent du vent et ses eaux tranquilles permettent des baignades sans encombre et de bonne condition pour la plongée.

OBSERVER LES OISEAUX À SAGRES

Avec plus de 250 espèces d'oiseaux recensées, la péninsule de Sagres est l'une des régions du Portugal où l'observation ornithologique est la plus intéressante. **Cabranosa,** le site le plus recherché, est situé aux abords de la plage de Beliche. Le faucon pèlerin fréquente à l'année les falaises abruptes de Sagres, tandis que l'outarde canepetière apprécie particulièrement les vastes prairies herbeuses de la côte. Il est conseillé de visiter la péninsule au moment de la migration, en automne, pour avoir plus de chances d'observer rapaces, cigognes noires et oiseaux marins (puffins des Baléares, fous de Bassan, océanites de Wilson…). Chaque année, au mois d'octobre, Sagres organise le Festival d'observation des oiseaux *(p. 140).*

La **praia do Martinhal** *(à 2 km E de Sagres)* est une plage familiale. Le vent souffle bien un peu, mais les rochers et petites grottes font d'excellents abris. Là encore, l'eau calme permet de nombreuses activités aquatiques.

Quelques dizaines de mètres plus à l'est, la **praia dos Rebolinhos** offre ses cailloux arrondis aux jolies couleurs. C'est quasi désert et parfait pour les amoureux de la nature.

Praia da Ingrina*

Carte p. 30-31 - À 14 km N-E de Sagres.

Tout autre chose ici. Une anse en forme de coquillage, des eaux calmes et peu profondes, peu de vent… La petite plage de Ingrina plaira tout particulièrement aux jeunes enfants qui pourront construire leurs châteaux de sable en toute tranquillité. En été, on pourra se rafraîchir et déjeuner sous les palmiers au bar-restaurant de la plage.

Praia do Zavial**

Carte p. 30-31 - À 14 km N-E de Sagres.

C'est la plage suivante lorsqu'on prend la direction de Lagos, à l'est. Protégée par des falaises, peu fréquentée, la plage se compose d'une vaste bande de sable fin se terminant par une falaise de couleur ocre. Au bout de la plage, derrière les rochers, se cachent plusieurs petites criques. Bienvenue sur le territoire des naturistes!

Praia do Martinhal

Salema*

Carte p. 30-31 - 17 km E de Sagres.

Restez en dehors des sentiers battus dans ce village de pêcheurs: avec ses jolies ruelles pavées, ses maisons blanches et ses restos, il a tout pour plaire. Sur la grande plage familiale, quelques barques de pêcheurs se reposent, indolentes. En été, la température de l'eau atteint 22 °C. Pour aller à la découverte de quelques **vestiges** du passé – fontaine publique, ancien four –, sans jamais quitter des yeux l'océan, on empruntera la **rua dos Pescadores.** Et ne vous étonnez pas d'apprendre que des empreintes de dinosaures ont été relevées à Salema: deux dalles près de la grève en témoignent!

Forte et Praia de Almádena

Carte p. 30-31 - À 20 km E de Sagres par la N125.

Après tant de plages magnifiques, pourquoi pas un brin de culture? L'ancienne fortification militaire d'Almádena (XIIe s.) – ou du moins ce qu'il en reste! – trône à 78 m d'altitude. Cet ancien fort fut construit ici pour protéger les madragues utilisées pour la pêche au thon qui avait cours en contrebas de la falaise. On devine la façade principale et, ici et là, la présence de bastions de forme polygonale ou encore d'une petite chapelle à niche: comme le voulait la tradition, ce fort a été construit sur un temple romain et une mosquée!

Burgau*

Carte p. 30-31 - À 23 km O de Sagres par la N125.

À quelques minutes en voiture, voici Burgau. Vous sortez du parc naturel du Sud-Ouest Alentejan et de la Côte vicentine. Le petit village de pêcheurs s'incline au-dessus d'une minuscule plage abritée par une colline rocail-

Bas-relief sur la Fortaleza de Sagres

leuse. La charmante bourgade, qui compte moins de 300 habitants à l'année, est une invitation à la relaxation. Où que l'on se trouve à Burgau, on voit et on entend l'océan. Depuis la plage, un sentier permet de rallier le village de Luz et sa plage, à l'est.

➤ À l'ouest de Sagres

Praia do Beliche*

***Carte p. 30-31** - À 3,5 km N-O de Sagres via la N268.*

En haut de la falaise, le vent souffle. Il faut emprunter de nombreuses marches abruptes pour atteindre la crique. La plage de sable blanc est agréable, l'eau limpide et, grâce aux falaises rocheuses, on est à l'abri du vent.

Quelques surfeurs, quelques baigneurs et des serviettes de plage le long des falaises: c'est plutôt calme. Le paysage est d'une rare beauté mais attention à ne pas vous faire piéger par la marée montante, au risque de rester coincé.

Praia do Telheiro

***Carte p. 30-31** - À 8 km N-O de Sagres par la N268. Accès en voiture uniquement.*

Une petite plage charmante et déserte, située dans une anse encadrée par de belles falaises aux tons orangés. La dernière plage avant le

ROTA VICENTINA

Rochers escarpés, flore odorante, immenses plages ou petites criques sauvages… Depuis 2013, les beautés du Sud-Ouest de l'Algarve sont à portée du randonneur grâce au GR11 Rota Vicentina et à ses deux itinéraires balisés. Le Caminho Histórico relie le cap Saint-Vincent à Santiago do Cacém, dans l'Alentejo, au fil de 12 sections (de 12 à 25 km) permettant d'explorer facilement l'intérieur des terres. Le Trilho dos Pescadores *(voir p. 76)*, plus exigeant, relie le cap Saint-Vincent et Porto Covo au fil d'un itinéraire discontinu offrant des randonnées (de 6 à 22 km) au plus proche du littoral. Certains itinéraires peuvent même se faire à vélo!
➤ *http://en.rotavicentina.com.*

Cabo de São Vicente

cap Saint-Vincent est un spot parfait pour la pratique du surf, mais pas idéal pour les enfants, car l'océan est ici plus tumultueux qu'ailleurs.

➤ Vers le cabo de São Vicente

Le paysage change rapidement. Tout d'ailleurs. La végétation se fait plus rare, laissant tout autour comme une sensation de vide. Le thermomètre baisse peu à peu, le vent souffle et on aurait presque envie de faire demi-tour. Non, non, le bout du monde n'est pas loin et il serait dommage de passer à côté…

Cabo de São Vicente**

Le cap Saint-Vincent

Carte p. 30-31 - À 6 km O de Sagres par la N268.

Si le cap Saint-Vincent porte le surnom de « bout du monde », c'est parce qu'il est situé à l'extrémité de la pointe sud de l'Europe, mais aussi pour son côté mystique et légendaire. Dans l'Antiquité, les Grecs en faisaient le lieu de repos des dieux, d'où son nom de *cabo Sagres,* « cap Sacré », avant que les chrétiens, selon la légende, ne le rebaptisent cap Saint-Vincent en l'honneur du vaisseau transportant la dépouille du saint martyr qui s'échoua ici au IVe s.

En plus de la vue époustouflante depuis sa falaise de 80 m de haut, le cap est dominé par un **phare** rouge visible à 90 km *(ouv. mer.)* qui tranche franchement avec l'ancien **monastère** blanc et le bleu du ciel. Le petit **museu dos Faróis** *(avr.-sept. mar.-dim. 10h-18h, oct.-mars mar.-dim. 10h-17h ; entrée plein tarif : 1,50 €)* retrace l'histoire maritime de Sagres et du phare.

En attendant de pouvoir admirer le coucher du soleil, vous pourrez boire un verre en terrasse et acheter des souvenirs dans les deux boutiques du site. N'oubliez pas votre coupe-vent, ça décoiffe !

Trilho dos Pescadores***

Le sentier des Pêcheurs

Carte p. 30-31.

Longeant la côte du cap Saint-Vincent à Porto Covo (Alentejo) sur près de 120 km, le Trilho dos Pescadores est l'un des deux sentiers du GR Rota Vicentina. Il vous emmène à la découverte de paysages grandioses : hautes falaises sombres, plages de sable battues par les vents et végétation tantôt rabougrie, tantôt luxuriante, font partie du voyage.

Que vous soyez ornithologue amateur, géologue ou botaniste dans l'âme, ses paysages combleront votre désir de communion avec la nature. Dans cette portion du littoral entre le cap Saint-Vincent et Odeceixe, le « sentier des pêcheurs » n'est pas continu, mais il offre cinq belles balades de longueurs variables qui donnent à voir les plus belles plages de la région. Le **circuit de la plage Telheiro,** au départ du cap Saint-Vincent, rejoint la praia do Telheiro *(voir ci-dessous)*; celui de **Pontal da Carrapateira** fait une boucle (10 km) depuis Carrapateira via la praia da Bordeira; le sentier de **Ponta da Atalaia** (14 km) débute sur la praia da Arrifana et s'achève au sud d'Aljezur; le **circuit d'Amoreira** (6 km) explore la région d'Aljezur via la praia Amoreira, tandis que celui de la **praia de Odeceixe** (9 km) passe par la plage éponyme. Au-delà d'Odeceixe *(p. 82)*, le Trilho dos Pescadores offre quatre longues randonnées (entre 15 et 22 km) jusqu'à Porto Covo via Zambujeira do Mar, Vila Nova de Milfontes et Almograve, tous dans la région de l'Alentejo.

Circuito praia do Telheiro

Carte p. 30-31 *- Départ du circuit à Ponta Ruiva à 1 km du phare du cap Saint-Vincent. Arrivée : praia do Telheiro. Longueur : 6 km. Durée : 2 h 30. Niveau : difficile.*
D'autres circuits sur www.rotavicentina/fishermen

La praia do Telheiro possède un grand intérêt géologique. On peut y observer un phénomène de discordance spectaculaire et unique : ici, les strates sont séparées par un abîme de temps – des millions d'années – au lieu de s'inscrire dans une continuité géologique. C'est la raison pour laquelle le sentier de grande randonnée Rota Vicentina a remis au goût du jour ce tronçon du Trilho dos Pescadores. Cette boucle de 6 km est à faire de préférence entre septembre et juin. Vous allez progresser sur le sommet de falaises élevées aux tons bruns et orangés, parfois hautes de 50 m, sans jamais quitter l'Atlantique de vue. Le vent souffle très fort.

➤ Vila do Bispo* et ses environs

Carte p. 30-31 *- À 8 km N de Sagres par la N268.*

Vila do Bispo est une charmante localité aux habitations typiquement algarviennes, blanchies à la chaux avec un encadrement coloré et surmontées d'une cheminée en dentelle. Explorez les ruelles désertes où sèche le linge, tendez l'oreille pour écouter vivre les habitants, admirez les moulins sur le chemin et, une fois en haut, profitez d'un joli paysage.

Vila do Bispo est l'une des portes d'entrée de la **costa Vicentina,** où s'égrènent des plages toutes plus belles les unes que les autres.

Praia da Cordoama

Carte p. 30-31 *- À 5 km N-O de Vila do Bispo par la M1265 et à 12,5 km N de Sagres. Parking exigu.*

L'impression d'être au bout du monde saisit quiconque visite cette plage magnifique. Elle fait partie des plages hors des sentiers battus. Les vagues y sont belles, le sable fin et le coucher de soleil, inoubliable.

Praia do Castelejo**

Carte p. 30-31 *- À 4,2 km N-O de Vila do Bispo par la M1265 et à 12,5 km N de Sagres.*

Cette plage est l'un des joyaux cachés de la côte ouest de l'Algarve. Encadrée par de belles formations rocheuses sombres, parfois plongée dans la brume, elle est toujours très photogénique. Le petit **restaurant**

PAUSE POUCES-PIEDS

Situation géographique oblige, ce petit restaurant d'une douzaine de tables sert de bonnes spécialités de la mer : couteaux, crevettes, seiches farcies et les célèbres *percebes,* les pouces-pieds *(encadré ci-dessous).* Tout ici est fait maison et le service fort agréable !
➤ **O Mexilhão,** *rua 1° de Maio, 32, Vila do Bispo ☎ 282 63 91 08. T. l. j. 12h-15h et 19h-23h.*

de la plage sert de bonnes spécialités régionales.

Torre de Aspa***

Carte p. 30-31 *- À 6,5 km O de Vila do Bispo par la M1265 et à 13 km N de Sagres par N268. Suivez la dir. de la praia do Castelejo, tournez à g. dans le chemin en direction d'Aspa, puis continuez à pied sur 3,3 km env.*

Voilà un **belvédère** qui se mérite ! Au bout du chemin, vous avez rendez-vous avec le point le plus élevé de toute la côte de l'Algarve (156 m). Et une vue à couper le souffle sur la côte et le cap Saint-Vincent. Le lieu tient son nom de l'ancienne tour, édifiée ici par João III à la fin du XVIe s. afin de protéger la côte des attaques de corsaires.

Raposeira

Carte p. 30-31 *- À 2,5 km E de Vila do Bispo par la N125 et à 10 km N de Sagres par la N268.*

On se rendra dans cette bourgade pour visiter la chapelle gothique de **Nossa Senhora da Guadalupe** (XIIIe s.) et le petit **musée** attenant qui rappellent les différents épisodes de la vie d'Henri le Navigateur. Dans les environs, on trouve quelques menhirs des VIIIe et Ve s. av. J.-C., notamment le **menhir d'Aspradantes** en calcaire blanc, de plus de 2 m de haut, ou les ensembles de **menhirs de Milrei et Padrão.**

Aldeia da Pedralva*

Carte p. 30-31 *- À 8 km N-E de Vila do Bispo et à 18 km N de Sagres par les N125 et N268. www.aldeiadapedralva.com.*

Pedralva est un ancien village fantôme dont les quelques maisons à l'abandon ont en grande partie été remontées et transformées en maisons de location par un trio d'amis lisboètes *(voir p. 138).* L'ancien four communautaire a été conservé et la boîte aux lettres du bourg a même pu retrouver sa place d'origine. Le restaurant **Pizza Pazza** *(☎ 282 63 91 73 ; avr.-sept. midi et soir)* propose une cuisine portugaise revisitée de qualité. Un lieu hors du temps, à découvrir absolument !

LE *PERCEBE,* UNE SPÉCIALITÉ LOCALE

Les *percebes,* « pouces-pieds » en français, sont de drôles de crustacés à l'allure peu ragoûtante : une courte patte recouverte d'une peau façon cotte de mailles, accrochée à une multitude de griffes calcaires. Ils sont rares et s'agrippent aux rochers des mers agitées. Les pêcheurs à pied qui s'adonnent à cette chasse périlleuse sont de véritables alpinistes de la mer. On raconte que dans chaque famille des alentours, quelqu'un a péri en mer pour en ramasser. C'est pour cela qu'ils sont vendus à prix d'or. Si vous êtes tenté par ces drôles de bêtes, direction le restaurant typique **Cafe Correia** à Vila do Bispo *(p. 140)* qui les cuisine dans leur plus simple appareil, pour préserver leur goût superiodé.

7 De Carrapateira à Odeceixe

Praia do Amado

La Côte vicentine est l'autre joyau de l'Algarve. Depuis longtemps déjà, les surfeurs du monde entier fréquentent ses plages sauvages en toute saison. L'océan étant relativement froid par ici, si vous ne surfez pas, optez pour une promenade panoramique sur le sentier balisé de la Rota Vicentina et profitez de la quiétude qui y règne. On est vraiment très loin des grandes stations balnéaires de la côte sud !

- **Carte :** p. 30-31.
- **Arriver, se déplacer :** voir Carnet pratique p. 191.
- **Manger, dormir, s'amuser :** p. 140.

Aljezur

➤ La côte de Carrapateira à Aljezur

Les immenses plages au nord de Carrapateira sont très prisées des surfeurs, amateurs ou confirmés, en solo ou en famille. En saison, les nombreuses écoles de surf vous donneront peut-être envie de vous y essayer. Hors saison, les plages sont le cadre idéal pour écouter le bruit des vagues en toute quiétude, et déconnecter.

Carrapateira

Carte p. 30-31 - À 22 km N de Sagres par la N268 et à 110 km O de Faro par l'A22, les N120 et N268.

Carrapateira est un tout petit village aux maisons blanches suspendues à la colline. Mis à part les boutiques de surf qui y fleurissent, le temps semble s'y être arrêté. On y vient souvent pour faire une pause-café entre deux plages et se ravitailler à la supérette du bourg.

Museu do Mar e da Terra

Le musée de la Terre et de la Mer

Rua do Pescador ☎ 282 97 00 00. Mar.-sam. 10h-13h et 13h30-16h30. Entrée plein tarif: 3 €.

Voilà un beau musée pour quiconque s'intéresse aux activités traditionnelles des habitants de Carrapateira, une bourgade située entre terre et mer. Ouvert en 2008, le lieu présente l'histoire de la région depuis le Mésolithique (entre 10 000 et 5 000 ans av. J.-C. env.) au travers de photographies, de vidéos et de vestiges. Des visites guidées et des ateliers créatifs sont proposés aux enfants.

Praia do Amado**

Carte p. 30-31 - À 2,3 km S de Carrapateira par la N268.

Entre les **écoles de surf** et les compétitions internationales qui s'y déroulent, la plage d'Amado est le paradis des surfeurs! Tout autour, le terrain et le parking géant sont propices au camping sauvage et servent de point de chute aux caravanes et autres camping-cars, ce qui ne manque pas d'attirer de nombreuses familles, qui rendent cette plage animée en été.

Praia da Bordeira***

Carte p. 30-31 - À 1 km N de Carrapateira. Parking côté S.

Bordeira est l'une des plus belles plages de la région et, à marée basse, l'une des plus grandes de l'Algarve. Avec ses 3 km de sable fin et ses vagues impressionnantes, elle attire surtout les surfeurs en toute saison. Les familles, elles, seront séduites par le côté sauvage du paysage et les jolies balades à faire. Sans compter que les enfants pourront patauger dans la lagune que forme parfois la rivière qui se jette dans la mer. Écoles de surf, cafés et restaurants dans le hameau au sud de la plage.

Praia de Vale Figueiras**

Carte p. 30-31 - À 16 km N de Carrapateira par la N268. Suivez la dir. d'Aljezur sur 11 km, puis tournez à g. via les hameaux de Chabouco et Monte Novo. La route se transforme en piste de terre battue (5 km).

Sur la route d'Aljezur, une route de terre battue mène à la plage de Vale

Figueiras. Bordée de petits monts de calcaire et de schiste, vaste et très préservée, cette plage plaira aux amoureux de la nature. Au nord, possibilité de rejoindre à marée basse la **praia do Penedo** à pied.

Arrifana

Carte p. 30-31 - À 27,5 km N de Carrapateira par la N268.

La nature encore verdoyante de la Côte vicentine contraste avec le schiste gris et noir des immenses falaises où viennent s'accrocher quelques maisons de pêcheurs. C'est le cas d'Arrifana, un minuscule village où tous les ans, fin juillet, la **Fête des pêcheurs** bat son plein, offrant aux participants la chance de manger des kilos de sardines pour trois fois rien!

Praia da Arrifana**

La plage d'Arrifana dispose de toutes les infrastructures nécessaires et d'une bonne accessibilité. Attention, l'étendue de sable n'est pas très large et, lorsque la marée monte, les serviettes s'agglutinent au pied de la falaise. Depuis les ruines de l'ancienne **forteresse,** la perspective est superbe et vous pourrez garer votre véhicule plus facilement.

PATATE DOUCE

À Aljezur, la patate douce, c'est incontournable! Depuis des siècles, les producteurs des environs cultivent ce tubercule épatant, utilisé en cuisine et en pâtisserie, qui fait la réputation d'Aljezur. Au point qu'un festival lui est dédié chaque année en novembre *(p. 141)*. Durant cet événement, les visiteurs en consomment près de trente tonnes!

➤ Aljezur

Carte p. 30-31 - À 21 km N de Carrapateira par les N268 et N120.

Aljezur est un bel exemple de la double influence que détiennent les villes de la Côte vicentine. D'un côté l'Atlantique, le claquement des vagues, les planches de surf, les falaises vertigineuses, les dunes de sable... De l'autre, des terres calmes, couvertes d'une végétation dense, le

Surf à praia do Amado

sifflement des oiseaux, l'artisanat et une tradition préservée… Un double visage qui fait de cette bourgade un endroit atypique où il fait bon s'arrêter.

Castelo de Aljezur

Rua Dom Paio Peres Correia (parking au château) ☎ 289 89 60 70. Entrée libre.

Bien que la montée soit assez raide, l'accès aux hauteurs de la ville se fait aussi bien en voiture qu'à pied. De ce château construit au xe s. sous la domination arabe – il fut reconquis par les chrétiens en 1294, pendant le règne d'Afonso III –, il ne reste pas grand-chose, mais les panneaux permettent de reconstituer des pans de son histoire et de ses légendes. La vue imprenable sur la ville, la rivière et la campagne alentour est déjà un but de visite.

Praia de Monte Clérigo**

***Carte p. 30-31** - À 8,5 km N-O d'Aljezur et à 27 km N de Carrapateira par les N268, N120 et M1003.*

Avec son petit bourg perché, cette plage familiale séduit tout visiteur, qu'il vienne ici pour lézarder au soleil ou surfer. À marée basse, de petites piscines naturelles apparaissent, faisant le bonheur des pêcheurs en herbe de crabes, d'étoiles de mer et d'oursins. Une bonne alternative à la plage d'Arrifana pour les surfeurs.

Moulin d'Odeceixe

PAUSE GOURMANDE À LA PLAGE

O Zé, le bar-restaurant de la plage, sert de bons plats de poisson et de fruits de mer réputés pour leur fraîcheur. Un excellent spot pour admirer le coucher du soleil. Seul bémol : les prix sont légèrement plus élevés qu'ailleurs.

➤ *Praça Monte Clérigo, Praia do Monte Clérigo ☎ 282 99 86 21. T. l. j. 8h30-22h.*

Praia da Amoreira**

***Carte p. 30-31** - À 8 km O d'Aljezur par la M1003.*

Côté sud, l'embouchure de la **rivière Aljezur** forme une jolie piscine naturelle où il fait bon se baigner; au nord, la mer laisse parfois de grandes flaques d'eau salée, comme des petits marais. Face à la plage, on peut admirer une énorme barrière de roche grise, et derrière soi, des dunes de sable où les plantes sauvages s'accrochent. Attention tout de même: à la limite de l'embouchure, les courants peuvent être très forts. La plage d'Amoreira a aussi un restaurant avec vue, le **Paraiso Do Mar** *(☎ 282 99 10 88; t. l. j. 9h30-21h).*

➤ Odeceixe**

***Carte p. 30-31** - À 16 km N d'Aljezur et à 37 km N de Carrapateira par les N268 et N120.*

Avec ses maisons blanches aux touches colorées alignées en escalier le long de ruelles pavées, le premier village côtier de l'Algarve plante bien le décor. Un petite place et une rue principale regroupent l'essentiel des commodités. Si vous grimpez jusqu'en haut du village, vous pourrez avoir un aperçu du paysage alentour encore verdoyant et une vue sur la Seixe, qui se jette dans l'océan non loin de là. Elle marque d'ailleurs la frontière entre l'Alentejo et l'Algarve.

Praia de Odeceixe

Praia de Odeceixe**

Carte p. 30-31 - À 3,5 km O d'Odeceixe. Parking dans le hameau au-dessus de la plage.

La mer d'un côté, la rivière de l'autre, et au milieu le banc de sable. La plage d'Odeceixe affiche un panorama magnifique. Sable fin, immenses falaises sombres peuplées d'arbres et de végétation, petites grottes… C'est un endroit sauvage et quasi désert en basse saison. Le spot attire les surfeurs, et l'école de surf propose des cours pour les débutants et la location de matériel.

PAUSE SUCRÉE

À Rogil, sur la route d'Odeceixe, la *padaria* **Pão do Rogil** régale depuis 50 ans les habitués et les vacanciers sur la route du Sud. Bouches sucrées, vous allez être ravies! Les spécialités de biscuits, notamment aux amandes, sont délicieuses. Goûtez les *bolinhos de alfarroba e amêndoa* (caroube et amande) ou les *tirinhas de Limão* (au citron, 2,50 €/250 g). Et pour les palais salés, il y a des produits régionaux et des snacks à déguster sur place ou à emporter. Faites le plein de *pão com chouriço* (pain au chorizo) pour la route!

➤ Av. 16 de Junho, Rogil
☎ 282 99 82 03. Lun.-sam. 7h-20h, dim. 8h-20h.

Moinho de vento de Odeceixe*

Le moulin à vent d'Odeceixe

À l'angle de la rua 25 de Abril et de la rua dos Moinhos, dans les hauteurs du village ☎ 282 99 00 10. Juin-sept. mar.-sam. 10-17h.

Les premiers moulins à vent sont apparus au Portugal, et notamment au sud, au XIVe s. Celui d'Odeceixe est bien préservé. On y apprend beaucoup sur le processus artisanal de broyage des céréales ainsi que sur le rôle important joué par le meunier chargé de surveiller la direction du vent. Depuis le moulin, on a une vue superbe sur les toits du village blanc et la Seixe.

Adega-museu de Odeceixe

Le musée-cellier d'Odeceixe

Rua Nova. ☎ 282 94 72 55. Juin-sept. t. l. j 10h-16h30.

Cet ancien cellier du début du XXe s. accueille aujourd'hui un petit musée qui retrace l'histoire de ce lieu incontournable à l'époque. Plus qu'un simple cellier, la maison avait une fonction sociale importante: amis du propriétaire et travailleurs s'y pressaient pour goûter le vin, conclure un contrat ou simplement pour y manger.

L'Algarve intérieure

Forêts d'eucalyptus, cours d'eau, vergers, plantes odorantes, affleurements rocheux et petits villages oubliés du monde… On pousse jusque dans l'arrière-pays pour découvrir une autre facette de l'Algarve. L'intérieur de la région se dévoile à qui veut bien parcourir ses terres fertiles en prenant son temps. Loin des longues plages de sable blond et du tourisme de masse de la côte sud, le cœur généreux de l'Algarve se prête tout particulièrement à la randonnée. L'arrière-pays se laissera par exemple explorer d'ouest en est, le long de la Via Algarviana. À l'écart des axes (trop) fréquentés que sont la N125 et l'autoroute A22, cet itinéraire balisé offre de belles randonnées de longueur variable. Il n'est alors pas rare de croiser un moulin à vent abandonné, un ancien four à pain, quelques cochons ou un artisan en plein travail.

PRATIQUE

Cartes et plans : L'Algarve p. 30-31.
Manger, dormir, s'amuser : p. 142.
Se déplacer : dans l'arrière-pays, la voiture est indispensable.
• **Visite 8, 9 et 10** *(p. 86, 94, 104)* : aucune ligne ferroviaire ne dessert l'Algarve intérieure et le réseau de bus est peu développé. Les bus Eva desservent Monchique depuis Portimão ; vous pouvez rejoindre Bensafrim depuis Aljezur ou Lagos ; au départ de Loulé, vous pouvez rejoindre Alte, Barranco do Velho, Cachopo, Martim Longo, Porches, Querença, São Bartolomeu de Messines et Salir.

VISITES
8 à 10

L'Algarve intérieure

8 De Bensafrim à la serra de Monchique

Caldas de Monchique

Loin du tourisme de masse, vous voici aux portes de la serra de Monchique, une région montagneuse et verdoyante où coulent le miel et l'eau, et où les terres fertiles donnent vie à une foule de bons produits dont l'eau-de-vie d'arbouse. En voiture, à pied ou à VTT, préparez-vous à en prendre plein les yeux !

- **Carte :** p. 30-31.
- **Arriver, se déplacer :** voir Carnet pratique p. 191.
- **Manger, dormir, s'amuser :** p. 142.
- **Randonnée :** La route des Moulins de Monchique p. 92.

➤ Bensafrim

Carte p. 30-31 - À 11,5 km N-O de Lagos par la N120 et à 87 km O de Faro par l'A22.

Bienvenue dans cette ville de 1 500 habitants posée au pied de monts verdoyants où figuiers et caroubiers façonnent le paysage. Le plus grand village des environs de Lagos est une terre rurale paisible et authentique. On est donc aux antipodes de la ville touristique, pourtant si proche. Le **mont Molião,** non loin, domine le ruisseau de Bensafrim. Il serait le berceau de la fondation de la ville de Lagos (ruines romaines). Les maisons blanches à cheminée traditionnelle, avec leurs encadrements de fenêtre aux couleurs vives, les puits et norias encore en activité, sont autant d'échos de la présence arabe. Pour conclure la balade, on visitera le **menhir de Cabeça do Rochedo** et la **nécropole** de l'âge de fer habitée par les Romains.

Necrópole de Fonte Velha

À 1 km S-E de Bensafrim.

On pourrait très bien passer à côté de ce site sans s'en rendre compte, tant il en reste peu de traces. Au XIXe s., l'archéologue portugais Da Veiga a extrait de cette nécropole en grès et calcaire, datant de l'âge de fer, 17 sépultures rectangulaires renfermant des vestiges romains : bijoux en cuivre, pointes de lance en fer, objets en bronze ou en or, stèles funéraires gravées en latin. Des découvertes qui ont conduit un autre archéologue à se pencher sur l'existence d'une seconde nécropole d'origine romaine construite au-dessus de la première.

Barragem da Bravura (ou de Odiáxere)

Carte p. 30-31 - À 9 km N-E de Bensafrim par la N125-9 en direction de Monte Bravura.

Rien de tel qu'un crochet par le **barrage de Bravura** pour se rafraîchir un peu. Et écouter le silence de l'Algarve. Situé au cœur de la **serra d'Espinhaço de Cão,** le lac artificiel du barrage de Bravura, avec ses eaux calmes aux multiples nuances de vert et les eucalyptus qui le bordent, est une invitation à la flânerie. Il est possible d'explorer le lac en canoë ou de combiner cette activité sportive avec d'autres (*Alternativ Tour ☎ 965 00 43 37, www.alternativtour.com*).

Serra de Monchique

Serra de Monchique

➤ La serra de Monchique★★★

Carte p. 30-31 - De Bensafrim, accès par la N125-9 puis la N267; à 25 km N de Portimão par les N124, N267 et N266 jusqu'à Monchique.

Végétation luxuriante, parfums délicats, points d'eau et fontaines naturelles lui ont donné le surnom légitime de «jardin de l'Algarve». Les chemins ombragés et les parcours pédestres balisés font le bonheur des randonneurs, à l'image de la rota dos Moinhos de Monchique *(p. 92)*, une boucle au départ de **Monchique,** au cœur de cette région montagneuse. Le **pic de Fóia** (902 m), le plus haut de l'Algarve et celui de **Picota** (773 m) dominent des paysages sauvages et le regard porte même jusqu'au cap Saint-Vincent *(p. 76)*!

Marmelete

Carte p. 30-31 - À 28 km N de Bensafrim par la N125-9 dir. Aljezur.

Pour la petite histoire, on raconte que des marins venus se réfugier à Marmelete après le naufrage de leur embarcation dans la baie de Lagos y trouvèrent du lait («*leite*» en portugais) pour se rassasier et des femmes bonnes à marier! Le capitaine du bateau décida alors de baptiser cette terre d'accueil «Mar e leite», qui donna plus tard Marmelete, en hommage à l'océan et à cette terre d'accueil généreuse.

Aujourd'hui, un peu plus de 1 000 âmes vivent à l'année dans ce bourg blanc entouré de verdure au

PAUSE FAMILIALE

Tasca do Petrol est une table familiale, qui sert une cuisine traditionnelle de montagne de qualité. Pot-au-feu au chou, chevreau rôti, *papas de milho* (bouillie de maïs à la viande), tarte caroube-figue-amande, gâteau à la patate douce parfumé à l'eau-de-vie d'arbouse… Les portions sont généreuses. On dit même que c'est la meilleure table de l'Algarve! À vous de juger…

➤ *Corgo do Vale (sur la N267, à 5 km E de Marmelete) ☎ 282 95 51 17. Jeu.-mar. 10h-minuit. Plats: 9-12 €. Paiement en espèces seulement.*

cœur de la serra de Monchique. Le microclimat des montagnes allié à la présence de sources confère à cette zone de l'Algarve un intérêt botanique majeur.

Miel, charcuterie à base de porc noir et eau-de-vie d'arbouse font le bonheur des locaux et des gastronomes de passage.

Capela de Santo António

Accès par le N-E du village en suivant les indications.

C'est à l'emplacement de cette chapelle que saint Antoine de Padoue (1195-1231) serait apparu à un berger dont le troupeau était menacé par des loups. Le troisième dimanche de juin, l'image pieuse représentant le saint patron du Portugal est portée en procession. Depuis la chapelle édifiée au XVIIIe s., la vue sur le bourg est très belle.

Casa do Medronho

Rua de Aljezur, 12 ☎ 282 95 51 21, www.casadomedronho.com. Lun. -ven. 9h-12h30 et 14h-17h. Entrée libre. Vis. et dégustation sur rés.

Arbousier

PAUSE

Rouxinol est un petit café-restaurant cosy, où il faut bon savourer de bonnes spécialités de la mer au coin d'un feu de cheminée. En été, on pourra se prélasser sur la terrasse avec vue sur les paysages verdoyants de la Serra de Monchique. Excellente tarte aux framboises.

➤ Sur la N266 à la sortie de Caldas de Monchique sur la route de Monchique ☎ 282 91 39 75, www.restaurantrouxinol.com. Mer.-dim. 12h-16h30.

Vous avez toujours rêvé de percer les secrets de fabrication du ***medronho,*** l'eau-de-vie d'arbouse? Grâce à ce tout nouveau **centre d'interprétation,** vous saurez tout sur le fruit de l'arbousier, une curieuse baie rouge-orangé devenue le produit phare de l'économie. Récoltées dans la serra de Monchique depuis des siècles, les baies d'arbousier mûrissent à la fin de l'été, passant d'une couleur jaune-orangé au rouge au moment de la cueillette, d'octobre à décembre. Le précieux nectar, appelé ici *medronho,* est obtenu à l'issue d'un processus de distillation traditionnel transmis de génération en génération. Le lieu a également une fonction de distillerie communautaire. Demandez le fascicule de la **route des distilleries** disponible sur place.

Miradouro do Cerro dos Picos**

Carte p. 30-31 *- Sortez de Marmelete par la N267 en dir. de Monchique, puis tournez à g. après 1 km en suivant l'indication « Miradouro » (belvédère en portugais) ou « Picos ».*

Le **belvédère de Cerro dos Picos** est le point le plus haut de Marmelete. Lorsque le ciel est clair et dégagé, le panorama sur le bourg et la côte est superbe. Attention, en raison de l'humidité caractéristique de cette partie de la région, le sol peut être très glissant par endroits!

PAUSE

Salon de thé et restaurant, **Óchalá** est une superbe adresse hybride fréquentée par les locaux. La carte compte des plats sains, souvent à base de produits bio (soupes, lasagnes, salades), et des desserts gourmands.
➤ *Rua Dr. Samora Gil, 12, Monchique ☎ 282 91 25 24. Lun.-ven. 9h-19h et sam. 10h-14h.*

Caldas de Monchique*

Carte p. 30-31 - À 19 km N de Portimão. Sortez de Portimão en direction de Lagos et dépassez l'autoroute en prenant vers Monchique et Silves ; la route croise l'embranchement menant à Silves, puis grimpe dans la serra.

En progressant vers l'arrière-pays, le paysage change peu à peu et les petites collines dénudées laissent place à une végétation dense, signe de l'arrivée à Caldas de Monchique. Le paisible complexe thermal, réputé pour sa source d'eau chaude, se niche au creux d'un vallon, au milieu des acacias et des camélias. C'est un lieu de détente luxueux, mais on y soigne encore aujourd'hui rhumatismes et maladies respiratoires. Vous pourrez y prendre un verre au frais, en profitant des jeux d'ombre et de lumière des frondaisons.

Le **belvédère de Picota** est accessible depuis Caldas de Monchique via le sentier de grande randonnée, Via Algarviana. Deux autres parcours permettent d'explorer les environs du pic de Fóia ou de découvrir quelques belles **cascades** *(voir ci-dessous)*. Une région qui promet de belles balades à l'ombre d'une forêt dense et humide.

Monchique**

Carte p. 30-31 - À 41 km N-E de Monchique par l'A22 et la N266. Parking souterrain à l'entrée de la ville.

La cité, accrochée à flanc de colline, invite à la promenade, avec ses ruelles pentues et étroites grimpant depuis la place principale. Monchique est célèbre pour son artisanat : vannerie, fabrication de cuillères, couteaux, objets en bois, en cuir, bijoux, céramiques, poteries et tissages, vous trouverez de quoi remplir votre valise

Église de Monchique

Monchique

dans les petites boutiques de la ville, qui est aussi célèbre pour son miel et son eau-de-vie d'arbouse *(p. 143)*.

L'**église** paroissiale possède un portail manuélin à colonnes torsadées formant cinq pointes. Dans les hauteurs se découpe la silhouette du **convento de Nossa Senhora,** un ancien couvent franciscain, ruiné par le séisme de 1755.

La **route de Fóia** *(10 km A/R par la N266-3)* réserve de magnifiques échappées sur le littoral avant d'arriver au sommet du pic, où est installé un centre d'artisanat.

Convento de Nossa Senhora do Desterro

Accès à pied ou en voiture depuis Monchique, suivre les indications.

Le couvent de Nossa Senhora do Desterro, bâti en 1631 dans le style architectural manuélin, est né d'une promesse de marins. La légende raconte que, sentant leurs vies menacées par la force de l'océan, deux marins décidèrent de construire une église dans le premier lieu qu'ils apercevraient depuis la mer. Un an plus tard, l'église devint un couvent franciscain. Il fut très endommagé par le tremblement de terre de 1755. Très beau panorama sur Monchique depuis les hauteurs.

➤ *Lire aussi la randonnée : La route des Moulins de Monchique p. 92.*

Cascatas Barbelote, Chilrão, Penedo do Buraco*

Carte p. 30-31 - Accès aux cascades en véhicule tout-terrain uniquement ou à pied par l'un des deux circuits balisés du GR 13 - Via Algarviana. Prévoir de bonnes chaussures de randonnée.

La serra de Monchique abrite trois **cascades.** Celle de **Barbelote,** la plus belle *(1,5 km O de Fóia)*, constitue l'un de ses trésors naturels les mieux préservés. Avec 20 m de hauteur et un écrin rocheux particulièrement intéressant, elle se démarque des deux autres, **Chilrão** et **Penedo do Buraco,** dont le débit est aussi moins important. Évitez de les visiter par temps de pluie, le terrain est alors impraticable.

9 De Silves à Loulé

Silves

Du château de Silves aux ruelles pleines de charme de la vieille ville de Loulé, cette balade dans l'arrière-pays égrène richesses patrimoniales et sites naturels enchanteurs. Coincée entre la serra de Monchique, la serra do Caldeirão et le littoral, cette région centrale du Barrocal alterne plaines et élévations rocheuses étranges à l'image de Rocha da Pena. Dans ses villages, vous pourrez dénicher quelques pièces d'artisanat local introuvables ailleurs !

- **Carte :** p. 30-31.
- **Arriver, se déplacer :** voir Carnet pratique p. 192.
- **Manger, dormir, s'amuser :** p. 144.
- **Balade secrète :** À la source de Benémola p. 103.

Monchique

dans les petites boutiques de la ville, qui est aussi célèbre pour son miel et son eau-de-vie d'arbouse *(p. 143)*.

L'**église** paroissiale possède un portail manuélin à colonnes torsadées formant cinq pointes. Dans les hauteurs se découpe la silhouette du **convento de Nossa Senhora,** un ancien couvent franciscain, ruiné par le séisme de 1755.

La **route de Fóia** *(10 km A/R par la N266-3)* réserve de magnifiques échappées sur le littoral avant d'arriver au sommet du pic, où est installé un centre d'artisanat.

Convento de Nossa Senhora do Desterro

Accès à pied ou en voiture depuis Monchique, suivre les indications.

Le couvent de Nossa Senhora do Desterro, bâti en 1631 dans le style architectural manuélin, est né d'une promesse de marins. La légende raconte que, sentant leurs vies menacées par la force de l'océan, deux marins décidèrent de construire une église dans le premier lieu qu'ils apercevraient depuis la mer. Un an plus tard, l'église devint un couvent franciscain. Il fut très endommagé par le tremblement de terre de 1755. Très beau panorama sur Monchique depuis les hauteurs.

➤ *Lire aussi la randonnée : La route des Moulins de Monchique p. 92.*

Cascatas Barbelote, Chilrão, Penedo do Buraco★

Carte p. 30-31 - Accès aux cascades en véhicule tout-terrain uniquement ou à pied par l'un des deux circuits balisés du GR 13 - Via Algarviana. Prévoir de bonnes chaussures de randonnée.

La serra de Monchique abrite trois **cascades.** Celle de **Barbelote,** la plus belle *(1,5 km O de Fóia)*, constitue l'un de ses trésors naturels les mieux préservés. Avec 20 m de hauteur et un écrin rocheux particulièrement intéressant, elle se démarque des deux autres, **Chilrão** et **Penedo do Buraco,** dont le débit est aussi moins important. Évitez de les visiter par temps de pluie, le terrain est alors impraticable.

Randonnée

La route des Moulins de Monchique

Végétation luxuriante, parfums délicats, points d'eau, fontaines naturelles et vieux moulins… La rota dos Moinhos offre tous les ravissements de la serra de Monchique, la bien nommée « jardin de l'Algarve ». Ce sentier ombragé à travers les forêts d'eucalyptus et de chênes-lièges fera le bonheur des randonneurs.

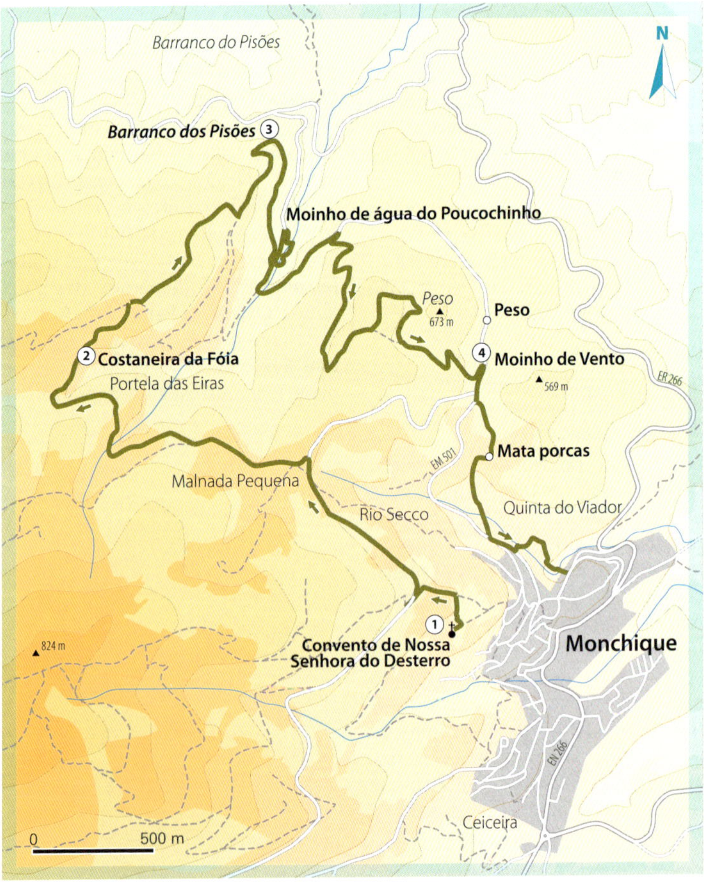

DÉPART ET ARRIVÉE : la randonnée forme une boucle : départ et retour de Monchique.

DURÉE : 1 h 30.

BALISAGE : jaune et rouge.

DISTANCE : 10 km.

DÉNIVELÉ : modéré.

DIFFICULTÉ : modérée.

❶ Depuis Monchique, vous devez rejoindre le **convento de Nossa Senhora do Desterro** *(voir p. 91)*, à l'ouest de la ville, par le **caminho do Convento** (le « chemin du Couvent », depuis la N266, via la calçada de Santo António, la rua São de Deus et la rua do Castelo). Il vous faudra une bonne vingtaine de minutes pour arriver au pied de l'édifice de style manuélin. Bien qu'en ruines, il n'en reste pas moins charmant avec ses vestiges de fresques et d'azulejos et une végétation verdoyante. D'ici, vous avez le choix entre deux chemins balisés, comme le signalent les panneaux. Vous tournerez à droite pour suivre la route des Moulins *(Rota dos Moinhos)*.

❷ C'est le moment de prendre de grandes bouffées d'air frais et de profiter du paysage qui s'étire de part et d'autre de la route. Les grands arbres vous gardent de la chaleur, et le soleil qui perce la végétation provoque de jolis jeux de lumière. La route est irrégulière, mais après 30 min de marche, le chemin commence à descendre doucement. Vous voici sur la **Costaneira da Fóia,** entouré d'une vaste forêt d'eucalyptus.

❸ Le parcours mène ensuite (40 min) jusqu'au **Barranco dos Pisões,** un bel endroit niché au cœur de la forêt, où coule un petit cours d'eau. C'est ici que vous rencontrerez le **moinho de água do Poucochinho,** un ancien moulin à eau récemment restauré pour les visites touristiques. C'est très rafraîchissant. De l'autre côté de la passerelle, il y a des tables de pique-nique en pierre où vous pourrez faire une pause gourmande à l'ombre d'arbres si vieux qu'ils ont été classés… Avez-vous remarqué cet érable centenaire ?

❹ C'est l'heure de redescendre vers Monchique à travers le village de **Peso** d'abord, où l'on découvre le **moinho de Vento** ; puis c'est le hameau de **Mata Porcas,** à flanc de colline, qui annonce les premières maisons de Monchique.

OÙ MANGER ?

Si vous optez pour la pause pique-nique vers le Barranco dos Pisões, vous pourrez acheter de quoi vous ravitailler avant votre départ, dans une des boulangeries de Monchique ou chez ***Barlefante*** *(Travessa das Guerreiras, 14 ☎ 282 91 21 75 ; dim.-jeu. 12h-3h, ven.-sam. 12h-4h). Vous êtes plutôt « après l'effort, le réconfort » ? Il y aura toujours une table pour vous accueillir avec de bons petits plats chez* ***A Charrette,*** *le restaurant le plus populaire du village (Rua do Dr. Samora Gil, 30-34 ☎ 282 91 21 42 ; ven.-mer. 10h-22h30).*

9 De Silves à Loulé

Silves

Du château de Silves aux ruelles pleines de charme de la vieille ville de Loulé, cette balade dans l'arrière-pays égrène richesses patrimoniales et sites naturels enchanteurs. Coincée entre la serra de Monchique, la serra do Caldeirão et le littoral, cette région centrale du Barrocal alterne plaines et élévations rocheuses étranges à l'image de Rocha da Pena. Dans ses villages, vous pourrez dénicher quelques pièces d'artisanat local introuvables ailleurs !

- **Carte :** p. 30-31.
- **Arriver, se déplacer :** voir Carnet pratique p. 192.
- **Manger, dormir, s'amuser :** p. 144.
- **Balade secrète :** À la source de Benémola p. 103.

➤ Silves*

Carte p. 30-31 - À 30 km S-E de Monchique par les N266 et N124, 15 km N-E de Portimão par les N125 et N124. Grand parking à l'entrée O de la ville, en bordure du fleuve.

La ville, juchée sur une colline entourée de vergers au bord du fleuve Arade, fait forte impression avec sa **forteresse** maure en grès rouge. Avant la Reconquista, Silves était la capitale de l'Al-Gharb musulman et un foyer culturel d'une importance comparable à celui de Lisbonne. Après l'avoir conquise en 1189, Sancho Ier rasa la ville. Il fit détruire une vingtaine de mosquées, n'épargnant que le château. Les Maures la reprirent deux ans plus tard, et Silves ne rede-vint chrétienne qu'en 1248. Le port, par lequel transitait le bois de la *serra,* s'envasa peu à peu, précipitant ainsi le déclin de la ville.

Castelo Al-Hamra**

Accès rua do Castelo ☎ 282 44 56 24. Avr.-sept. t. l. j. 9h-19h; oct.-mars t. l. j. 9h-17h30 ou plus tard selon programme; dernière admission 30 min avant la fermeture. Entrée plein tarif: 2,80 € (possibilité de billet combiné avec le museu municipal de Arqueologia, 3,90 €).

Les murs de la forteresse qui domine la ville sont impressionnants et bien préservés. Lorsque l'on s'y balade, on savoure des panoramas variés sur la campagne plantée d'orangers. La **citerne** souterraine, qui pouvait autrefois contenir de quoi abreuver 1 200 personnes pendant un an, est aujourd'hui un lieu d'exposition. Au centre de l'enceinte, on profite des jolis petits jardins et des animations organisées en été (expositions, lectures, concerts, soirées…). Pour une petite pause, on s'installe à la terrasse du café.

Sé

La cathédrale

Rua da Sé. Dim.-ven. 9h-13h et 14h-18h, sam. 9h-13h. Entrée plein tarif: 1 €.

PAUSE À LA BONNE FRANQUETTE

Parmi les rôtisseries qui étendent leur terrasse dans le marché ou tout à côté, au bord du fleuve Arade, essayez la **churrasqueira Valdemar**: depuis quarante ans, on y sert le meilleur poulet grillé de l'Algarve pour quelques euros. ➤ *Mercado municipal, loja 21-22 ☎ 282 44 31 38. Lun.-sam. 8h-23h30.*

Si l'entrée se fait côté sud, par la **porte du Soleil** au style baroque datant du XVIIIe s., la cathédrale, elle, est du XIIIe s. Elle abrite les **pierres tombales** des croisés ayant participé à la prise de la ville. La nef, partie la moins altérée par les remaniements, a conservé son allure médiévale avec sa couverture en bois. Le chœur, de style gothique, est en grès rouge, le grès de Silves, qui donne à la ville sa cou-

Silves

Ruelle dans Silves

leur flamboyante au soleil couchant. La dépouille de João II, mort à Alvor en 1495, fut ensevelie près du retable principal, avant d'être transportée à Batalha.

La vieille ville*

Avec ses ruelles en pente bordées de maisons basses, cette partie de la ville est restée pittoresque. Vous y verrez d'importants fragments de la muraille, près de laquelle s'est établi le **musée municipal d'Archéologique.**

Museu municipal de Arqueologia*

Rua da Porta de Loulé, 14
☎ 282 44 48 32 ; lun.-sam. 9h-17h30 ; entrée plein tarif : 2,80 € ; possibilité de billet combiné avec le castelo Al-Hamra, 3,90 €).

Le musée d'archéologie de Silves est un joyau du patrimoine islamique. Créé en 1990, le lieu, intégré dans les murailles datant de l'Empire des Almohades (XIIe-XIIIe s.), est construit autour d'un ancien puits-citerne médiéval mis au jour dans les années 1980. Sa collection réunit des objets extraits à Silves et aux alentours, couvrant la période du Paléolithique au Moyen-Âge avec un zoom sur l'âge d'or de Silves aux XIIe et XIIIe s.

La balade peut ensuite se poursuivre jusqu'au bord du fleuve Arade, qu'enjambe un pont chaulé du XVe s. À la sortie E de la ville, au milieu d'un rond-point, se dresse la **Cruz de Portugal** (début XVIe s.). Elle aurait été offerte à la ville par le roi Manuel Ier après le transfert de la dépouille de João II.

➤ São Bartolomeu de Messines

Carte p. 30-31 *- À 18 km N-E de Silves par la N124.*

Lovée dans une vallée aux portes de la serra do Caldeirão, São Bartolomeu de Messines est la petite ville rurale et vivante qui a vu naître le célèbre poète et pédagogue portugais, João de Deus (1830-1896). Une **maison-musée** *(rua Dr. Francisco Neto Cabrita, 1 ; t.l.j. 10h-13h et 14h30-18h30)* est dédiée au personnage, dont la méthode d'apprentissage de la lecture est encore utilisée par les instituteurs au Portugal. Les maisons basses caractéristiques de l'Algarve, comme le patrimoine religieux de la ville (chapelles des XVIe-XIXe s.) et

PAUSE

Envie de passer un moment agréable dans le centre-ville ? Sur le largo do Município, le **Cafe DaRosa** est un élégant salon de thé-pâtisserie aux murs recouverts d'azulejos. On y choisit parmi un bel assortiment de pâtisseries régionales, de sandwichs maison, à accompagner d'un thé ou d'un jus de fruit frais.
➤ Largo do Município, 7
☎ 282 14 80 34. Lun.-ven. 9h-20h, sam. 9h30-20h.

LYNX IBÉRIQUE

Avec la coopération de l'Espagne, le Portugal a lancé en 2009 son propre programme de réintroduction du lynx ibérique, une espèce endémique commune aux deux pays et considérée comme la plus menacée au monde par l'Union internationale pour la conservation de la nature (UICN). La premier couple de félins, né en captivité au Portugal, a été réintroduit en 2014 dans le parc naturel de la vallée du Guadiana. La femelle, Jacaranda, est née dans le Centre national de reproduction du lynx ibérique (CNRLI) situé à Silves.

la beauté du cadre naturel méritent bien quelques heures de flânerie dans la petite cité.

Barragem do Funcho

Carte p. 30-31 - À 13 km N-E de São Bartolomeu de Messines par la N124 et à 20,5 km de Silves par les N124 et M1080.

Rien de tel pour se rafraîchir qu'une pause au bord de l'eau, voire les pieds dans l'eau! La route pour accéder au site du **barrage de Funcho** (50 m de hauteur), à flanc de coteau, offre de très beaux panoramas sur le réservoir d'eau alimenté par le fleuve Arade. Ici, même en plein été, vous pourrez profiter d'une nature vierge en toute tranquillité. Vous pourrez vous initier au *stand-up paddle (www.algarvesup.com)* ou simplement profiter de l'aire de pique-nique sur le site.

➤ Paderne

Carte p. 30-31 - À 14 km S de São Bartolomeu de Messines par la N270 et à 27 km E de Slves par la N269.

Le petit village de Paderne est réputé pour son **château** en ruines du XIIe s. La cité compte un pont médiéval à trois arches, une église Renaissance, **Nossa Senhora da Esperança,** et un joli moulin à vent, le **moinho do Leitão.** Une boucle pédestre (10,5 km) permet d'apprécier le patrimoine de Paderne. La **Casa Museu do Acordeão** *(rua António Aleixo ☎ 289 54 30 94, lun.-ven. 9h30-13h et 14h-17h30)* présente une riche collection d'accordéons, de trophées, d'affiches, de photographies... La plupart des pièces exposées appartiennent à l'accordéoniste Francisco Sabóia, qui les conservait depuis les années 1980 dans un entrepôt, à Loulé.

➤ Alte★★

Carte p. 30-31 - À 16 km N-E de Paderne par les N270 et N124 et à 28 km E de Silves par la N124.

Réputé pour sa source, le joli village blanc d'Alte est sans doute l'un des plus typiques et des mieux préservés de l'Algarve. Accroché à un coteau entre littoral et montagne, il possède toutes les caractéristiques des petits villages de la région: ruelles

Alte

PAUSE SUCRÉE

Si votre estomac ne dit jamais non à une pâtisserie régionale accompagnée d'un jus d'orange fraîchement pressé, filez à la **pastelaria Água Mel.** Le plus difficile sera de choisir une seule douceur parmi les dizaines de pâtisseries maison proposées. Préférez la terrasse avec vue sur les douces rondeurs de la vallée.
➤ *Largo José Cavaco Vieira, Alte*
☎ *289 47 83 38. Lun.-sam. 9h-18h, dim. 9h-13h.*

étroites, petits escaliers pavés, maisons simples à cheminée ouvragée. Aux beaux jours, direction le site paisible de **Fonte Grande** pour se rafraîchir dans une eau vert émeraude ou pique-niquer à l'ombre.

Pólo Museológico Cândido Guerreiro e Condes de Alte

Pôle muséologique Cândido Guerreiro e Condes de Alte

Rua Condes de Alte ☎ 289 47 80 58. Lun.-ven. 9h30-17h30.

En sortant de cet hospice du XIVe s. transformé en centre culturel, vous saurez tout sur la vie et l'œuvre du célèbre poète portugais **Cândido Guerreiro** (1871-1953), né à Alte. Le lieu rend également hommage à la famille des comtes d'Alte, qui séjourna ponctuellement dans ces murs jusqu'aux années 1950.

Museu regional*

Rua do Prior 8. Entrée libre sur demande.

Bienvenue dans l'antre de José Saturnino da Palma ! Vaisselle, collection de montres, de réveils, photographies d'époque, pièces de monnaie, poupées… Cet ancien cordonnier a accumulé des milliers d'objets de la vie quotidienne qu'il expose dans sa maison depuis 1985. José guide patiemment les visiteurs de pièce en pièce en leur montrant chaque objet de son joyeux bric-à-brac. Entrez deux par deux pour éviter toute casse !

Fábrica de Brinquedos*

La fabrique de Jouets

À Torre, 4 km N-O du centre d'Alte
☎ *968 61 24 70 (mob.). Lun.-ven. 9h-13h.*

Faute d'enfant, l'école primaire de Torre a fermé ses portes il y a quelques dizaines d'années. Depuis 1989, les murs de l'ancienne école accueillent trois femmes artisans, Ana, Silvina et Arliete. De leurs doigts agiles, elles créent des jouets en bois de pin et d'acajou, des bijoux et des accessoires en bois d'olivier, d'amandier, de figuier… Le trio n'est jamais à cours d'idées et fait la fierté des habitants d'Alte.

➤ Rocha da Pena**

***Carte p. 30-31** - À 11,5 km E d'Alte et à 40 km E de Silves par la N124.*

L'arrière-pays de l'Algarve ne cesse de surprendre avec ce site naturel classé au cœur de la **serra do Caldeirão.** Le massif calcaire de Rocha da Pena, qui culmine à 480 m d'altitude, se compose d'une corniche escarpée, de longs plateaux et de quelques grottes apparues avec l'érosion des calcaires. Une centaine d'espèces d'oiseaux, dont de nombreux rapaces, nichent sur le site. Un parcours balisé (4,7 km) permet d'explorer le site et de faire une pause sur l'aire de pique-nique.

➤ Salir

***Carte p. 30-31** - À 13 km E d'Alte et à 42 km E de Silves par la N124.*

Sur la route entre Alte et Loulé, on pourra s'arrêter dans le village de Salir pour découvrir les ruines du château bâti par la dynastie berbère des Almohades au XIIe s., avant la Reconquista. Le matériau utilisé pour sa construction est la *taipa,* un mélange de sable, de gravier et de terre auquel on ajoute de la chaux. Des fouilles ont révélé la présence d'un quartier résidentiel arabe sur le site. Depuis les hauteurs, on profite du très beau panorama sur la serra do Caldeirão.

Pólo museológico de Salir

Pôle muséologique de Salir

Largo Pedro Dias. ☎ 289 48 91 37. Lun.-ven. 9h-13h et 14h-17h.

Construit sur les ruines de l'ancien château, le musée d'archéologie du village propose un voyage au temps de Salir, la Maure. La collection permanente présente une grande variété d'objets du quotidien extraits des ruines du château au fil des années. Une passerelle extérieure en verre permet au visiteur d'évoluer au plus près des vestiges du château.

➤ Querença

Carte p. 30-31 - À 10 km S de Salir et à 58 km E de Silves par la N124.

Pour les anciens, Querença signifie « affection, amour, bonne volonté ». Pour le voyageur de passage, ce village rural de 800 âmes a quelque chose d'apaisant, de réconfortant. Le largo da Igreja, la petite place de Querença, réunit l'église de **Nossa Senhora da Assunção** et l'unique bar-restaurant du bourg. On retiendra aussi la date de la Festa das Chouriças (Fête des saucisses), au mois de janvier, qui célèbre São Luís, protecteur des bêtes, en faisant la part belle à la *chouriça*, une spécialité régionale.

Querença

➤ Loulé★★

Carte p. 30-31 - À 17 km N-O de Faro par N125 et à 46 km E d'Albufeira par l'A22.

Cette petite municipalité tranquille et pleine de charme aux ruelles pavées accueille de nombreuses **boutiques** artisanales, mais aussi des antiquaires et des galeries d'art. Le **marché couvert** est sans doute le lieu le plus animé de la ville, sauf pendant la période du **carnaval** *(3 jours en fév.)*, où toute l'Algarve se donne rendez-vous dans les rues de Loulé pour faire la fête. Un spectacle haut en couleur sur fond de samba. Pour une immersion dans l'histoire de la ville, on déambulera du côté du **museu municipal** et de l'hôpital en face duquel subsiste le très beau portail gothique du **couvent de Graça** (XIIIe s.).

SERRA DO CALDEIRÃO

La serra do Caldeirão, la principale chaîne de montagnes de la région avec la serra de Monchique, marque la frontière entre l'Algarve et le Bas-Alentejo. Elle s'étire de Silves, à l'ouest, jusqu'aux plateaux escarpés du Guadiana, à l'est. Pendant des siècles, les habitants de la serra ont vécu isolés ici, sans jamais voir l'océan. Jusqu'aux années 1950, celui qu'on appelait *almocreve* acheminait les nouvelles et les denrées de première nécessité jusqu'aux villages sur le dos de sa mule vaillante.

Marché de Loulé

Mercado central*

Praça da Republica ☎ 289 40 10 80. Lun.-sam. 6h30-15h.

L'attraction-phare de Loulé, c'est son marché couvert. Vous ne pouvez pas manquer le bâtiment néomauresque avec ses dômes rouges (près de la mairie). Inauguré en 1908, le marché grouille de passants venus se ravitailler en fruits et légumes, viandes, poissons, vins, pains, fromages, gâteaux, huiles d'olive, piri-piri et autres produits régionaux… Ambiance très sympathique, à faire le samedi matin ! Attention à ne pas le confondre avec l'autre marché, qui, lui, propose des babioles made in China.

Castelo et Museu municipal

Rua Dom Paio Peres Correia, 17 ☎ 289 40 06 42. Lun.-sam. 9h-17h30, dim. 9h-14h et 15h-17h. Entrée plein tarif : 3 €.

En descendant la praça da República depuis le marché, sur la gauche, se

PAUSE TERROIR

Vous craquez pour les confitures artisanales et les produits du terroir ? Mettez le cap sur la **Quinta do Freixo,** la plus grande propriété agricole de l'Algarve ! Pas de panique, c'est une entreprise familiale qui, en plus du commerce de ses produits, se réjouit de faire participer les visiteurs aux vendanges, à la préparation des confitures et même à la tonte des moutons !

➤ *Sociedade Agrícola e Industrial do Algarve, Benafim (carte p. 30-31) ☎ 289 47 21 85, www.quintadofreixo.org.*

trouvent les vestiges d'un **château** du XVIIIe s. avec ses trois tours encore visibles. Le site abrite dans sa cour quelques vieilles armes, ainsi que des panneaux explicatifs sur les sites d'intérêt situés aux alentours. La première porte à droite n'est autre que le **Musée municipal** (tout petit), où sont exposés des **objets archéologiques** et quelques **céramiques** musulmanes.

L'escalier de la porte adjacente mène à la **reconstitution d'une cuisine typique de l'Algarve.** En poursuivant la montée des marches, on accède aux **remparts** gris et aux tours du château qui offrent un beau **panorama** sur la ville.

TASA

Técnicas Ancestrais Soluções Atuais

Rua de Portugal, 35 ☎ 289 41 61 98, www.projectotasa.com.

TASA ou **Techniques Ancestrales Solutions Actuelles…** Comme son nom l'indique, ce projet innovant a pour but de promouvoir l'artisanat comme métier d'avenir. Dans sa boutique-showroom de Loulé, sont présentées les créations de designers portugais travaillant des matériaux naturels comme le liège, la terre, le bois ou le lin.

Loulé

Santuário de Nossa Senhora da Piedade★

À 2 km O du centre de Loulé.

Légèrement à l'écart sur une colline à l'ouest de la ville, ce **sanctuaire marial** du XVIe s. est l'un des plus importants du genre au Portugal. Les fidèles vénèrent une statue en bois sculpté représentant la Vierge qui fut probablement réalisée à la fin du XVIe s. ou au début du XVIIe s. À l'intérieur de la chapelle d'origine, on découvre des peintures (hélas très abîmées), un retable du XVIIIe s., un panneau d'azulejos du XVIIe s. et des panneaux en stuc peint de la fin du XIXe s. représentant des scènes de la Passion du Christ.

➤ *Lire aussi la balade secrète : À la source de Benémola p. 103.*

PAUSE-CAFÉ

Le **Café Calcinha** n'est autre que le café historique de Loulé, une adresse des années 1920 devant laquelle trône la statue du poète portugais António Aleixo (1899-1949), un habitué. À deux pas du marché, c'est le spot idéal pour prendre le pouls de la ville.

➤ *Praça da República, 67, Loulé*
☎ 289 41 57 63. Lun.-ven. 8h-23h, sam. 8h-16h.

Balade secrète

À la source de Benémola

Un sentier balisé de 4,4 km en forme de boucle traverse une aire protégée de 400 hectares pour conduire à la source de Benémola (*fonte* en portugais). Une halte rafraîchissante entre montagne et mer, au cœur du Barrocal, la zone située dans la partie centrale de l'Algarve, caractérisée par la présence de faibles élévations calcaires (400 m maximum).

L'eau omniprésente

L'itinéraire démarre par une piste en terre battue bordée d'orangers et de citronniers, puis le sentier tourne à gauche en direction d'une vallée encaissée où coule un ruisseau. Tout au long du parcours PR16, le marquage rouge et jaune vous invite à suivre le cours du ruisseau de Menalva. Ici, en raison des nombreuses sources générées par le plus grand aquifère de l'Algarve, l'aquifère de Querença-Silves, il y a de l'eau toute l'année ! Pour retenir l'eau, on a construit des déversoirs et ainsi rendu possible la formation de miroirs d'eau. Une oasis de verdure qui attire de nombreuses espèces d'oiseaux : héron cendré, martin-pêcheur, aigrette, rossignol, poule d'eau, etc. La végétation luxuriante de Benémola est vraiment propre à cet écosystème : frêne, saule, tamaris, laurier rose, olivier sauvage, caroubier… Avec un peu de chance, l'orchidée se laissera observer. On pourra s'amuser à guetter la loutre, écouter le crapaud coasser ou tout simplement se laisser porter par le son de l'eau qui coule.

Un voyage dans le temps

En tout début de parcours, on tombe sur un ancien four à chaux. Dans le temps, on y introduisait du bois et de la pierre calcaire pour obtenir de la chaux par calcination. Autrefois, l'eau de la source de Benémola était acheminée jusqu'aux cultures à l'aide d'un ingénieux système d'irrigation composé de norias et de *levadas* (les mêmes canaux d'irrigation que l'on retrouve à Madère). Lorsqu'on arrive au tiers du parcours, à hauteur de Várzeas da Ribeira, une jolie vue sur le cours d'eau s'offre au regard. Sur la rive ouest du ruisseau, le sol schisteux foisonne de plantes aromatiques (thym, romarin), de genévriers et de chênes verts. En fin de parcours, au niveau de la source, on pourra discuter avec un vannier en plein travail occupé à tresser des tiges de roseau – très abondant en bordure du ruisseau.

PRATIQUE

Carte : *p. 30-31*

Accès : *La source est située à 12 km de Loulé. Prenez la route EN396 en dir. de Barranco do Velho, puis suivez la dir. de Querença et Salir, et enfin de Salir et Tôr. À l'intersection indiquant le village de Tôr, tournez à dr. sur la M524 et suivez les indications vers le site de Fonte da Benémola (entrée S). Stationnement en dur à proximité du pont (M524/estrada do Olival) ou plus sommaire au départ du sentier.*

Durée du parcours : *1 h 30. Cette balade peut se combiner avec, au choix, le parcours balisé de Sete Fontes, ou la Via Algarviana (tronçon n° 6 Barranco do Velho-Salir). Une aire de pique-nique est disponible à mi-parcours.*

Conseil : *Se renseigner sur les conditions météo avant de réaliser la balade.*

10 De São Brás de Alportel à Balurcos

Dans Furnazinhas

L'arrière-pays de l'Algarve donne à voir et à sentir le cœur authentique de la région. On progresse sur les chemins de traverse, à la découverte de traditions séculaires, à la recherche de belvédères secrets et d'un brin de modernité. Plus qu'ailleurs, le temps semble s'être arrêté sur ces terres verdoyantes. Si vous explorez la région en janvier ou février, vous aurez la chance d'admirer le spectacle inoubliable des amandiers en fleurs.

- **Carte :** p. 30-31.
- **Arriver, se déplacer :** voir Carnet pratique p. 193.
- **Manger, dormir, s'amuser :** p. 147.
- **Randonnée :** De Balurcos à Furnazinhas p. 108.

➤ São Brás de Alportel

Carte p. 30-31 - À 13 km E de Loulé par la N270 et à 18 km N-E de Faro par l'A22.

Dans cette ville de 10 000 habitants, entre montagne et océan, on retrouve avec bonheur les rues étroites et pittoresques très caractéristiques de l'Algarve. On passe en très peu de temps d'un alignement de maisons basses à de belles demeures aux murs recouverts d'azulejos, puis à des ensembles beaucoup plus modernes. La ville, autrefois centre économique de l'industrie du liège, est particulièrement animée le dimanche de Pâques à l'occasion de la Fête des torches fleuries. Et pour parfaire le tableau, la vue sur les collines plantées de chênes-lièges et d'arbousiers est à se pâmer !

Centro da Calçadinha*

Rua do Matadouro, 2 ☎ 289 84 00 04. Mar.-sam. 9h30-13h et 14h-17h30.

Ouvert en 2007 sur le site des anciens abattoirs municipaux, ce **musée** restitue les travaux de recherche portant sur la Calçadinha, la **voie romaine** qui reliait sans doute Faro et Beja (Alentejo). Vous pourrez vous imaginer au XIXe s., battant le pavé aux côtés des bergers et des mules ! Deux courts tronçons de l'ancienne voie romaine sont ouverts au public. À proximité de la Calçadinha, des fouilles ont mis à nu des objets des I-IVe s. désormais exposés dans le musée.

Dans les **jardins** en contrebas, une piscine extérieure publique, ouverte l'été, permet de se rafraîchir tout en admirant la superbe vue sur les collines et le centre historique.

Museu do Traje

Le musée du Costume

Rua Dr. José Dias Sancho, 61 ☎ 289 84 01 00, www.museu-sbras.com. Lun.-ven. 10h-13h et 14h-17h, sam. dim. 14h-17h. Entrée plein tarif : 2 €.

Ce vaste musée ethnographique est installé dans un beau palais du XIXe s. ayant appartenu à Miguel Dias de Andrade, un ancien muletier qui s'est enrichi grâce au commerce du liège. Au-delà d'une vitrine des habits d'époque (XIXe et XXe s.), le musée propose une immersion dans la vie rurale : anciens véhicules, meubles et objets d'époque, et espace dédié au liège et à sa transformation. En plus de sa programmation culturelle, le musée dévoile sa face cachée (caves, bureaux, ateliers, coulisses, etc.) une fois par mois.

Miradouros**

Belvédères

Carte p. 30-31 - Au N São Brás de Alportel.

À quelques minutes au nord de la ville, plusieurs belvédères promettent de très beaux panoramas sur la serra do Caldeirão. Il y a d'abord le **miradouro das Castanhas** (330 m ; *au N via l'av. da Liberdade)*, qui permet de contempler les collines verdoyantes de l'arrière-pays. Pour un pique-nique avec vue sur Faro, préférez le **miradouro do Alto da Ameixeira,** un belvédère situé au nord du lieu-dit Cova da Muda *(accès par l'EM1202, suivez les indications)*. Notre préféré ? Le **miradouro de Alto da Arroteia** (368 m ; *accès par la N2, à 2 km N-O de São Brás de Alportel*) pour son panorama éblouissant sur la montagne, le Barrocal et, au loin, l'océan.

Nova Cortiça*

Carte p. 30-31 - À 3 km S-E de São Brás de Alportel. Parque industrial da

PAUSE SUCRÉE

Comme partout ou presque en Algarve, il est possible de savourer une pâtisserie maison autour d'un bon café ou d'un jus d'orange fraîchement pressée. La **pastelaria Dofir** est réputée pour ses pâtisseries régionales à base de caroube, d'amande, de figue et de noix. Cerise sur la pâtisserie : WiFi gratuit.

➤ *Av. da Liberdade, 132, São Brás de Alportel ☎ 289 84 34 29. Lun.-sam. 8h30-20h.*

Barracha. Vis. commentée (en français sur rés.) de l'usine : 13 €.

Sur la centaine d'usines de transformation du liège que comptait la ville de São Brás de Alportel dans les années 1900, il n'en subsiste aujourd'hui qu'une poignée, dont Nova Cortiça. Seuls 5 % de la production nationale de liège proviennent d'Algarve. L'entreprise propose une visite guidée très intéressante pour comprendre les différentes étapes du processus de transformation du liège. Une fois extrait du chêne-liège sous forme de grandes plaques concaves dans la région de l'Alentejo, le liège arrive ici pour être cuit puis pressé, avant d'être être transformé en disques pour bouchons ou en granulés pour la construction.

➤ Barranco do Velho

Carte p. 30-31 *- À 14 km N de São Brás de Alportel par la N2.*

Liège séché

PAUSE À LA DISTILLERIE

À l'entrée du bourg, sur le bord de la N2, l'ancienne route qui menait à Lisbonne, impossible de manquer la **Lojinha da Serra.** Cette petite boutique propose produits régionaux et objets d'artisanat, mais cache à l'arrière une distillerie familiale qui fonctionne encore (janv.-fév.). Marília Ramos, la propriétaire, la fait découvrir au visiteur de passage (sur rés.).

➤ *À l'entrée de Barranco de Velho, sur la N2 en dir. de Lisbonne ☎ 919 65 01 11. T. l. j.*

Ce petit hameau paisible aux portes de la serra do Caldeirão est la destination idéale pour communier avec la nature. Chênes verts, chênes-lièges et arbousiers composent un tableau aux mille teintes de vert. Grimpez jusqu'à la chapelle, construite en 1944, pour profiter de l'un des meilleurs points de vue sur la nature environnante. Si vous passez par Barranco do Velho entre juin et juillet, vous pourrez assister à la récolte du liège *(☎ 289 84 64 72).*

Le parcours balisé PR7 permet d'explorer l'intérieur des terres entre Barranco do Velho et le village de Salir, à l'ouest *(accès au N-O du bourg par la N124 après l'hôtel-restaurant A Tia Bia).*

➤ Cachopo

Carte p. 30-31 *- À 35 km N-E de São Brás de Alportel par les N2 et N124.*

C'est au cœur de la serra do Caldeirão que l'on ressent le mieux les pulsations de l'Algarve intérieure. Il suffit pour cela de contempler les paysages verdoyants, les petites maisons en schiste recouvertes de chaux blanche de Cachopo, et d'échanger quelques mots avec les habitants qui ne quitteraient cette terre pour rien au monde. Pour tout connaître du rapport qu'entretiennent depuis des siècles homme et nature, poussez la porte

Barranco do Velho

du musée local *(rua Matos da Casaca ☎ 289 84 49 27).*

À **Mealha**, à 9 km au nord-ouest du village, on pourra voir des *palheiros*, sortes de granges circulaires d'origine préhistorique en schiste et toit de chaume encore utilisées par les agriculteurs.

➤ Vaqueiros

***Carte p. 30-31** - À 17 km N-E de Cachopo par l'EM506.*

Situé au sommet d'un petit mont, entre les rivières de Foupana et Odeleite, le village de Vaqueiros compte 500 habitants (contre 870 dans les années 1990). Il faut voir les gourmands et gourmets s'y presser et le bourg s'animer à l'occasion du Festival du pain chaud et du fromage frais (Feira do Pão quente e do Queijo fresco) le 2e dimanche de mars. L'exposition permanente **Vidas do campo,** au **musée ethnographique** de Vaqueiros, se visite sur réservation *(☎ 281 49 82 20).*

➤ Parque mineiro Cova dos Mouros

Le parc minier de Cova dos Mouros

***Carte p. 30-31** - À 5 km NE de Vaqueiros par la M506 (Ferrarias) ☎ 289 99 92 29 ou ☎ 281 49 85 05, http://minacovamouros.sitepac.pt. Mars-oct. mar.-dim. 10h-17h.*

Ce parc pédagogique entièrement rénové en 2015 propose un voyage dans l'histoire des mines et de la métallurgie, depuis l'âge du cuivre (ou Chalcolithique) à nos jours. Il est bâti sur le site d'une ancienne mine de cuivre et d'or à l'arrêt depuis le début du XXe s. Le parcours pédagogique donne à voir des objets de l'âge de pierre, la réplique d'une forteresse de l'âge du cuivre, des fours de fusion et les anciennes mines de Cova dos Mouros.

➤ Lire aussi la randonnée : De Balurcos à Furnazinhas p. 108.

Randonnée

De Balurcos à Furnazinhas

C'est au printemps que cette randonnée est la plus belle, quand la nature se pare de couleurs ! En suivant ce tronçon de la Via Algarviana, vous plongerez dans l'Algarve authentique : villages perdus, moulins en ruine et paysages apaisants raviront les sens.

DÉPART ET ARRIVÉE : départ du village de Balurcos, à l'intersection avec la N122 ; arrivée rua do Lavadouro, à Furnazinhas.

DURÉE : 4 h.

BALISAGE : flèches Via Algarviana et balisage GR13 rouge et blanc.

DISTANCE : 14,3 km.

DÉNIVELÉ : 349 m.

DIFFICULTÉ : facile.

CONSEILS : se renseigner sur les conditions météo, notamment sur le niveau du ruisseau de Foupana ; à éviter en cas de fortes pluies. Périodes idéales : janv.-fév. pour le spectacle des amandiers en fleurs ; au printemps pour des températures clémentes.

❶ Le sentier balisé prend la direction du sud. Très vite, c'est l'immersion dans l'Algarve rurale. Nature intacte, petits hameaux blancs oubliés, coteaux verdoyants plantés d'amandiers, de figuiers et de caroubiers… Voilà les paysages apaisants qu'offre ce tronçon de la Via Algarviana ! Le sentier longe des murets délimitant de petites propriétés où l'agriculture est encore pratiquée comme moyen de subsistance. En route, on croise quelques poules, un petit groupe de cochons ou un troupeau de moutons. Au loin, les courbes douces des collines caressent le ciel azur. Au printemps, les couleurs des arbres sont époustouflantes !

❷ Après être passé au niveau de la grande route (l'IC27 qui relie Alcoutim à Castro Marim), la présence de petits ravins caillouteux et de lignes d'eau met sur la piste d'un cours d'eau. Par endroits, le parfum enivrant de la ciste embaume la route. À mi-chemin, dès l'arrivée dans le bourg de Palmeira, sur la gauche, on découvre l'architecture traditionnelle du monde rural : maisons blanchies à la chaux, four à bois typique, petits potagers cultivés à l'ancienne… Les sourires échangés avec une poignée d'hommes occupés à refaire le monde sont francs et vrais. Bien souvent, la communication est possible en français puisque beaucoup d'anciens ont vécu en France.

❸ On atteint ensuite le **ruisseau de Foupana,** le principal cours d'eau de la région, qui trouve sa source dans la serra do Caldeirão. S'il n'a pas trop plu on a de la chance : le ruisseau est plus facilement franchissable. À proximité du balisage, on tombe sur les ruines d'un ancien moulin à eau, le **moinho da Rocha do Corvo.** À moins de 4 km de l'arrivée, se dresse le hameau de **Corte de São Tomé** et ses maisons traditionnelles en schiste. En chemin vers Furnazinhas, on aperçoit deux moulins à vent, un blanc et un noir.

❹ À l'arrivée à Furnazinhas, M. António, le seul artisan de ce tout petit village, est en plein travail. António élabore des paniers en roseau tressé chez lui, les mêmes qui servaient autrefois à transporter figues, olives et amandes. Poussé par la soif, on s'arrête au **café Sequeira** situé sur la place principale du village. Ici, quelques habitués partagent les nouvelles du jour autour du patron. Un de ces lieux où le temps semble s'être arrêté.

Le Bas-Guadiana
Baixo Guadiana

Un fleuve d'un vert profond protégé par des franges végétales plus claires. Des paysages d'une subtile douceur. Voici le très beau décor qu'offrent les environs de Vila Real de Santo António, dernière grande ville portugaise avant la frontière espagnole, dessinée par le fleuve Guadiana. Prenant sa source en Espagne, c'est l'un des principaux fleuves de la Péninsule ibérique et il n'est navigable que sur les derniers 48 km. Cette visite propose d'explorer le territoire très photogénique du Bas-Guadiana, une région où coexistent des paysages multiples puisqu'elle englobe le littoral, le barrocal (arrière-pays) et la région montagneuse (serra), et qui comporte quelques villages authentiques. La rencontre de l'eau douce et de l'eau de mer a permis à la nature de s'exprimer pleinement. Les mouvements tranquilles du fleuve transmettent une grande sérénité que seuls les battements d'ailes d'un oiseau parviennent à perturber.

PRATIQUE

Cartes et plans : L'Algarve p. 30-31.
Manger, dormir, s'amuser : p. 149.
Se déplacer : Le long du Guadiana, entre Vila Real de Santo António et Alcoutim, la voiture est indispensable.
• **Visite 11** *(p. 112)* : Les bus Eva relient Vila Real de Santo António à Alcoutim via Odeleite (lun., mer. et sam.).
• **Visite 12** *(p. 116)* : de Faro, empruntez la ligne ferroviaire Linha do Algarve pour rallier Vila Real de Santo António, puis empruntez les bus Eva pour rejoindre Monte Gordo et Castro Marim.
Conseil : attention au décalage horaire avec l'Espagne.

VISITES
11 et 12

Le Bas-Guadiana

11 D'Alcoutim à Odeleite

Sanlúcar de Guadiana depuis Alcoutim

Souvent oubliée des guides de voyage, cette région paisible, qui s'est développée grâce au commerce avec la Méditerranée, a bien plus à offrir que les vestiges du château d'Alcoutim. Le ruban du rio Guadiana, sur lequel voguent quelques voiliers, les collines qui le bordent et une douceur de vivre constante forment un tableau séduisant. Pour l'apprécier à sa juste valeur, quittez la voie rapide et empruntez les petites routes qui longent le fleuve.

- **Carte** : p. 30-31.
- **Arriver, se déplacer** : voir Carnet pratique p. 193.
- **Manger, dormir, s'amuser** : p. 149.

➤ Alcoutim★★

Carte p. 30-31 - 93 km NE de Faro et 40 km N de Vila Real Santo António par A22/IC27.

Nichée sur le flanc d'une colline dans un méandre du fleuve, le village d'Alcoutim déploie ses ruelles étroites et escarpées, et affiche une vue grandiose sur le Guadiana. À l'époque romaine, le cuivre et le fer étaient très convoités et leur acheminement vers le bassin méditerranéen se faisait par le fleuve. Alcoutim était alors un port de premier rang. Aujourd'hui, avec le déclin du transport fluvial, Alcoutim est aujourd'hui délaissée par la jeunesse qui rejoint les pôles touristiques de l'Algarve ou la capitale. Au bord du fleuve, plusieurs statues rappellent que la ville a été, jusqu'à la première moitié du XXe siècle, un haut-lieu de la contrebande transfrontalière dont dépendait la survie de milliers d'habitants !

Castelo da Vila★

Largo do Castelo. Lun.-dim. 9h-19h (17h en hiver).

On atteint le château du XIVe s. en empruntant de belles venelles pavées. Le bastion défensif a été construit sur ordre du roi Dinis Ier à la fin du XIIIe s., puis modifié au XVIIe s. afin de permettre l'usage d'artillerie. Dans l'enceinte, un petit musée d'archéologie et un modeste musée d'art sacré. La poudrière abrite d'autres courtes expositions. Sa situation, en surplomb du fleuve, offre de très beaux panoramas sur les environs.

Plage fluviale de Pego Fundo

À 600 m à pied du centre d'Alcoutim via Rua Dom Sancho II.

D'accord, il n'y a pas la mer, mais pour compenser, on file à la plage fluviale ! Parfaitement aménagée et surveillée en saison, elle bénéficie de toutes les commodités : jeux pour enfants, parcours santé, café-restaurant, parasols, tables de pique-nique… Comme au camping en mieux !

➤ Sanlúcar de Guadiana

Carte p. 30-31 - Espagne.

Sur l'autre rive du fleuve Guadiana, impassible, le village espagnol de Sanlúcar de Guadiana compte à peine 500 âmes. Jadis ennemis jurés, les deux villages cohabitent aujourd'hui en toute fraternité. Pour se rendre sur la rive espagnole, distante d'à

Alcoutim

peine 200 m, il suffit d'attendre le petit bateau (portugais) qui assure la courte traversée *(payante)* en quelques minutes. Ses moulins préservés et la forteresse de San Marcos (XVIe s.), qui trône fièrement sur sa colline, sont ses rares points d'intérêt.

Tyrolienne Limite Zero

Sanlúcar de Guadiana.
☎ +34 670 31 39 33, www.limitezero.com. Mer.-dim. 10h-14h et 16h-20h. Départ côté espagnol. Int. au moins de 14 ans.

Vous avez déjà fait de la tyrolienne ? Il est en revanche peu probable que vous ayez expérimenté cette activité entre deux pays ! Cette attraction transfrontalière unique en son genre traverse le fleuve Guadiana à 70 km/h au départ de l'Espagne jusqu'à Alcoutim.

CONTREBANDE TRANSFRONTALIÈRE

La contrebande dans la région du bas Guadiana (Alcoutim/Castro Marim/Vila Real Santo António) démarre dès le XIIIe s. avec la définition des frontières entre le Portugal et l'Espagne. Aux XIXe et XXe s., la contrebande constituait un moyen de subsistance pour beaucoup d'agriculteurs en Algarve. Hommes et femmes transportent vers l'Espagne, de nuit et à la nage, plusieurs dizaines de kilos de denrées de première nécessité (bétail, tabac, sel, sucre, café, vin et tissus) pour nourrir leur famille. À la fin du XIXe s., une vingtaine de postes de douaniers sont créés – la majorité d'entre eux autour d'Alcoutim. La **Route de la Contrebande** (**Rota do Contrabandista**) est un itinéraire balisé mis en place par l'association à l'origine de la création du sentier de grande randonnée Via Algarviana. Tout au long du parcours, on pourra découvrir une douzaines d'anciens postes de douane – pour certains en ruines - disséminés sur la rive portugaise du fleuve Guadiana.
➤ *www.vialagarviana.org.*

PAUSE

Cantarinha do Guadiana est une bonne adresse au bord du fleuve pour les appétits en quête de spécialités régionales mijotées avec amour : bouillabaisse d'anguilles, porc noir braisé, gibier, etc. Belle carte de vins et ambiance familiale.
➤ *Rua de Laranjeiras, Montinho das Laranjeiras (à 9 km S d'Alcoutim) ☎ 281 54 71 96. Jeu.-mar. 10h-22h30.*

➤ Au sud d'Alcoutim

Miradouro do Pontal*

Route EM507 entre Alcoutim et Guerreiros do Rio.

Semblant embrasser le fleuve, le **belvédère de Pontal** offre de très beaux panoramas sur les collines et les eaux tranquilles du Guadiana. D'ici, le **parcours pédestre Ladeiras do Pontal** (PR2) vous emmène dans les terres en direction de Balurcos de Baixo. Le printemps est la saison idéale pour arpenter ces chemins bordés de lavande en fleurs, de sauge et de romarin.

Museu do Rio*

Guerreiros do Rio. 8 km S d'Alcoutim
☎ 281 54 01 70. Mar.-sam. 9h-13h et 14h-18h (17h l'hiver).

Le petit **musée** du bourg de Guerreiros do Rio, littéralement « les Guerriers du Fleuve », réussit habilement vous entraîne dans un voyage dans le temps. Au premier étage, l'exposition présente l'histoire du fleuve Guadiana, ancienne route commerciale, ainsi que le rapport du territoire au fleuve (commerce, pêche et contrebande). Au rez-de-chaussée, une exposition permanente est consacrée aux embarcations traditionnelles du bas Guadiana, toutes réalisées par José Pereira, ancien pêcheur. Faute de place, il faudra se contenter de répliques miniatures. Demander à regarder le film sur la contrebande.

Barrage d'Odeleite

Odeleite

Carte p. 30-31 - 23 km S d'Alcoutim par la route du fleuve et 73 km N-E de Faro par A22.

Avec ses 800 habitants et sa situation en bordure du barrage du même nom, le village rural d'Odeleite cultive, à l'image des villages blancs voisins, l'amour des traditions. À 3 km au nord-est, par la rua da Escola, vous découvrez le **moinho de Água das Pernadas** (fin XIXe), un ancien moulin à marée vestige de l'architecture rurale du bas Guadiana. Ce dernier servait à moudre les céréales destinées à la consommation humaine et animale. Dans les environs d'Odeleite, on dénombre des dizaines de moulins.

Casa de Odeleite*

☎ 281 49 58 43. Lun.-dim. 9h-13h et 14h-18h.

Centre névralgique de la ville d'Odeleite jusqu'au début du XXe s., cet ancien entrepôt commercial a été transformé en **centre culturel** accueillant notamment les « archives gastronomiques » de l'Algarve rural. Maître d'œuvre du projet, la mairie propose une immersion dans le mode de vie d'antan avec un zoom sur le couple de riches marchands à qui appartenaient ces murs. Les exposés sur la fabrication du pain, le tri des graines, la cuisson du pain et le commerce par voie fluviale sont intéressants. Aux beaux jours, on pourra profiter de la terrasse avec vue sur les toits d'Odeleite. Un lieu figé dans le temps.

PAUSE

En pleine campagne algarvienne, on tombe sur cette table familiale et on se régale de produits ultra frais dans un cadre reposant. Moins de 15€.
➤ **Casa de Pasto Alberto's,** *Alcaria, à 4 km E d'Odeleite ☎ 281 49 57 17. Mer.-lun. 9h-15h et 19h-22h.*

Barrages de Beliche et d'Odeleite

Carte p. 30-31 - 14 km et 24 km N-O de Vila Real Santo António via N122/IC27.

Les barrages de Beliche et d'Odeleite sont situés entre Castro Marim et Alcoutim. Leurs eaux sont utilisées par la population de la partie est de l'Algarve. Très calmes, elles se prêtent à la baignade ainsi qu'au windsurf ou à la pêche. Les deux barrages sont liés entre eux par un tunnel d'environ 3 km de long. Une plage fluviale de 6 000 m² est en construction. Un parcours pédestre facile de 7 km (PR2) conduit à la découverte du barrage de Beliche.

12 L'embouchure du Guadiana

Castro Marim

Au-delà du riche patrimoine culturel de Castro Marim et de Vila Real de Santo António, les deux grandes villes, l'embouchure du Guadiana réserve d'autres belles surprises aux épicuriens et aux naturalistes. À commencer par la réserve naturelle de Sapal et ses marais salants à explorer à pied à la recherche de flamants roses et de caméléons. Prenez ensuite le ferry à Vila Real de Santo António pour goûter aux charmes de l'Andalousie à Ayamonte, si proche et pourtant tellement différente.

- **Carte** : p. 30-31.
- **Arriver, se déplacer** : voir Carnet pratique p. 194.
- **Manger, dormir, s'amuser** : p. 150.

➤ Castro Marim*

Carte p. 30-31 - 6 km N de Vila Real de Santo António par la N122.

Le bourg blanc situé sur la rive droite du Guadiana possède de nombreuses maisons ornées de décorations sommitales typiques de l'Algarve. Il est dominé par deux forteresses coiffant chaque colline, l'une « à la Vauban » (forte de São Sebastião du milieu du XVIIe s.), l'autre médiévale (XIIIe s. ; t. l. j. 10h-17h, 19h en été ; entrée payante). L'enceinte du château enserre un espace au relief chaotique, encombré d'enclos pour animaux. Des remparts, la vue s'étend sur Ayamonte et sur un horizon indécis de marais et d'herbes folles, où une multitude d'oiseaux trouvent refuge. On peut même y voir parfois des flamants roses. On ne manquera pas de flâner sur la rue principale, très pittoresque avec sa petite place 1° de Maio, son église perchée et son nouveau marché municipal.

Castelo Velho**

Carte p. 30-31.

Entouré de remparts, le château de Castro Marim, forteresse maure des Xe et XIIe s., surplombe le village et le fleuve Guadiana. Siège de l'ordre du Christ au début du XIVe s. puis vigie jusqu'à ce que le tremblement de terre de 1755 ne le détruise en partie. L'enceinte du château est particulièrement animée à la fin du mois d'août durant les Dias Medievais, un très beau festival médiéval qui dure cinq jours et attire des centaines de personnes *(p. 150)*.

PAUSE

A Tasca Medieval, c'est la petite taverne conviviale qu'on cherchait pour goûter une cuisine locale arrosée de bon vin, le tout à un prix très raisonnable (15 €).
➤ *Rua 25 de Abril, 65*
☎ *281 51 31 96. Mer.-lun. 8h-23h30.*

Casa do Sal

Rua São Gonçalo de Lagos.
Mar.-sam. 10h-13h et 14h-18h.

Installé dans un ancien entrepôt de sel, le centre culturel de Castro Marim affiche une programmation culturelle et sportive intéressante. Au menu : expositions, concerts, rencontres…

Castro Marim

Reserva natural do Sapal de Castro Marim

Le centre d'interpretation du revelim de Santo António*

Rua dos Combatentes da Grande Guerra. ☎ 281 510 740. T. l. j. 10h-12h30 et 14h-30-18h (15h30-19h en hiver).

Le **centre d'interprétation** de Castro Marim est installé sur une colline à l'entrée de la ville. On y va pour découvrir l'histoire de Castro Marim et des terres du Bas Guadiana, qui nous est présentée à l'aide d'un film couplé à une maquette interactive. Sur le **belvédère de Santo António,** on pourra flâner autour du joli moulin et de l'église, tous deux fraîchement rénovés *(f. au public).*

➤ Reserva natural do Sapal de Castro Marim et de Vila Real Santo António

Carte p. 30-31 - 3 km N de Castro Marim.

Autour de Castro Marim, la réserve naturelle de Sapal de Castro Marim e Vila Real Santo António est une zone humide protégée composée de marais salants et de terres agricoles où poussent figuiers, amandiers et caroubiers. Partout, le soleil fait briller les cristaux de sel d'un blanc immaculé. Il ne faut pas oublier qu'aux XIXe et XXe s., le sel était indispensable aux conserveries de poissons de la région. Plusieurs parcours pédestres permettent d'explorer des paysages de marais salants et de pré salés. Tout près, l'embouchure du fleuve Guadiana et ses eaux poissonneuses attirent une faune riche et diversifiée : crustacés, mollusques,

FLEUR DE SEL

Si vous ne deviez rapporter qu'un seul souvenir de Castro Marim, c'est sa fleur de sel dont la production est restée artisanale. Vous en trouverez dans n'importe quelle épicerie ou au marché. L'ancien marché, reconverti par la mairie, héberge désormais l'office de tourisme, et propose à la vente des produits régionaux (conserves de poissons, fleur de sel, etc.).
➤ Rua de São Sebastião
☎ 281 53 12 32.

cigognes banches, échassiers et flamants roses. Dans les salines, vous pourrez profiter du spa en plein air Água-Mãe pour une séance de flottaison comparable à celle de la mer Morte *(p. 150)*!

➤ Vila Real de Santo António*

***Carte p. 30-31** - 4 km S de Castro Marim par la N122. Train régional depuis Faro (p. 194).*

Au revoir montées et descentes incessantes, au revoir dédales interminables de ruelles... Au charme des vieilles villes imparfaites, Vila Real oppose son urbanisme rationnel. Bâtie en 1774 par le Marquis de Pombal, la cité frontalière possède une classe et une beauté à faire pâlir de jalousie sa voisine, Ayamonte. Plan en damier, rues tracées au cordeau, immense place bordée de bâtiments au style homogène, son architecture un peu trop parfaite est unique en Algarve.

PAUSE

Puro Café est un petit café avec terrasse ombragée idéalement situé dans le centre historique. On s'y arrête pour se rafraîchir, savourer une pâtisserie maison, manger sur le pouce ou simplement pour prendre un petit café. La carte des thés est intéressante et le WiFi est gratuit.
➤ Rua 5 de Outubro, 13
☎ 281 51 24 99. T.l.j. 8h30-1h.

Jusqu'au début des années 1970, les conserveries de sardine et de thon de Vila Real de Santo António étaient l'autre gloire de la cité.

Praça Marquês de Pombal*

La place principale est un espace bien vivant, animé par les terrasses à la belle saison, les spectacles éphémères, les petites boutiques ambulantes de produits locaux, les touristes et les autochtones venus prier à **Nossa Senhora da Encarnação.**

Salines vers Castro Marim

Au centre se dresse un modeste **obélisque** dédié à João Ier, à partir duquel un pavement noir et blanc rayonne en étoile. Autour, les maisons alignent sagement leurs toits de tuiles, leurs balcons et leurs mansardes. Toutes ont été construites à partir de matériaux préfabriqués à Lisbonne et répondent aux mêmes critères antisismiques que celles de la capitale.

Centro cultural Antóni Aleixo

Rua Dr. Teófilo Braga ☎ 281 51 00 45. Juil.-août lun.-ven. 16h-minuit, sam.-dim. 20h-minuit ; sept.-juin lun.-ven. 10h-13h et 15h-19h. Entrée libre sf spectacles.

Concerts, spectacles, expositions… Cet espace d'animation polyvalent diffuse une culture contemporaine variée. Si le programme vous laisse indifférent, arrêtez-vous quelques instants pour admirer la bâtisse, qui fut autrefois le marché municipal.

Réserve de Mata Nacional das Dunas Litorais de Vila Real de Santo António*

Carte p. 30-31.

La réserve naturelle, située entre Vila Real de Santo António et Monte Gordo, est le lieu idéal pour se mettre au vert. Cette zone dunaire plantée de pins est traversée par une piste cyclable. Que diriez-vous d'explorer la pinède odorante à la recherche de lézards ou de caméléons ? À l'est de la réserve, le calme de la **praia de Santo António** (ou praia dos Três Pauzinhos), surveillée en été, contraste avec l'agitation de Monte Gordo. Si vous êtes à pied, la plage est reliée à la ville par un petit train *(juil.-août).*

RANDONNÉES

L'association à but non lucratif Odiana a balisé une vingtaine de parcours pédestres à thème, soit 135 km env. de sentiers dans la région du bas Guadiana. Depuis 2014, il existe également un sentier de grande randonnée d'une longueur de 65 km, la **Grande Rota do Guadiana** (GR15), qui longe le fleuve Guadiana et traverse une quinzaine de villes et villages. À Alcoutim, le GR15 rencontre la Via Algarviana (GR13).
➤ *Rua 25 de Abril, 1 ☎ 281 53 11 71, www.facebook.com/associacaoodiana. Lun.-ven. 9h-13h et 14h-17h30.*

Vila Real de Santo António

Vila Real de Santo António

➤ Ayamonte★

Carte p. 30-31 - En Espagne, 9 km E de Castro Marim par l'A22. Liaisons en ***ferry*** *au départ de Vila Real de Santo António : de juin à mi-sept. t. l. j. ttes les 30 min 8h30-20h (dernier retour depuis l'Espagne à 21h, heure espagnole) ; de la mi-sept. à mai, t. l. j. ttes les heures 8h30-19h (20h côté Espagne). Ticket plein tarif : 3,60 € A-R.*

Village de pêcheurs ou ville de poche ? On ne sait pas très bien définir Ayamonte. Peut-être parce que cette jolie voisine est un peu les deux à la fois. D'abord conquise par les Maures, reconquise par les Portugais puis par les Espagnols, elle est dotée d'une architecture fièrement andalouse, la ville blanche compte quelques beaux édifices des XVIe et XVIIe s. tel le **palacio del Marqués** *(plaza San Francisco)*, une petite marina, deux belles églises et un ***parador de turismo*** (hôtel) construit sur les ruines d'un ancien château depuis lequel on a une vue imprenable sur l'estuaire du Guadiana.

➤ Monte Gordo

Carte p. 30-31 - À 3 km O de Vila Real de Santo António.

La grande station balnéaire de Monte Gordo, dotée d'une immense plage de sable, propose des résidences de vacances et des hôtels à satiété ainsi qu'une kyrielle de restaurants et un casino. Très fréquentée par les Portugais, la station balnéaire est particulièrement animée en été.

PAUSE ESPAGNOLE

Dans le marché municipal, un minuscule kiosque donnant sur la rue propose une spécialité unique : le *churro*. Rien à voir avec les chichis que vous pouvez trouver dans les fêtes foraines. La maison confectionne ce beignet croustillant typiquement espagnol depuis plusieurs décennies et le propose en deux formats. Pour compléter l'expérience, on ira les déguster juste en face, dans un café bruyant fréquenté par des locaux.

➤ **Churrería La Esperanza,** *calle Prudencio G. Pallarés. Lun.-sam. 8h-12h.*

Manger, dormir, s'amuser…

Toutes nos bonnes adresses chapitre par chapitre

Dans quel *restaurante* déguster des *percebes* ? Où déjeuner de *petiscos* les pieds dans l'eau ? Où écouter un concert de fado jusque tard dans la nuit ? Comment trouver une pousada pour un séjour de rêve ou une chambre d'hôtes de charme ? Où plonger avec les dauphins et effleurer du doigt les hippocampes ?
Nos auteurs ont testé et sélectionné toutes les adresses présentées dans ces pages. Le symbole ♥ indique leurs coups de cœur.

FARO ET LE SOTAVENTO

Les prix indiqués pour l'hébergement sont établis sur la base d'une chambre double de catégorie standard, en haute saison, petit déjeuner inclus. Ils sont donc susceptibles de varier en fonction de la date de votre séjour et de votre moyen de réservation.
Les tarifs mentionnés pour les restaurants sont calculés sur la base d'un plat du jour ou d'un menu, boisson non comprise.

➤ FARO ET SES ENVIRONS

Visite 1, p. 34
Carte p. 30-31
Plan p. 35
Carnet pratique p. 190

Faro

Visite p. 35, plan p. 35

OÙ DORMIR ?

Peu d'hôtels de charme, il faudra vous diriger vers les gros établissements situés face à la marina aux prix assez élevés ou vers les hébergements plus modestes.

De 40 à 60 €

Pensão Central
Plan p. 35 / B1 *- Largo Terreiro do Bispo, 12 ☎ 289 80 72 91. Pas de CB.*
Des chambres assez grandes, propres et avec balcon. Très bon accueil.

Adelaide
Plan p. 35 / B1 *- Rua Cruz das Mestras, 9 ☎ 289 80 23 83.*
C'est propre, blanc, mais ne vous attendez pas au grand luxe à ce prix. La situation est appréciable, proche du centre.

De 80 à 180 €

Hotel Faro
Plan p. 35 / A2 *- Praça Dom Francisco Gomes, 2 ☎ 289 83 08 30, www.hotelfaro.pt.*
Superbe vue sur la ville depuis le restaurant de l'hôtel. Chambres spacieuses, bon accueil, localisation parfaite, piscine sur le toit.

♥ Hotel Eva
Plan p. 35 / A1 *- Av. da República, 1 ☎ 289 00 10 00, www.tdhotels.com.*
Hôtel grand standing avec piscine sur le toit et spa. Chambres spacieuses avec petite terrasse. Rien à redire.

OÙ MANGER ?

Hors saison, il est difficile de trouver une table après 22h30. Il y a de nombreux restaurants dans la partie historique de la ville mais, le cadre y étant pour beaucoup, surtout la nuit, l'addition sera plus salée.

Moins de 20 €

Atelier de Comida Santo António
Plan p. 35 / A1 *- Largo de Camões ☎ 289 80 21 48. T. l. j. 8h-minuit.*
On y mange de tout, sur place entouré des locaux ou à emporter. Un bon rapport qualité/prix, des serveurs sympathiques, une bonne ambiance en prime.

♥ Tasca do Ricky
Plan p. 35 / A1 *- Rua do Forno, 21 ☎ 919 11 10 57 (mob.). Lun.-sam. 12h-15h et 17h-22h.*
Il faut sortir de l'enceinte historique de la ville pour tomber sur cette adresse sans prétention. Plats simples, portions généreuses, cuisine portugaise sans chichis. L'huile d'olive à l'ail et à la coriandre parfume délicieusement le saumon.

De 20 à 40 €

Faz Gostos
Plan p. 35 / B3 *- Rua do Castelo ☎ 289 87 84 22, www.fazgostos.com. Lun.-ven. 12h-15h et 19h-23h, sam. 19h-23h.*
Dans le centre historique, un restaurant chic proposant une cuisine traditionnelle goûteuse dans un cadre très cosy.

OÙ SORTIR ?

Colombus
Plan p. 35 / A2 *- Praça Dom Francisco Gomes ☎ 917 77 62 22 (mob.), www.barcolumbus.pt. T. l. j. 13h-4h.*
Cadre *trendy* et grande carte de cocktails. Depuis la terrasse et les arcades,

on admire le port et le jardin. Calme et agréable jusque tard dans la nuit.

Bar O Castelo
Plan p. 35 / B2 - Rua do Castelo ☎ 919 84 64 05 (mob.). Cocktail : 7-8 €.
Un bar musical très animé en soirée avec cours de danse, concerts de fado, DJ sets… On vous conseille d'arriver pour le coucher du soleil car la vue sur la lagune de Faro vaut le coup d'œil.

A Tícia
Rua de São Luís, 32A ☎ 914 13 04 50. T. l. j. sf dim. soir.
Pour dîner et écouter du fado.

SHOPPING

Retalhos de Portugal
Plan p. 35 / A2 - Praça Dom Francisco Gomes, 16 ☎ 918 356 477 (mob.). Lun.-sam. 10h-19h.
C'est l'endroit parfait pour rapporter des souvenirs et des cadeaux : des produits made in Portugal comme on les aime.

Antiquário da Sé
Plan p. 35 / B2 - Rua da Porta Nova, 6 ☎ 918 356 477 (mob.).
Dans la ruelle en contrebas de la cathédrale qui conduit à la porte des remparts donnant sur l'Arco da Porta Nova. De très belles choses, notamment des azulejos anciens.

Despensa Algarvia
Plan p. 35 / A1 - Rua Conseilheiro Bivar, 15 ☎ 289 81 31 95, www.despensa algarvia.com. Lun.-sam.
Pâtisseries d'Algarve, confitures artisanales, miel, huile d'olive, mais aussi beau choix de vins et de liqueurs.

Sardinha na Calçada
Plan p. 35 / B2 - Rua Manuel Belmarço, 3 ☎ 968 33 78 96 (mob.). Lun.-ven. 10h-19h, sam. 9h-13h et 15h-19h.
On s'arrêtera ici pour faire le plein de jolis objets inspirés des traditions portugaises et algarviennes (déco, accessoires de mode, savons parfumés…).

FÊTES ET MANIFESTATIONS

Juillet. **Rassemblement de motos.** Plus de 15 000 motards venus des quatre coins du monde se retrouvent chaque année à Faro le temps d'un week-end ponctué de spectacles, de concerts et d'expositions. *www.motoclubefaro.pt.*

Septembre. **Fête de la ville.** Le temps d'un long week-end, début septembre, Faro accueille le festival de la ville et de nombreux artistes portugais (musique, cinéma, arts plastiques).

Estói

Visite p. 38

OÙ DORMIR ?

Plus de 100 €.

♥ Pousada Palácio de Estói
Rua de São José ☎ 210 40 76 20, www.pestana.com/uk/hotel/pousada-estoi.
Un charme fou, et pas la moindre fausse note dans ce mélange d'ancien et de moderne ! Calme absolu, confort optimal, avec à la clé une belle balade dans les jardins, dans les orangeraies en contrebas, ou dans les champs d'amandiers qui surplombent le palais. Quelques spécialités algarvaises et des vins régionaux au restaurant, plus commun.

➤ LE LONG DE LA RIA FORMOSA, DE QUINTA DO LAGO À TAVIRA

Visite 2, p. 39
Carte p. 40-41
Carnet pratique p. 188

Altura

OÙ MANGER ?

Moins de 15 €

Pizzaria Catarina
Rua da Alagoa ☎ 281 95 74 92. Jeu.-mar. 9h30-minuit.
Des pizzas de bonne facture à consommer sur place ou à emporter, quelques plats simples, des crêpes et des glaces. Une adresse pratique et économique.

Cabanas de Tavira

Visite p. 46

OÙ DORMIR ?

De 50 à 150 €

Cabanas Park Resort
Sítio da Canada ☎ 281 32 00 00, www.cabanasparkresort.com.
Un *resort* composé d'appartements modernes et fonctionnels. Certains balcons ont vu sur l'immense piscine. Navette pour les plages à proximité.

OÙ MANGER ?

Moins de 25 €

Noélia e Jerónimo
Rua da Fortaleza, à 6 km E de Tavira par la N125 ☎ 281 37 06 49. T. l. j. 12h30-15h et 19h-23h. Rés. conseillée en saison.
Envie de déjeuner ou dîner les pieds dans l'eau ? Noélia propose à ses clients une très bonne cuisine portugaise préparée avec des produits cultivés ou pêchés localement. On relève quelques touches plus exotiques ici ou là : soupe de palourdes fraîches, tartare de thon à la mangue, riz au poisson… Le restaurant affiche souvent complet. En saison, mieux vaut donc réserver plusieurs jours à l'avance.

FÊTES ET MANIFESTATIONS

15 août. **Fête des pêcheurs** en l'honneur de Nossa Senhora do Mar. La traditionnelle Fête des pêcheurs offre une programmation complète avec bals, concerts, tournoi de pétanque et procession en mer.

Cacela Velha

Visite p. 46

OÙ DORMIR ?

De 70 à 110 €

Conversas de Alpendre B&B
Estrada de Santa Rita, 36 ☎ 918 88 55 91, www.conversasdealpendre.com.
Une chambre d'hôtes à quelques minutes seulement des plages de Manta Rota et Altura. Chambres doubles spacieuses (T1 et T2). Petits déjeuners copieux et délicieux.

OÙ MANGER ?

Moins de 15 €

Casa da Igreja
Largo da Igreja ☎ 289 95 21 26.
Une petite maison blanche et de tables en bois sur une terrasse face à la lagune. Bienvenue dans cette *tasca* pittoresque qui ne sert que des *petiscos* essentiellement à base de produits de la mer (huîtres, tellines, palourdes).

FÊTES ET MANIFESTATIONS

Juillet. **Noites d'Encanto.** Cacela Velha se transforme, l'espace de quelques soirées, en village maure avec petit souk, musique de rue et restauration sous la tente. Magique !

Ilha Deserta

Visite p. 41

OÙ MANGER ?

Plus de 30 €

O Estaminé
☎ 917 81 18 56. T. l. j. 10h-17h30.
Palourdes, crevettes, poulpe ou encore daurades fraîches… Le seul restaurant de l'ilha Deserta n'est pas le plus abordable, mais le cadre et la qualité de la cuisine sont vraiment à la hauteur.

Manta Rota

Visite p. 47

OÙ MANGER ?

Moins de 30 €

Chá com Água Salgada
Praia da Manta Rota ☎ 281 95 28 56, www.chacomaguasalgada.com.
Une excellente table bordée par les dunes de la plage de Manta Rota. La cuisine est raffinée, une belle sélection de vins portugais, mais également une carte de snacks.

Olhão

Visite p. 43

OÙ DORMIR ?

➤ Camping

Parque de Campismo da Fuseta
À env. 10 km E d'Olhão par la N125
☎ 289 79 34 59. Tte l'année.
Très bien situé sur le littoral, mais pris d'assaut en saison.

➤ Hôtels

De 40 à 60 €

Pensão Bicuar
Rua Vasco da Gama, 5 ☎ 289 71 48 16, www.pensionbicuar.com. Tte l'année
Guesthouse avec chambres un peu vieillottes, mais cuisine charmante et toit-terrasse agréable.

Plus de 80 €

Real Marina Hotel & Spa
Av. 5 de Outubro ☎ 289 09 13 00, www.realmarina.realhotelsgroup.com. Tte l'année.
Chambres standard ou suites avec terrasse et vue sur la marina.

Plus de 100 €

♥ **Casa Modesta**
Quatrim do Sul ☎ 964 73 88 24 (mob.), www.casamodesta.pt.
Cette adresse n'est pas tout à fait un hôtel, plutôt une maison d'architecte rêvée alliant tradition et modernité. Avec potager, piscine et ancien four à bois.

OÙ MANGER ?

➤ Restaurants

Moins de 10 €

Vai e Volta
Largo do Grémio, 2 ☎ 968 02 75 25 (mob.). Mar.-dim. 12h-15h.
Une adresse toute simple où le poisson grillé au charbon est roi. Un seul menu avec poisson à volonté, pommes de terre et salade.

De 10 à 20 €

♥ **Tapas e Lendas**
Rua Dr. Manuel Arriaga, 18
☎ 289 70 64 29. Lun.-ven. 12h-15h et 19h-23h.
Il faut s'enfoncer dans les petites rues d'Olhão pour tomber sur ce bijou. Le format tapas permet de goûter à toute la cuisine portugaise, et le chef Renato est d'excellent conseil.

Casa de Pasto do Algarve
Praça Patrão Joaquim Lopes, 18-20
☎ 289 70 24 70.
Le temple du poisson frit, au débouché des ruelles piétonnières, avant le marché. Le menu offre un rapport qualité/prix imbattable. Grand choix de *petiscos.*

♥ **Kinkas**
Av. 5 de Outubro ☎ 289 70 33 33.
Tout près du marché, on vient y déguster du poisson. WiFi gratuit.

➤ Cafés, pâtisseries

Delicias de Olhão
Av. 5 de Outubro, 20A ☎ 289 70 24 06. T. l. j. 6h-23h.
Grande pâtisserie située un peu au-delà du marché (côté est).

Kubidoce
Largo da Restauração, lote B,
☎ 289 70 10 03. T. l. j. 6h-21h.
Le café propose tout au long de la journée des pâtisseries hautement caloriques et ainsi que des confiseries chocolatées. Très bon rapport qualité/prix.

FÊTES ET MANIFESTATIONS

Août. **Festival do Marisco** *(www.festivaldomarisco.com)* : ce festival populaire du mois d'août est l'une des grandes manifestations gourmandes de l'Algarve. Au programme : spécialités culinaires locales, spectacles folkloriques, concerts et bals.

Praia Verde

Visite p. 47

OÙ SORTIR ?

♥ **Bar Guarita Terrace**
Praia Verde ☎ 937 98 18 57 (mob.).
T. l. j. 12h-4h en saison. Cocktails : 6-7 €.
Snacks : 5 €.

Un bar lounge à la fois chic et décontracté qui possède une terrasse avec une vue extra sur la plage et les dunes en contrebas. Belle carte de cocktails.

Quinta do Lago

Visite p. 40

SPORTS ET LOISIRS

Loulé Criativo
www.loulecriativo.pt
Loulé Criativo organise des ateliers créatifs (payants) avec le soutien de partenaires locaux. Ludiques et variés, les ateliers visent à faire découvrir des savoir-faire locaux aux habitants comme aux touristes: patrimoine, cours de portugais, artisanat, cuisine, etc.

➤ Excursions

Agence Lands
☎ 914 53 95 11 (mob.), www.lands.pt.
Cette agence locale propose de nombreuses activités de plein air autour de la Ria Formosa, notamment une visite guidée de 3 h de Quinta do Lago *(30 €/pers.)*.

➤ Golf

Golfs Quinta do Lago
Quinta do Lago ☎ 289 35 03 50, www.hotelquintadolago.com.
Cet endroit est le paradis des golfeurs! Sur le site de l'hôtel du même nom, quatre parcours de golf pour les championnats et douze autres accessibles au grand public.

Tavira

Visite p. 45

OÙ DORMIR ?

Les prix explosent en haute saison, comme partout en Algarve. Réservation impérative!

➤ Camping

Camping Ilha de Tavira
Ilha de Tavira, 4 Águas. Accès en bateau depuis Tavira, pas de voitures sur l'île ☎ 281 32 17 09. Avr.-sept. À partir de 12 €/nuit/pers.
En plein cœur du parc naturel de Ria Formosa, dans une forêt de pins, à 150 m de la plage.

➤ Hôtels, pensions, pousadas

De 50 à 80 €

Lagoas
Rua Almirante Cândido dos Reis, 24 ☎ 281 32 82 43, www.residencial lagoa.pai.pt.
Pension avec patio sur la rive nord, au cœur de l'animation la plus authentique de la ville. Les chambres sont petites mais bon marché. Dommage que les cloisons soient aussi fines!

Pensão Princesa do Gilão
Rua Borda d'Água de Aguiar, 10 ☎ 281 32 51 71, www.hprincesadogilao.com.
Sur la rive du fleuve Gilão, 22 chambres ont été aménagées avec tout le confort souhaitable; certaines jouissent d'un balcon.

De 80 à 150 €

Quinta do Morgado
Nora Velha ☎ 281 32 51 31, www.quintadomorgado.com. WiFi.
Complexe d'appartements de vacances avec piscine commune. En dehors de la ville mais près d'un hypermarché. Propre et calme.

Quinta dos Perfumes
Conceição de Tavira ☎ 281 32 72 33, www.quintadosperfumes.pt.
Au cœur de 30 ha d'orangers, cet agro-hôtel (et ancienne distillerie de parfum) bénéficie d'un cadre magnifique. En tout, 6 chambres et 5 suites décorées avec goût, entourées d'un potager et d'une piscine. Une escapade magique.

♥ **Casa Vale del Rei**
Almargem (à 2 km N de Tavira) ☎ 281 32 30 99, www.casavaledelrei.co.uk.
Un jolie maison blanche appartenant à des Anglais qui aiment manifestement les fleurs et la nature. Les chambres sont grandes, claires, décorées avec goût, et la piscine bien tentante.

♥ **Hôtel Vila Galé Albacora**
Quatro Águas ☎ 281 38 08 00, www.vilagale.com.

Loin de l'agitation de la ville, un ancien village de pêcheurs de thon transformé en très bel hôtel 4 étoiles posé entre salines et lagune avec accès rapide aux plages. Piscines et petit musée consacré l'histoire du lieu.

Plus de 150 €

Pousada Convento de Tavira
Rua Dom Paio Peres Correia
☎ 281 32 90 40.
En plein centre, dans un ancien couvent du XVIe s. Cour intérieure agréable, piscine et solarium parfaits !

OÙ MANGER ?

➤ Restaurants

Moins de 20 €

♥ **Aquasul**
Rua Dr. Augusto Silva da Carvalho, 11
☎ 281 32 51 66. Lun.-sam. 18h-22h.
Le restaurant est sans doute l'un des plus originaux de Tavira. Produits frais et plats inventifs sont les deux règles de la maison. Un peu plus cher que sur l'autre rive mais tellement bon !

Casa Simão
Rua João Vaz Corte Real, 10
☎ 281 32 16 47. Lun.-sam. 12h-15h et 19h-22h.
Cette cantine familiale toute simple réussit son pari haut la main : régaler tous ses clients à moindre frais. Au menu : poulet braisé, poissons grillés et desserts maison.

Baixa Mar
Av. Duarte Pacheco, 26, Santa Luzia
☎ 281 38 11 84.
Sur le quai, près de l'embarcadère, ce restaurant de Santa Luzia jouit d'une bonne réputation. Le patron parle un français impeccable. Si c'est fermé, allez à la **Casa do Polvo** *(n° 8)*, c'est aussi bien.

De 20 à 30 €

A Taska
Rua da Porta Nova, 8
☎ 919 472 195 (mob.).
Un petit bout de France… Des plats joliment présentés, une cuisine raffinée, de subtiles alliances de parfums, un cadre soigné et un service stylé.

O Pátio
Rua António Cabreira, 30
☎ 282 32 30 08. T. l. j.
Vous dégusterez une cuisine inventive sur une agréable terrasse dominant les toits.

Quatro Águas
Quatro Águas (2 km E) ☎ 281 32 53 29. Mar.-sam.
L'un des meilleurs restaurants de Quatro Águas, peu avant l'embarcadère pour l'île de Tavira. Terrasse sur la lagune.

➤ Café, glacier

Bar Taska Madeira
Rua Alto do Cano, 4 ☎ 281 32 24 01. Lun.-jeu. 8h-22h, ven.-dim. 8h-3h.
L'un des lieux les plus animés de Tavira et ce tout au long de l'année. On y mange, on y rit et on y boit (avec modération) jusque tard dans la nuit.

MuxaGata
Kiosque dans le jardim do Coreto
☎ 965 52 53 87 (mob.).
T. l. j. 12h-minuit.
Le plus vieux glacier de Tavira. Cornet, pot et même sandwich à la crème glacée, on choisit parmi les parfums maison et on déguste à l'ombre…

SPORTS ET LOISIRS

➤ Activités nautiques

Aquafun
Ilha de Tavira, ☎ 919 772 906 (mob.). T. l. j. 10h-19h. 6 €/h.
Parcours et jeux aquatiques pour s'amuser en famille ou entre amis.

➤ Cinéma de plein air

Cine-Teatro António Pinheiro
Rua Dr. Marcelino Franco
☎ 281 32 05 45,
www.cineclube-tavira.com.
En été, de nombreuses projections en plein air grâce au Cineclube de Tavira.

➤ Golf

Golf Benamor
Rua Nossa Senhora da Conceição
☎ 281 32 08 80,
www.benamorgolf.com.
Juin-nov. t. l. j. 7h-20h ; déc.-mai t. l. j. 7h-19h. 60 € env. la demi-journée.
Parcours 18 trous dans un cadre agréable alliant mer et montagne.

➤ Observation de la faune

Passeios Ria Formosa
www.passeios-ria-formosa.com.
L'agence propose des promenades en bateau de durée variable pour découvrir la lagune de la Ria Formosa. Elle réalise des transferts vers Olhão et les plages océanes. Les sorties thématiques en groupe (observation d'oiseaux, de dauphins ou encore d'hippocampes) sont encadrées par des professionnels.

➤ Visites guidées

♥ Tuk Tuk Tavira
Rua Almirante Cândido dos Reis, 43 ☎ 913 352 830 (mob.), www.tuktuktavira.com. T. l. j. 10h-20h. À partir de 25 €.
Visite de Tavira en *tuk-tuk* accompagné d'un guide, qui vous livre tous les secrets de la ville. Original et intéressant !

OÙ SORTIR ?

Fado com História
Rua Damião Augusto de Brito Vasconcelos, 4 ☎ 968 77 46 13 (mob.), www.fadocomhistoria.wix.com/fado. Concerts : lun.-sam. à 11h15, 12h15, 15h15, 16h15 et 17h15.
Série de concerts de fado se déroulant tout au long de la journée.

Álvaro de Campos
Rua da Liberdade, 47 ☎ 281 02 31 21.
Restaurant accueillant des concerts de fado.

SHOPPING

➤ Souvenirs

♥ Casa das Portas
Rua 5 de Outubro, 1-3 ☎ 281 32 87 72, www.casadasportas.com. Lun.-sam. 10h30-18h30.
Charmante boutique de souvenirs où vous pourrez dénicher d'adorables cadeaux pour toutes les bourses.

➤ Produits du terroir

Casa do Artesanato
Calçada da Galeria, 11 ☎ 968 20 79 62 (mob.).
Cette association propose une grande palette de produits artisanaux de la région.

♥ Mercearia Conserveira
Rua Dr. José Pires Padinha, 80 ☎ 914 49 16 44 (mob.). T. l. j. 9h-12h et 18h-23h.
Cette boutique aux allures vintage propose une bonne sélection de conserves, de vins et d'huiles d'olive de qualité.

Quinta dos Correias
Sítio da Arroteia de Baixo, Luz de Tavira. ☎ 918 62 15 95 (mob.).
Sur les terrains sablo-argileux et calcaires pousse une vigne généreuse depuis le XIXe s. Deux vins rouges y sont produits : Terras da Luz et Fuzeta issus des cépages noirs castelão et touriga-Nacional, et cabernet sauvignon.

PORTIMÃO ET LE BARLAVENTO

Les prix indiqués pour l'hébergement sont établis sur la base d'une chambre double de catégorie standard, en haute saison, petit déjeuner inclus. Ils sont donc susceptibles de varier en fonction de la date de votre séjour et de votre moyen de réservation.
Les tarifs mentionnés pour les restaurants sont calculés sur la base d'un plat du jour ou d'un menu, boisson non comprise.

➤ LAGOS

Visite 3, p. 53
Plan p. 53
Carnet pratique p. 188

OÙ DORMIR ?

➤ Camping

Parque Valverde
Hors plan p. 53 par A1 *- Estrada da Praia da Luz ☎ 282 78 92 11.*
Ce camping de la chaîne Orbitur compte 600 emplacements.

➤ Auberges de jeunesse

Pousada da Juventude
Plan p. 53 / A2 *- Rua Lancerote de Freitas, 50 ☎ 282 76 19 70.*

Stumble Inn Hostel
Plan p. 53 / A-B2 - Rua Soeiro da Costa ,10 ☎ 282 08 16 07, www.stumbleinnlagos.com.
Situation idéale en plein centre, à deux pas des restaurants et bars. Chambres basiques mais jardin agréable pour les barbecues et les soirées.

➤ Hôtels

Moins de 50 €

Dina's Guesthouse
Plan p. 53 / A2 - Travessa do Mineiro, 1 ☎ 969 88 75 14.
Plusieurs chambres (2, 3 et 4 p.) idéalement situées dans le centre de Lagos avec terrasse ensoleillée, WiFi gratuit et cuisine à partager.

De 60 à 70 €

Hotel Lagosmar
Plan p. 53 / A1 - Rua Dr. Faria e Silva, 13 ☎ 282 76 35 23, www.lagosmar.com.
Malgré une rénovation assez vieillotte, l'hôtel jouit d'une localisation centrale, à deux pas de la marina et des plages. Demandez votre chemin, l'hôtel est dans un dédale de rues à sens unique. Attention, le staff est briefé pour vous conseiller les autres restaurants du propriétaire éparpillés dans la ville

Mar Azul
Plan p. 53 / B1-2 - Rua 25 de Abril, 13 ☎ 282 77 02 30, www.hotelmarazul.eu.
Simple et bien tenu avec chambres donnant sur le port. Prix raisonnables, surtout pour les chambres sans salle de bains.

De 100 à 140 €

Marina Club Lagos Resort
Hors plan p. 53 par B1 - Marina de Lagos ☎ 282 79 06 00, www.marinaclub.pt.
Un grand ensemble moderne composé de suites, studios et appartements T2 et T3 confortables. Piscine, restaurants et bars.

Quinta da Alfarrobeira
Hors plan p. 53 par B1 - Estrada de Palmares-Odiáxere, à 5 km S-E de Lagos et à 2 km de Meia Praia ☎ 282 79 84 24. Minimum 3 nuits, 1 sem. en haute saison.
Belle maison à loggia, qui tranche avec l'hébergement classique à Lagos. Label «Tourisme d'habitation». Accueil charmant.

Solar de Mós
Hors plan p. 53 par A2 - Rua Santa Casa da Misericórdia ☎ 282 78 25 79, www.solar-de-mos.com.
Paisible, d'une capacité limitée, avec piscine et jardin, le tout parfaitement entretenu. Pas de risque non plus d'être réveillé en pleine nuit par des fêtards éméchés, l'hôtel étant excentré de la vieille ville mais proche des plages de Piedade.

OÙ MANGER ?

De nombreux restaurants ont pris place rua 25 de Abril et dans les rues adjacentes. Prix un peu plus élevés qu'ailleurs.

➤ Restaurants

Moins de 20 €

La Focaccia
Plan p. 53 / B2 - Traversa do Mar, 16 ☎ 963 10 69 59 (mob.). T. l. j. 11h-20h.
Une fenêtre sur la rue qui diffuse une délicieuse odeur de pizza. On emporte une *focaccia* en guise d'en-cas et on continue la balade.

The Garden
Plan p. 53 / A2 - Rua Lançarote de Freitas ☎ 919 04 65 64 (mob.). T. l. j. 13h-minuit.
Un jardin plein de charme dissimulé derrière un grand mur recouvert de peintures murales et de graffitis. On peut aussi bien siroter des cocktails que déguster des grillades. Un endroit original, une superbe atmosphère et une bonne odeur de barbecue.

De 20 à 30 €

O Galeão
Plan p. 53 / A1 - Rua das Laranjeiras, 1 ☎ 282 76 39 09.
Viande ou poisson, vous aurez le choix dans ce restaurant, presque une institution à Lagos.

Dos Artistas
Plan p. 53 / A2 - Rua Candido dos Reis, 68 ☎ 282 76 06 59, www.lagos-artistas.com. Lun.-sam. 11h-14h et 18h-minuit.
Dans une belle demeure avec jardin, un restaurant élégant proposant des plats inventifs. Service attentif.

Reis
Plan p. 53 / A1 - Rua António Barbosa Viana, 21 ☎ 282 76 29 00.

Cuisine portugaise classique, copieuse, avec poisson et viande à la carte. Service impeccable et sympathique, même si le décor est un peu trop sérieux. Le mieux est de dîner en terrasse, installée dans la ruelle.

A Comidinha
Hors plan p. 53 par A2 - Urbanizaçao Torraltinha, Lote 5 ☎ 282 78 28 57. Mar.-dim. 13h-15h30 et 19h30-22h30.
Dans une zone résidentielle au nord de Lagos, une adresse encore secrète qui fait la part belle aux produits locaux. Belle carte de vins.

➤ Cafés, glaciers

Cafe Odeon
Plan p. 53 / B2 - Rua do Castelo dos Governadores, 10 ☎ 282 08 21 60. Mer.-dim. 8h-19h.
Petit déjeuner à l'anglaise à partir de 3 €. Idéal pour les gros appétits.

Yogú
Plan p. 53 / B2 - Rua Silva Lopes, 38 ☎ 282 91 57 57. T. l. j. 10h-23h.
Du yaourt glacé à personnaliser selon vos goûts et votre régime. Version fruits frais et céréales sans matière grasse ou version combo Nutella, caramel et chouchous. Une belle alternative au cornet de glace classique.

Crema Di Gelato
Plan p. 53 / A1 - Sur la marina et rua Marreiros Netto, 17 ☎ 282 79 86 35. T. l. j. 12h-23h30.
Glaces et sorbets réalisés sur place par un Italien, un vrai. Les fruits sont de saison, c'est forcément bon !

OÙ SORTIR ?

Beaucoup de pubs du fait de la fréquentation des Britanniques, souvent bondés pendant les happy hours *et lors des retransmissions de matchs.*

Esquina do Fado
Plan p. 53 / A1 - Rua Marques de Pombal, 30 ☎ 917 42 27 70 (mob.). Lun.-sam. 12h-minuit, dim. 12h-19h.
En plein cœur du centre-ville, profitez de ce petit bar à tapas pour faire une pause musicale grâce aux nombreux concerts organisés.

A Barrigada
Hors plan p. 53 par B1 - Estrada de São Roque, zone portuaire ☎ 282 79 24 53, www.facebook.com/AssociacaoFadoAlgarve.
Pour dîner et écouter du fado.

MJ's Bar
Plan p. 53 / B2 - Travessa Senhora da Graca, 2 ☎ 969 92 36 39 (mob.). T. l. j. 20h-minuit.
Marilyn vous accueille dans la joie et la bonne humeur et vous sert de délicieux cocktails à petits prix. Ambiance bon enfant bien qu'un peu bruyante.

Bon Vivant
Plan p. 53 / B2 - Rua 25 de Abril, 105 ☎ 282 76 10 19. T. l. j. 14h-4h.
Trois étages, trois ambiances musicales et un *roof top* sympa qui domine la vieille ville. On s'y rend pour le coucher de soleil ou plus tard dans la nuit ! On évite quand même les baskets, au risque de se voir refuser l'entrée.

Booze Cruise
Différents points de rencontre ☎ 968 75 87 85 (mob.), www.boozecruiselagos.com. Mars-nov. mer. et dim. Rés. impérative. De 40 à 50 € env.
Envie de faire la fête sur un bateau en pleine journée ? Snacks, bières, sangria et DJ, ambiance chaude assurée. Attention, l'abus d'alcool et de soleil est dangereux pour la santé…

Bahia Beach Bar
Hors plan p. 53 par B1 - Meia Praia. T. l. j. jusque tard dans la nuit en saison (18h en hiver).
Un bar de plage décontracté qui s'anime particulièrement le week-end avec de la musique *live.*

SPORTS ET LOISIRS

Entre kayak, stand-up paddle, plongée sous-marine, bateau et nage avec les dauphins, les excursions en mer font partie des activités immanquables. Vous trouverez votre bonheur le long du quai de l'avenida dos Descrobrimentos ou au port de plaisance.

♥ Happy Time
Plan p. 53 / A1 - Av. dos Descobrimentos, loja 43-B ☎ 282 76 40 44, www.happytimeturismo.com.

Mars-oct. t. l. j. 8h30-20h (22h juil.-août). À partir de 10 €.
Excursion en mer pour visiter les grottes ou voir les dauphins, tours en bateau, kayak... Les nombreuses compagnies présentes sur les quais proposent plus ou moins les mêmes services et tarifs. Chez Happy Time : langues étrangères maîtrisées, capital sympathie approuvé !

Lagos Zoo
Plan p. 53 / B3 *- Quinta das Figueiras, Sítio do Medronhal, Barão de São João ☎ 282 68 01 00, www.zoolagos.com. Avr.-sept. t. l. j. 10h-19h ; oct.-mars t. l. j. 10h-17h. Entrée plein tarif : 16 € (12 € moins de 12 ans).*
« Protéger, éduquer, sauvegarder », c'est le credo de la maison. Vous verrez surtout des oiseaux, mais aussi des mammifères et des reptiles.

SHOPPING

Casa de Bli
Plan p. 53 / B2 *- Rua Soeiro da Costa, 6 ☎ 282 76 47 87. T. l. j. 10h-19h.*
Une très jolie boutique à l'esprit un peu vintage qui propose un grand choix de produits artisanaux. Accessoires, décoration, textiles, produits gourmets... C'est le moment de faire le plein de souvenirs.

➤ PORTIMÃO ET SES ENVIRONS

Visite 4, p. 57
Carte p. 30-31
Carnet pratique p. 189

Alvor

Visite p. 58

OÙ DORMIR ?

Autour de 80 €

Hôtel Alcaide
Av. João Paulo II, Praia do Vau ☎ 282 40 14 62, www.hotelalcaide.com.
Une adresse simple mais très agréable et idéalement située, à 200 m de la magnifique praia do Vau. Piscine et jardins.

OÙ SORTIR ?

Gastrobar 13
Travessa do Castelo, 13 ☎ 967 99 37 11. Ven.-mer. 17h-1h.
Tapas, bonne ambiance, soirées musicales (fado, bossa nova). Convient aussi aux végétariens !

Mourisco Cocktail Bar
Rua Dr. Frederico Ramos Mendes, 40 ☎ 282 45 90 69, www.alvormouriscobar.com. Lun.-dim. 18h-4h. Cocktails : 5-7 €.
Un bar à la déco originale qui promet des soirées festives autour de bons cocktails aux saveurs inédites.

Ferragudo

Visite p. 60

OÙ MANGER ?

Moins de 20 €

O Velho Novo
Rua Dr. Manuel Teixeira Gomes ☎ 282 46 11 52. Rés. indispensable.
Certes, il y a les restaurants au bord de l'eau, mais ici, on joue la carte de la tradition, du cachet, de l'ambiance familiale, de l'accueil et de la cuisine à prix correct.

Portimão

Visite p. 58

OÙ DORMIR ?

Moins de 50 €

Hôtel Made Inn
Rua Vicente Vaz das Vacas, 22 ☎ 282 41 85 88, www.madeinn.com.pt.
Une adresse bien située dans le centre de Portimão, des chambres climatisées et un très bon rapport qualité/prix.

OÙ MANGER ?

Tasca Porta Velha
Travessa Manuel Dias Barão ☎ 918 05 31 69. T. l. j 10h-4h. Snacks : 5-10 €.

Un bar de bonne facture en plein cœur de la vieille ville. Bons vins, pizzas simples et ambiance festive.

FÊTES ET MANIFESTATIONS

Août. **Festival da Sardinha.** Au mois d'août, dans le cadre du Festival de la sardine, une dizaine de restaurants proposent au public des banquets en bordure du fleuve Arade. La fête dure une semaine !

Praia da Rocha

Visite p. 60

OÙ DORMIR ?

Station balnéaire ultra-fréquentée en été, il vous faudra réserver votre chambre via Internet à l'avance ! Les prix sont élevés en haute saison, très bas pour le rapport qualité/prix en basse saison. La plate-forme de réservation d'hôtels reste donc la meilleure solution pour bénéficier de promotions.

De 100 à 150 €

Hotel da Rocha
Av. Tomás Cabreira ☎ 282 42 40 81, www.hoteldarocha.com.
Suites grand confort, lit kingsize, 2 TV écran plat, terrasse face à la mer… et piscine extérieure en prime ! Le café-bar de l'hôtel propose un buffet très copieux pour le petit déjeuner et une carte abordable pour le service en chambre.

Hotel Oriental
Av. Tomás Cabreira ☎ 282 48 08 00, www.tdhotels.com.
Ce grand hôtel situé en première ligne du front de mer a subi une rénovation complète qui le place de nouveau parmi les meilleurs choix à Praia da Rocha.

OÙ MANGER ?

Vous trouverez à Praia da Rocha de nombreux restaurants qui, même s'ils proposent différentes cuisines, laissent comme un goût de déjà-vu.

Restaurante F
Av. Tomás Cabreira, Edifício Falésia ☎ 919 11 55 12 (mob.). Juil.-août t. l. j. 18h30-23h ; sept.-juin mer.-lun. 18h30-23h.
Pour jouer à fond la carte de la station balnéaire, vous pouvez vous offrir le luxe de dîner face à la mer, dans un cadre de qualité. Pour cela, il vous faudra attendre votre tour et débourser quelques euros de plus qu'ailleurs.

OÙ SORTIR ?

À Praia da Rocha, entre le casino, les bars et les discothèques, l'ambiance est festive et parfois un brin bruyante, notamment dans la rue principale. Pour sortir des sentiers battus, empruntez les ruelles perpendiculaires.

♥ **Bacchus Bar**
Av. Tomás Cabreira, Edifício Belo Horizonte ☎ 282 41 86 20. Juil.-août t. l. j. 12h-5h ; sept.-juin t. l. j. 12h-1h.
Un chien, un perroquet (très bavard), le patron et une poignée d'habitués : le tableau est sans prétention mais donne tout de suite le sentiment d'être ici chez soi.

Bar Búzios
Marina de Portimão, Praia da Rocha.
Un club d'été en plein air au beau milieu de la praia da Rocha. Le spot incontournable pour être vu et faire la fête à Portimão.

SPORTS ET LOISIRS

La station balnéaire accueille de nombreuses compagnies spécialisées dans les activités nautiques. Plongée, jet-ski, pédalo, grosses bouées… La plage est magnifique, le climat parfait. Évidemment, c'est bondé en été !

♥ **GraspaWasp**
Rua Jerónimo Buísel, Edifício Rocha Mar, loja 1 ☎ 282 48 46 34, www.graspawasp.com.
Se déplacer à vélo, à scooter, en side-car ou en décapotable pour découvrir les alentours, c'est possible grâce à Ralph et Ilena, qui se plient en quatre pour vous satisfaire.

Subnauta
Rua Engenheiro José de Bívar, Edifício Scorpius, loja B ☎ 935 577 000 (mob.), www.subnauta.pt.

Une équipe pro vous accompagne pour découvrir les fonds marins du Barlavento, qui offre de parfaites conditions.

➤ LA CÔTE, DE CARVOEIRO À QUARTEIRA

Visite 5, p. 64
Carte p. 30-31
Carnet pratique p. 189

Albufeira

Visite p. 67

OÙ DORMIR ?

Les grands hôtels avec piscine sont nombreux, mais très vite complets en saison. Réservation recommandée avant votre départ !

De 20 à 30 €

Ale-Hop Hostel
Rua 5 de Outubro, 23
☎ 966 945 504 (mob.).
Auberge de jeunesse reliée à son magasin homonyme qui propose des gadgets et des accessoires de plage. Chambres privées ou dortoirs modernes, terrasse appréciable, cuisine équipée. Localisation idéale mais personnel peu présent.

De 40 à 80 €

Hotel Baltum
Av. 25 de Abril, 26 ☎ 289 58 91 02, www.baltumhotel.com.
Situation parfaite au cœur de la ville, à 2 min de la plage, au pied des restaurants, bars, clubs. Les chambres sont petites mais bien équipées et propres. Attention, bruyant la nuit côté rue et vue peu agréable (toit, ventilation) de l'autre.

Monte das Cortelhas
Caminho do Monte, à Guia, à 5 km N d'Albufeira (au-delà de Guia, prenez la N125 en dir. de Portimão) ☎ 289 56 14 87, www.monte cortelhas. com. 3 ch.
Une exploitation agricole qui propose du tourisme rural. Chambres immaculées avec terrasse ouvrant sur la campagne.

Vila Recife
Rua Miguel Bombarda, 12
☎ 289 58 37 40, www.grupofbarata.com.
Hôtel de charme pas loin de la plage avec des chambres tout confort. Les prix, comme partout dans les stations balnéaires, sont très variables selon les saisons.

Plus de 150 €

Hôtel Porto Bay Falésia
Olhos de Agua ☎ 289 00 77 00, www.portobay.com.
Un bel hôtel 4 étoiles dont l'atout majeur est de posséder plusieurs belvédères sur les superbes falaises orangées en contrebas. L'hôtel possède trois piscines dont une intérieure chauffée. Accès direct aux plages.

Autour de 500 €/sem.

DreamSea Surf Camp
Camping Galé, praia da Galé
☎ 628 10 11 71 (mob.), www.dreamsea surfcamp.com/portugal.
Un concept très anglo-saxon de *surf camp*, soit des cours de surf et un hébergement en tente classique ou *glamping* (camping de luxe) Cours de yoga sur demande.

OÙ MANGER ?

À quelques exceptions près, inutile de s'attendre à des miracles culinaires dans cette station balnéaire. Choisissez en fonction du cadre et du charme de la terrasse. À ce titre, dînez de préférence sur la praia dos Pescadores, par exemple sur le largo Cais Herculano, qui domine la plage.

Moins de 20 €

Veneza
Mem Moniz, Paderne (à 8 km N d'Albufeira), ☎ 289 36 71 29.
Restaurant et bar à vins avec un large choix de bouteilles. Repartez avec les crus que vous aurez appréciés à table en passant par la boutique.

A Casa do Avô
Sítio de Vale de Parra (à 8 km N-E d'Albufeira) ☎ 289 51 32 82. Mai-août t. l. j. ; sept.-avr. mar.-dim.
Une formule buffet à petit prix, avec un beau choix d'entrées, qui vaut à lui seul le déplacement. Une bonne cuisine de

tradition, une terrasse à la belle saison et un service efficace. Que demander de plus ?

Restaurant Bistro
Rua Alves Correia, 37-39 ☎ 914 32 74 50. T. l. j. 18h-23h.
Un petit restaurant à l'écart des rues touristiques qui affiche une carte à base de produits frais et de desserts maison. Une agréable surprise !

De 20 à 30 €

Casa da Fonte
Rua João de Deus, 7 ☎ 289 51 45 78. À dr. avant le tunnel conduisant à la plage.
L'une des adresses les plus recommandables, mais citée dans tous les guides. On dîne dans un très agréable patio. Au menu, grillades de viande et de poisson.

Autour de 100 €

♥ **Vila Joya**
Praia da Galé ☎ 289 59 17 95, www.vilajoya.com.
La cuisine de haute volée du chef autrichien, deux étoiles, Dieter Koschina. Une expérience gastronomique d'exception et une inventivité étonnante qui se paiera un certain prix !

OÙ SORTIR ?

Albufeira est sans doute la ville la plus animée de l'Algarve. Vous n'aurez aucun mal à occuper vos soirées, si vous appréciez la musique et les clubs.

Bella Vista Sports Cafe
Quinta da Bellavista, ☎ 289 50 26 78. T. l. j. 9h-2h.
Les sportifs apprécieront ce bar niché dans la partie haute de la ville. Terrasses avec jolie vue. En plus du billard et des fléchettes, vous pouvez jouer au foot, au beach-volley, au tennis sur les terrains à louer, ou bien tout simplement manger un morceau, boire une bière et admirer le spectacle, en live ou à la télé.

NoSoloÁgua Beach Bar
Praia da Falésia ☎ 913 89 61 20, www.nosoloagua.com.
Bar cosy la journée et club la nuit, à quelques mètres de l'océan. *Sunset parties* et DJ sets portugais aux beaux jours.

O Foral
Rua da Larga Vista, Algoz ☎ 927 41 68 71 (mob.). Mer.-lun.
Pour dîner en écoutant du fado.

FÊTES ET MANIFESTATIONS

Juillet. Festival al'Buhera. Grande fête dédiée à l'artisanat, la gastronomie et la musique.

Fin août. Festa do Beato Vicente. Fin août, les habitants d'Albufeira commémorent saint Vincent, martyr et grand évangélisateur du XVIe s. : processions, banquets et concerts au programme.

Début septembre. Festas do Pescador. Grande fête avec régalade culinaire, groupes folkloriques et artistes locaux.

SHOPPING

Algarve Shopping Center
Route N125 ☎ 289 10 55 00, www.algarveshopping.pt. T. l. j. 10h-23h.
Un énorme centre commercial comme on en trouve au Portugal. Boutiques

AU PARADIS DES GOLFEURS

Avec plus d'une vingtaine de parcours disséminés le long de la côte et dans l'arrière-pays, l'Algarve est l'une des régions du monde qui attire le plus les golfeurs. Les adeptes peuvent pratiquer leur sport favori sur des parcours où se jouent des tournois du championnat du monde comme le golf de San Lorenzo, classé n° 2 européen. La plupart des greens se trouvent entre Faro et Albufeira (San Lorenzo, Quinta do Lago, Pinheiro Altos, Vale do Lobo, Vilamoura et Sheraton-Pine Cliffs). Dans l'ouest, vous pourrez pratiquer ce sport à Carvoeiro (entre Portimão et Albufeira), Penina et Palmares *(N-O de Portimão)* ou à Boavista *(O de Lagos)*. L'est de la région fait un peu figure de parent pauvre, même si des terrains ont été aménagés à Castro Marim *(N de Vila Real de Santo António)* et à Benamor *(N de Tavira)*.

de prêt-à-porter, restaurants, cinéma… Pour les jours de pluie.

Pau de Pita
Rua 5 de Outubro, 66 ☎ 289 58 50 39.
Une boutique qui propose des souvenirs différents, à Albufeira, mérite bien quelques mots de présentation. Ici, les objets sont la plupart du temps réalisés par des artisans et artistes locaux. La gentille propriétaire de la boutique se fera un plaisir de répondre à toutes vos questions en français.

SPORTS ET LOISIRS

Zoo Marine
Rua João de Deus, 7 ☎ 289 56 03 00, www.zoomarine.pt. T. l. j. 10h-18h (19h30 juil.-août). Entrée plein tarif : 29 € (19 € moins de 10 ans).
Spectacle de dauphins, d'otaries, aquarium, piscines, manèges, attractions, cinéma 4D…

Armação de Pêra

Visite p. 66

OÙ DORMIR ?

Hôtel Sunset Village
Urbanização Vale do Olival
☎ 282 31 40 82, www.sunsetvillage.pt.
Un complexe touristique agréable composé de confortables villas individuelles tout équipées pour 2 ou 4 personnes avec terrasse et jardinet privés. Piscine et WiFi gratuit.

OÙ MANGER ?

Casa de Pasto Zé Leiteiro
Rua Portas do Mar, 17 ☎ 282 31 45 51. Mar.-sam. 12h-15h et 19h-22h.
Pour amateurs de poisson, une adresse simple et généreuse à tous points de vue : portions, accueil, liste de poissons à la carte…

OÙ SORTIR ?

Cantinho do Mar
Rua do Alentejo, 34
☎ 918 74 01 41 (mob.).
Fado tous les lundis à 20h.

SPORTS ET LOISIRS

Aurora Boat Trips
Av. Beira Mar, 1 ☎ 917 12 65 80 (mob.). T. l. j. 9h30-19h30.
Promenades en bateau dans les criques à l'ouest de la station balnéaire. La balade *(20 €/pers.)* dure environ 2 h et se fait à bord d'une barque traditionnelle.

FÊTES ET MANIFESTATIONS

Mars-octobre. **FIESA.** Festival international de sculptures de sable, *(accès A22 sortie 8 « Pêra » ou N125, suivre Algoz). www.fiesa.org.*

Porches

Visite p.66

OÙ DORMIR ?

Moins de 100 €

Hôtel Quinta das Figueirinhas
Alporchinhos ☎ 282 31 03 80, www.quintadasfigueirinhas.com. Snack-bar avr.-oct ; restaurant juin-sept.
Des appartements et villas très fonctionnels à seulement 800 m de la plage.

SHOPPING

Porches Pottery
Sur la N125 entre Porches et Lagoa. ☎ 282 35 28 58, www.porchespottery.com. Lun.-ven. 9h-18h, sam. 10h-14h.
Cette boutique-atelier réalise une large gamme d'objets en faïence décorée à la main. Vous pourrez voir les peintres travailler juste derrière le comptoir. Ne manquez pas le petit café attenant (Bar Bacchus) et sa terrasse, tous deux très joliment décorés d'azulejos.

Quarteira

Visite p. 69

OÙ DORMIR ?

Moins de 100 €

Dom José Beach Hotel
Av. Infante de Sagres, 143
☎ 289 31 02 10, www.hoteldomjose.com.

Un grand hôtel 3 étoiles de 154 chambres rénovées récemment. Situé juste en face des plages, il est équipé d'une piscine, d'un bar, d'un restaurant et d'un mini-golf.

OÙ MANGER ?

Moins de 20 €

A Caravela
Largo do Mercado, loja 17
☎ 289 31 22 80. Mar.-dim. 12h-15h et 19h-22h. Rés. conseillée l'été.
Un restaurant de fruits de mer et de poisson tenu par des amis ayant séjourné dans le Sud de la France. Il faut goûter à la spécialité de la maison : la *cataplana* de poissons.

Vilamoura

Visite p. 68

OÙ DORMIR ?

Plus de 150 €

Luna Olympus
Av. da Marina ☎ 289 00 94 00, www.lunahoteis.com.
Un complexe 4 étoiles à 250 m de la plage de Vilamoura et à 100 m du centre, des appartements d'une ou deux chambres équipés de tout le confort moderne. Piscine et parking privé.

SPORTS ET LOISIRS

➤ Golf

Family Golf Park
Rua dos Marmeleiros ☎ 289 30 08 00, www.familygolfpark.pt. Entrée plein tarif : 16 €. Petite restauration sur place.
Un parc composé de deux miniparcours 18 trous, pour de bons moments de divertissement en famille.

LA CÔTE OUEST

➤ SAGRES ET LA POINTE SUD-OUEST

Visite 6, p. 72
Carte p. 30-31
Carnet pratique p. 190

Aldeia da Pedralva

Visite p. 78

OÙ DORMIR ?

À partir de 70 €

♥ **Aldeia da Pedralva**
Rua de Baixo ☎ 282 63 93 42, www.aldeiadapedralva.com. Maisons d'une, deux ou trois chambres.
Sans doute l'hôtel le plus atypique de l'Algarve. Bienvenue dans un village abandonné transformé en hôtel par une bande de copains amoureux des environs. Ici, plusieurs maisonnettes de tailles diverses, un restaurant-bar, un four à bois et de multiples propositions pour profiter des paysages splendides de la Côte vicentine.

Burgau

Visite p. 74

OÙ MANGER ?

Moins de 10 €

Pielas Bar
Rua da Praia 3 ☎ 282 69 73 70.
On s'arrêtera dans ce bar, car ses propriétaires, un couple installé à Burgau depuis bientôt trente ans, sont sympas et concoctent de délicieux cocktails.

Luz

OÙ DORMIR ?

De 100 à 130 €

Quinta do Mar da Luz
Cama da Vaca, praia da Luz
☎ 282 69 73 23, www.quintamarluz.com.
Une charmante adresse située au sommet d'une falaise, à 1 km seulement de Burgau. La piscine et les jardins sont une invitation à la détente.

Sagres

Visite p. 73

OÙ DORMIR ?

Dans les rues de Sagres, vous trouverez de nombreuses maisons affichant une pancarte « chambres à louer » (Alugam-se quartos) *; n'hésitez pas à négocier les prix.*

➤ Camping

Camping Orbitur
À 2 km N de Sagres par la N268, Cerro das Moitas ☎ 282 62 43 71, www.orbitur.pt/camping-orbitur-sagres. Tte l'année.
Bien ombragé et de bon confort.

➤ Hôtels, pensions, *pousadas*

Moins de 20 €

Good Feeling Surf Hostel
Sítio Eiras de Cima, Raposeira ☎ 914 65 88 07 (mob.), www.thegoodfeeling.com. Tte l'année.
Cette auberge de jeunesse porte bien son nom. Dortoirs, chambres doubles, suites… Prix raisonnables et ambiance jeune et relax. Nombreuses activités proposées (surf, stand-up paddle, yoga, plongée).

De 60 à 100 €

Aparthotel Navigator
Rua Infante Dom Henrique ☎ 282 62 43 54, www.aparthotelnavigator.com.
De grands appartements avec cuisine et terrasse à deux pas de la praia Mareta. L'ensemble est un peu désuet et mériterait vraiment d'être rénové.

Hôtel Memmo Baleeira
Sítio da Baleira ☎ 282 62 42 12, www.memmohotels.com.
Situé face au port et à la plage de Baleeira, cet hôtel design 4 étoiles compte 144 chambres et suites très confortables, un restaurant, un bar, un café et deux piscines (dont une chauffée).

Pura Vida Dive House
Rua da Pedra Negra, Baleeira ☎ 913 21 07 16, www.puravidadive house.com. Plongée incluse.
Un *hostel* charmant et un centre de plongée, c'est le concept « Pura Vida » proposé par deux passionnés de plongée et de yoga.

Plus de 150 €

Pousada do Infante
Ponte da Atalaia ☎ 282 62 02 40.
Chambres confortables – certaines avec terrasse et vue sur la mer –, belle piscine et bon restaurant.

OÙ MANGER ?

Moins de 10 €

B.B.E-Best Burger Ever
Av. Infante Dom Henrique ☎ 282 62 50 73. T. l. j. 12h30-22h.
Hamburgers et snacks copieux servis avec le sourire !

Babugem
Praça da República ☎ 964 30 13 75 (mob.), www.babugem.com. Lun.-sam. 9h-2h.
Chez Babugem, vous choisissez votre poisson fraîchement pêché et vous attendez patiemment qu'il grille dans le four, à l'ancienne. Simple et délicieux ; l'assiette est copieuse et bon marché.

De 10 à 15 €

Armazém
Rua da Mareta ☎ 925 69 99 22. T. l. j. 12h-15h et 19h-23h30.
Dans le centre ville très calme, un nouveau restaurant à la déco résolument contemporaine mêlant mobilier de récup' et jolies plantes vertes. Bonnes grillades de viande et de poisson.

De 25 à 30 €

Vila Velha
Rua Patrão António Faustino ☎ 282 62 47 88. Rés. conseillée.
Cadre charmant au cœur d'une grande maison avec terrasse. Poisson frais au menu, plats végétariens et bons vins.

OÙ SORTIR ?

Warung
Rua do Mercado ☎ 282 62 44 32, www.warung.eu. Mer.-dim. 18h-2h.
Un resto mexicain (végétariens bienvenus) parfait pour boire un verre et grignoter un morceau pendant l'*happy hour.*

♥ Agua Salgada
Rua Comandante Matoso
☎ 282 62 42 97. T. l. j. 10h-3h.
Les cocktails sont à base de jus de fruit frais (sous réserve de stock). Le mojito pomme est gigantesque, interminable et tellement délicieux.

Dromedário
Rua Comandante Matoso
☎ 282 62 42 19, www.dromedariosagres.com. T. l. j. 10h-3h.
Près de trente ans de service et des cocktails qui font toujours l'unanimité.

SPORTS ET LOISIRS

De nombreuses activités sont proposées au port de Baleeira : observation de la faune marine, des dauphins ou d'oiseaux, croisières le long de la côte. *Rens. : www.marilimitado.com, www.capecruiser.org et à l'office de tourisme.*

Maretta Shop
Rua Comandante Matoso
☎ 282 62 45 35, www.marettashop.com. T. l. j. 9h30-22h30.
École de surf et autres activités proposées, des équipements complets à louer et des véhicules.

FÊTES ET MANIFESTATIONS

Début octobre. **Festival de Observação de Aves** *(www.birdwatchingsagres.com)* : festival ornithologique. Au programme : visites, sorties en bateau, promenades à cheval, expositions.

Vila do Bispo

Visite p. 77

Très peu d'hôtels classiques ici, mais quelques maisons d'hôtes.

OÙ MANGER ?

Moins de 20 €

♥ Cafe Correia
Rua 1° de Maio, 4 ☎ 282 63 91 27. T. l. j. 13h-15h et 19h-22h.
Un restaurant on ne peut plus typique tenu par un couple de seniors. Le service est lent mais la cuisine algarvienne savoureuse. C'est l'endroit idéal pour goûter les pouces-pieds *(percebes ; p. 78)*, ces étranges fruits de mer qui font la renommée de la ville. Essayez les desserts à base d'amande et de caroube.

Zavial
Praia do Zavial ☎ 282 63 92 82. T. l. j 10h-23h.
Face à la très belle plage de Zavial, un restaurant en pierre de taille qui sert des plats de poisson et des fruits de mer parfaits. La cuisine est savoureuse, le cadre cosy… Que demander de plus ?

SPORTS ET LOISIRS

Equivicentinos
Rua Comandante Matoso ☎ 922 28 76 37 (mob.). T. l. j. 9h-18h. À partir de 40 €/h.
Pour les fans d'équitation ou les curieux qui souhaiteraient explorer la Côte vicentine en bonne compagnie.

FÊTES ET MANIFESTATIONS

Début septembre. **Festival do Percebe.** Festival du pouce-pied : dégustations et concerts.

➤ DE CARRAPATEIRA À ODECEIXE

Visite 7, p. 79
Carte p. 30-31
Carnet pratique p. 191

Aljezur

Visite p. 81

OÙ DORMIR ?

Moins de 50 €

Amazigh Design Hostel
Rua da Ladeira, 5 ☎ 282 99 75 02, www.amazighostel.com.
Un hostel bien tenu par une équipe jeune. Dotée de chambres triples et quadruples, l'adresse s'adapte facilement aux familles. Ses points forts : le WiFi gratuit et la jolie terrasse sur le toit.

Moins de 120 €

♥ B & B Baxri
Alfambras ☎ 925 33 44 54, www.baxri.com.

Barbara, Christophe et leurs adorables labradors vous attendent dans leur maison du bonheur, à 10 min seulement des plus belles plages de la côte ouest de l'Algarve. Trois grandes chambres doubles dont une avec terrasse privée.

OÙ MANGER ?

Moins de 25 €

Restaurante Pont'a Pé
Largo da Liberdade, 12 ☎ 282 99 81 04, www.pontape.pt. Lun.-sam. 10h-23h.
Un petit restaurant sans prétention qui sert des spécialités de la mer de très bon rapport qualité/prix. Les plats de viande ou de poisson sont tous accompagnés de patate douce, comme il se doit à Aljezur.

SPORTS ET LOISIRS

➤ Surf

Aljezur Experiences
☎ 918 98 35 36 (mob.), www.aljezur experiences.com. Cours de surf : 35 €. Chambre : 50 € env.
Une agence locale qui propose des leçons de surf et de stand-up paddle, mais aussi de la location de matériel et des chambres doubles.

➤ Randonnée équestre

♥ Burros e Artes
Vale das Amoreiras, à 3 km d'Aljezur ☎ 967 14 53 06, www.burros-artes. blogspot.fr.
Elsa et Sofia, deux bonnes amies, proposent des promenades à dos d'âne de longueur variable (de quelques heures à plusieurs jours), dans le village d'Aljezur et sur le littoral. Avec Elsa, vous vous initierez aussi à la poterie, au tissage et à l'art de la feutrine. Des activités pour tous les âges.

SHOPPING

Sw Surf Shop
Rua 25 de Abril, 69 ☎ 282 99 11 27, www.swsurfshop.com. Lun.-sam. 9h30-20h, dim. 10h30-20h.
Location et vente d'équipement de surf de toutes marques. Cours de surf sur rés.

FÊTES ET MANIFESTATIONS

Fin novembre. **Festival da Batata Doce** : le Festival de la patate douce à Aljezur.

Carrapateira

Visite p. 80

OÙ DORMIR ?

Moins de 60 €

Pensão das Dunas
Rua da Padaria, 9 ☎ 282 97 31 18, www.pensao-das-dunas.pt. Petit déj. non inclus. WiFi gratuit.
L'hôtel se compose de plusieurs chambres doubles avec salle de bains et d'appartements (une à deux chambres doubles). À l'extérieur, patio commun très convivial avec barbecue.

OÙ MANGER ?

Trigo Vermelho
Rua dos Quintais, 2 ☎ 282 97 39 08. Jeu.-mar. 9h-15h et 18h-23h.
Un petit restaurant chaleureux servant, entre autres, des plats végétariens et végétaliens. Service très sympa et WiFi gratuit, cela peut aider à Carrapateira !

SPORTS ET LOISIRS

Amado Surf Camp
Praia do Amado ☎ 927 83 15 68 (mob.), www.amadosurfcamp.com. Hébergement : de 250 à 450 €/pers./sem.
Une école de surf très « peace and love » en haut de la praia do Amado. Cours de surf avec une large gamme d'hébergements associés.

Odeceixe

Visite p. 82

OÙ DORMIR ?

De 80 à 120 €

Casas do Moinho
Rua 25 de Abril, 113/115 ☎ 282 94 92 66, www.casasdomoinho.com.

Si l'envie vous prend de vivre comme un local, optez pour l'une de ces 8 petites maisons typiques tout équipées et climatisées. En prime, une vue fantastique sur la campagne environnante.

OÙ MANGER ?

Moins de 15 €

Kiosk Agapito
Praia de Odeceixe ☎ 926 77 13 56 (mob.). Lun.-dim. 9h-23h.
Le petit bar de la plage sert petits déjeuner, snacks, salades, burgers et des boissons fraîches à déguster sur la petite terrasse ombragée.

Bar da Praia
Rua do Posto (au-dessus de l'école de surf) ☎ 282 94 72 28. L'été t. l. j. 10h-22h.
À quelques mètres de la plage, un petit bar-restaurant blanc et bleu qui propose des soupes, salades et plats du jour à base de produits frais de saison. La maison sert aussi le petit déjeuner et le dîner.

Arrifana

Visite p. 81

OÙ MANGER ?

Moins de 25 €

Tasca d'Arrifana
Praia da Arrifana ☎ 918 81 83 71 (mob.). T. l. j. 9h-2h. Rés. conseillée l'été.
Au-delà de son emplacement privilégié face à l'océan, le restaurant propose tous les jours du poisson frais ainsi que de bonnes spécialités de morue.

♥ Restaurante da Praia
Praia da Arrifana
☎ 282 99 85 27, www.restaurantepraiaarrifana.com.
Un bon restaurant de plage très apprécié pour sa vue imprenable sur la plage d'Arrifana et ses surfeurs ! La carte est très variée (tapas, plats de poisson, salades, etc.). Salades et snacks maison à emporter.

Rogil

Visite p. 83

OÙ DORMIR ?

De 60 à 100 €

Hotel Alcatruz
Rua de Camarate, 1 ☎ 282 99 82 03, www.hotelalcatruz.com.
Petit hôtel (chambres avec terrasse) à la décoration moderne sur le thème des plages alentour. Salon commun équipé. Accueil chaleureux.

OÙ MANGER ?

Moins de 10 €

Museu da Batata Doce
Estrada da Esteveira (N avant la sortie)
☎ 282 99 41 32. T. l. j. 7h-2h.
La patate douce étant la spécialité de la région, on y trouve de délicieuses douceurs. À savourer avec un café, dans le jardin équipé d'une aire de jeux pour les bambins. Snack léger pour le midi. Quelques produits locaux y sont en vente.

L'ALGARVE INTÉRIEURE

Les prix indiqués pour l'hébergement sont établis sur la base d'une chambre double de catégorie standard, en haute saison, petit déjeuner inclus. Ils sont donc susceptibles de varier en fonction de la date de votre séjour et de votre moyen de réservation.
Les tarifs mentionnés pour les restaurants sont calculés sur la base d'un plat du jour ou d'un menu, boisson non comprise.

➤ DE BENSAFRIM À LA SERRA DE MONCHIQUE

Visite 8, p. 86
Carte p. 30-31
Carnet pratique p. 191

Bensafrim

Visite p. 87

OÙ DORMIR ?

De 80 à 120 €

Monte da Bravura Turismo Rural
À 6 km N-E de Bensafrim par la N125-9 en dir. du barrage d'Odiáxere ☎ 282 68 81 75, www.montedabravura.com.
Un petit havre de paix à quelques encablures de Lagos. La chambre d'hôtes idéale pour déconnecter et se mettre au vert.

♥Hôtel Herdade do Castanheiro
☎ 912 37 70 62, www.herdadedocastanheiro.com. Séjour minimum de 3 nuits. Tarif pour 4 pers.
Dans une propriété de 40 ha proche des plages, on pourra choisir sa maison parmi les cinq proposées par Fernando et Ana.

OÙ MANGER ?

Moins de 15 €

O Koala Restaurante
Largo do Poço, 2 ☎ 282 68 75 94. Mar.-dim.
Une bonne adresse à l'écart des routes touristiques pour amateurs de poulet et de grillades savoureuses.

Marmelete

Visite p. 88

OÙ MANGER ?

Moins de 15 €

Casa de Pasto « O Tita »
Sur la N 267 ☎ 282 95 51 22. T. l. j. 8h-2h.
Un petit restaurant très simple qui sert une cuisine régionale revigorante et des tapas portugaises.

Taberna O Clandestino
Rua Inácio Veríssimo Cabrita ☎ 282 95 54 94. Mar.-dim. 9h-2h.
Pour goûter de la liqueur artisanale, de l'eau-de-vie d'arbouse et quelques spécialités locales, on s'arrête dans ce petit restaurant coloré et familial.

FÊTES ET MANIFESTATIONS

Fin juillet. Foire d'artisanat et de produits locaux.

Monchique

Visite p. 90

OÙ DORMIR ?

De 75 à 100 €

Abrigo da Montanha
Corte Pereiro, estrada da Fóia (à env. 2 km de la ville) ☎ 282 91 21 31, www.abrigodamontanha.com.
Si l'hôtel n'a rien d'exceptionnel, le restaurant régional est excellent.

Vila Foïa
Corte Pereiro, 24 ☎ 282 91 01 10, www.vilafoia.com.
Maison d'hôtes nichée sur les collines de la ville. Calme et tranquille. Chambres luxueuses avec piscine et jardin paradisiaque.

Plus de 100 €

Estalagem Velha
Rua da Estalagem Velha, 14 ☎ 917 94 11 13 (mob.).
Maison d'hôtes qui propose des chambres doubles et des studios. Ambiance rustique dans cette petite maison de pierre située à quelques minutes du centre.

Villa Termal Caldas de Monchique
☎ 282 91 09 10, www.monchiquetermas.com.
L'hôtel de la station thermale de Caldas de Monchique promet un séjour reposant et bienfaisant grâce aux soins dispensés par son Spa. Chambres luxueuses, piscines, salle de sport, restaurant et cadre verdoyant enchanteur.

OÙ MANGER ?

➤ Restaurants

Moins de 25 €

♥Tasca do Patrol
Estrada de Marmelete, Corgo do Vale (à 5 km S-O de Monchique) ☎ 282 95 51 17. Jeu.-mar.

Pour qui souhaite goûter à la cuisine de montagne en Algarve, c'est là, près de Marmelete, dans ce qui fut un café, une mercerie et même une station-service, qu'il faut aller! Les plats sont tous plus délicieux les uns que les autres. Excellent *vinho da casa.*

O Luar da Fóia
Estrada da Fóia ☎ 282 91 11 49.
Mar.-dim. 10h-23h.
On est autant emballé par le contenu de l'assiette (jambon, morue, carré d'agneau, etc.) que par la vue imprenable sur la vallée. Très bonne carte de vins.

➤ Pâtisserie

Pastelaria Ana Maria
Rua Engenheiro Duarte Pacheco, 13-15 (sur la place principale, mais possible aussi d'entrer par la rue en surplomb)
☎ 282 91 17 35. Mar.-sam.
Monchique est réputée pour ses douceurs à base de figues ou de pâte d'amandes.

OÙ SORTIR ?

♥ Bar Barlefante
Travessa das Guerreiras, 7
☎ 966 49 53 78 (mob.). Lun.-jeu. et dim. 12h-3h, ven.-sam. 12h-4h.
Une bonne surprise que ce bar aux mille couleurs décoré de miroirs et d'objets vintage. Aux beaux jours, les tables sont disposées dans une allée pavée.

SHOPPING

➤ Galerie d'art

Leonel Telo Cerâmica
Rua do Corro, 2 ☎ 914 24 05 95.
Mar.-sam. 11h-17h.
C'est l'atelier du potier et céramiste Leonel Telo, qui réalise des créations fortement inspirées des traditions régionales.

➤ Produits du terroir

Loja do Mel e do Medronho
Largo dos Chorões ☎ 967 73 57 83 (mob.), http://loja-do-mel-e-do-medronho.webnode.pt.
Les spécialités de Monchique sont le miel et le *medronho,* une eau-de-vie réalisée à partir des fruits de l'arbousier qui pousse sur les collines environnantes. Autant de spécialités locales à retrouver au comptoir de cette boutique.

FÊTES ET MANIFESTATIONS

Début mars. **Feira dos Enchidos tradicionais**: les produits et recettes à base de viande de porc noir sont à l'honneur.

Novembre. **Festival do Medronho**: Festival de l'eau-de-vie d'arbouse.

➤ DE SILVES À LOULÉ

Visite 9, p. 94
Carte p. 30-31
Carnet pratique p. 192

Alte

Visite p. 97

OÙ DORMIR ?

Moins de 90 €

Alte Hotel
Estrada de Santa Margarida, Montinho
☎ 289 47 85 23, www.altehotel.com.
Un hôtel-restaurant situé dans les hauteurs d'Alte. Piscine, court de tennis et jardins n'attendent plus que vous.

OÙ MANGER ?

Moins de 15 €

Cantinho d'Alte
Av. 25 de Abril, 11 ☎ 289 47 82 72.
Jeu.-mar. 9h-15h et 19h-22h.
Une table réputée pour la qualité de ses brochettes, de ses steaks et de son service.

Loulé

Visite p. 99

OÙ DORMIR ?

Entre 40 et 55 €

♥ Coreto Hostel
Av. José da Costa Mealha, 68
☎ 966 66 09 43, www.loulecoretohostel.com. Cuisine à partager, WiFi gratuit.

Dans le centre historique, un grand *hostel* possédant deux chambres doubles lumineuses avec salle de bains, trois chambres twin et d'autres chambres plus grandes.

OÙ MANGER ?

Moins de 20 €

Café Calcinha
Praça da República, 67 ☎ 289 41 57 63. Lun.-ven. 8h-23h, sam. 8h-16h.
Super petit café historique avec une belle entrée à 4 colonnes et un intérieur authentique avec tables en marbre. La terrasse est minuscule mais idéale pour observer les passants.

Museu do Lagar
Largo da Igreja Matriz ☎ 289 42 27 18. Lun.-sam. 12h-23h, dim. 12h-15h.
Près de l'église Matriz, un restaurant qui se donne des airs de musée. Copieux et bon marché en dépit d'un extérieur assez élégant.

♥ Cantina dos Sabores
Rua de Portugal, 22 ☎ 289 46 33 04. Lun.-sam. 12h-15h et 19h-22h.
Que diriez-vous de changer un peu en optant pour un repas végétarien ? Des assiettes colorées et des saveurs au rendez-vous en plein cœur de Loulé. Les jus et les desserts sont délicieux.

Plus de 60 €

Henrique Leis
Vale Formoso, Almancil (à 4 km S de Loulé) ☎ 289 39 34 38, www.henriqueleis.com. Juil.-août lun.-sam. 19h-22h ; sept.-juin mar.-sam. 12h-14h et 19h-22h.
Cuisine créative du chef brésilien Henrique Leis, étoilé au Michelin, à déguster dans une jolie demeure en bois à l'atmosphère feutrée. Une fête pour les papilles !

OÙ SORTIR ?

11 da Villa
Largo Dom Pedro I ☎ 289 09 30 49. Mar.-ven. 16h-1h et sam. 11h-1h.
Un bar à vins contemporain et décoré avec goût qui propose des tapas (fromage, chorizo…) et des snacks raffinés (bruschetta, gazpacho…) dans un cadre décontracté. Belle carte de vins. Petite terrasse.

SHOPPING

➤ Déco, bijoux

♥ Wild at Art
Rua 5 de Outubro, 68 ☎ 964 222 612 (mob.). Lun.-ven. 10h-13h et 14h-18h, sam. 10h-14h.
Cet atelier-boutique est tenu par deux âmes créatives passionnées d'art qui proposent des objets de décoration, des meubles ou encore des bijoux originaux.

➤ Azulejos

Teresa's Pottery
Largo Dom Pedro I, 15 ☎ 289 11 04 85. Lun.-sam. 10h-13h et 14h-19h.
Teresa pratique la peinture sur céramique depuis trente ans. Fleurs, fruits, animaux et autres motifs, elle peint dans sa boutique-atelier des pièces uniques. Vous pouvez également y faire personnaliser des azulejos !

➤ Souvenirs

Loja A Sardinha
Largo Dom Pedro I ☎ 289 51 29 36. Lun.-ven. 10h-19h, sam. 9h30-16h30.
Une boutique de souvenirs vraiment pas comme les autres. Vous auriez tort de ne pas franchir le pas de sa porte !

FÊTES ET MANIFESTATIONS

Fin juin. Festival MED : Festival des musiques du monde et de l'art de vivre.

Fin août. Nuit Blanche : spectacles de rues, DJ, concerts.

São Bartolomeu de Messines

Visite p. 96

OÙ DORMIR ?

Moins de 85 €

Bartholomeu Guesthouse
Rua Cândido dos Reis, 34 ☎ 965 18 93 75 (mob.).
Ce petit hôtel de centre-ville, tenu par un jeune couple, est décoré et meublé dans un style baroque

contemporain. Très bon petit déjeuner et terrasse sur le toit.

OÙ MANGER ?

Moins de 15 €

Churrasqueira Fatinha
Rua Sacadura Cabral, 24
☎ 282 33 94 61. Lun.-sam. 12h-23h30.
Ce restaurant, très prisé par les locaux, peut s'enorgueillir de proposer l'un des meilleurs poulets piri-piri de l'Algarve. On reviendra !

SHOPPING

Atelier Dois LL (Lília Lopes)
Rua Dr. José Ventura Duarte, 6
☎ 966 24 50 20 (mob.). Lun.-ven. 9h30-13h et 15h-19h30, sam. 9h30-13h.
Un atelier d'artiste proposant des azulejos peints ainsi que de nombreux objets en céramique colorée peinte à la main (coupes, bijoux, magnets, etc.).

Silves

Visite p. 95

OÙ DORMIR ?

L'offre d'hébergement est réduite à Silves.

De 50 à 80 €

Colina dos Mouros
Pocinho Santo ☎ 282 44 04 20, www.colinahotels.com.
Le bâtiment n'est pas très élégant et les chambres manquent de personnalité, mais la piscine est bien agréable. Demandez à dormir côté château, et évitez l'étage au-dessus du restaurant.

Ecolodge Brejeira
À 12 km N de Silves ☎ 919 37 65 02, www.eco-lodgebrejeira.com.
Pour sortir des sentiers battus, voici un hébergement alternatif original avec yourte, roulotte et camping-car réaménagé. Pour des réveils en douceur avec vue sur les montagnes de Monchique.

De 90 à 115 €

Duas Quintas
Santo Estevão, à 6 km E de Silves ☎ 282 44 93 11, www.algarveguesthouse.com. Ch. et studio.
Des chambres d'hôtes bien agréables dans une ferme rénovée isolée au milieu des orangers et des citronniers. Beaucoup de charme et bon accueil.

Quintal do Castelo
Travessa do Hospital, 2-6 ☎ 916 62 13 10, www.quintaldocastelo.com. Séjour de 3 nuits au minimum.
Trois jolies maisons rustiques d'une à deux chambres décorées avec beaucoup de goût et possédant un grand salon, une cuisine équipée et un petit patio.

VTT DANS LA SERRA DE MONCHIQUE

Bien qu'exigeante en raison de ses dénivelés, la région montagneuse de Monchique se prête bien aux sorties à VTT. L'idéal est d'emprunter le sentier balisé du GR Via Algarviana entre Silves et Marmelete. Il vous conduit, non sans difficulté, jusqu'au mont Picota, le second sommet de l'Algarve (773 m). Comptez 43 km environ. *Départ à env. 18 km N-O de Silves par la M502, suivre les indications « Via Algarviana ».*

OÙ MANGER ?

➤ Restaurants

Moins de 20 €

Café da Sé
Largo Jerónimo Osório, 10
☎ 282 08 45 01.
Une terrasse en contrebas de la cathédrale pour prendre un sandwich.

Casa Velha
Rua 25 de Abril, 13 ☎ 282 44 54 91.
Vieille maison de charme ouvrant sur une terrasse ombragée à deux pas de la porte des Remparts et du Musée archéologique. L'adresse est touristique, mais les poissons et crustacés sont délicieux, et le WiFi gratuit de la municipalité est accessible.

♥ Café Inglês
Rua do Castelo, 11 ☎ 282 44 25 85. Mar.-dim. 12h-16h et 19h30-22h30.

À deux pas de la cathédrale et du château, un joli petit café avec terrasse sous les arbres. Idéal pour un petit déjeuner ou une bonne pizza le midi.

➤ Pâtisserie-glacier

Cafe & Companhia
Rua Elias Garcia, 47.
Impossible de manquer l'agréable terrasse de cette pâtisserie plutôt luxe de la ville basse. Bonnes glaces également.

SHOPPING

Estudio Destra
Largo Dom Jerónimo Osório
☎ 282 442 933. T. l. j. 9h-17h30.
Non seulement le bâtiment vieux de 800 ans est chargé d'histoire, mais les travaux de Roger Metclafe et Catarina Lopes sont superbes. L'un opère dans la céramique et la peinture, l'autre est créatrice de bijoux. Un vrai atelier d'artistes!

Domaine Quinta do Francês
Sítio da Dobra, Odelouca ☎ 282 10 63 03, www.quintadofrances.com.
Le domaine cultive des cépages blancs verdelho et viognier. Visite du domaine et dégustation.

FÊTES ET MANIFESTATIONS

Août. **Foire médiévale** : pendant une semaine en août, souk, tournois de chevaliers, banquets…

➤ DE SÃO BRÁS DE ALPORTEL À BALURCOS

Visite 10, p. 104
Carte p. 30-31
Carnet pratique p. 193

Balurcos

OÙ DORMIR ?

40 €

Casa do Vale das Hortas
Sur la N122 ☎ 964 67 69 46 (mob.), www.valedashortas.com.
Jadis centre de tissage, ce B&B rural comprend six chambres doubles climatisées (trois chambres avec terrasse privée).

Barranco do Velho

Visite p. 106

➤ Équitation

Centro Hípico Santa Maria
À 2 km N de São Brás de Alportel par la M506 ☎ 289 99 71 18 ou ☎ 916 35 49 30 (mob.), www.clubsantamaria.pt.
Randonnée à cheval à partir de 30 €.
Pour découvrir l'intérieur de l'Algarve autrement, on pourra opter pour une promenade à cheval (ou à poney si vous voyagez avec des enfants) à travers les monts verdoyants de la *serra*. Le club propose aussi des balades en calèche dans São Brás de Alportel et des stages équestres.

Cachopo

Visite p. 106

OÙ DORMIR ?

Moins de 20 €

Hôtel Casas Baixas
Casas Baixas ☎ 961 47 81 55, http://ruralgarve.in-loco.pt.
Le tourisme alternatif et responsable vous intéresse ? Alors optez pour quelques nuits dans une ancienne école primaire reconvertie en refuge de montagne, au cœur de la serra do Caldeirão. Petit déjeuner à base de produits locaux.

OÙ MANGER ?

Moins de 15 €

A Charrua
Rua Padre Júlio Alves de Oliveira, 44
☎ 918 46 57 89 (mob.).
Ce restaurant familial est surtout réputé pour ses spécialités de gibier (sanglier, lapin, etc.). Également quelques plats de poisson et de volaille.

Furnazinhas

OÙ DORMIR ?

De 55 à 65 €

Hôtel Casa do Lavrador
Rua do Comércio ☎ 915 22 98 94 (mob.).
Un B&B rustique et moderne à la fois. Les chambres, doubles ou quadruples, sont spacieuses et le petit déjeuner, à base de produits locaux, délicieux.

Martim Longo

SHOPPING

Flor da Agulha
Rua Coronel Figueiredo Valente, 2
☎ 281 49 82 51.
Depuis bientôt trente ans, quelques femmes artisanes réalisent dans leur atelier de Martim Longo des poupées en toile de jute hautes comme trois pommes à l'effigie des habitantes du village, qu'elles soient paysannes, boulangères ou fileuses de laines. Créé par dix femmes (pour la plupart sans emploi), l'atelier Flor da Agulha fonctionne aujourd'hui grâce à trois passionnées, dont Otília Gonçalves.

FÊTES ET MANIFESTATIONS

Début juillet. **Festival de folklore** et **Feira do Artesanato.**

Début septembre. **Festa de Martim Longo** : fête de la ville.

São Brás de Alportel

Visite p. 105

OÙ MANGER ?

➤ Restaurant

Moins de 20 €

♥ Lagar da Mesquita
Fonte da Mesquita
☎ 289 84 58 09. Mar.-dim. 12h30-14h30 et 19h-22h30.
Cet ancien pressoir à huile transformé en restaurant compte parmi les meilleures tables de l'Algarve. Le cadre original et la cuisine valent largement le déplacement. Belle carte de vins locaux.

➤ Café

O Fortes
Sítio dos Parises ☎ 927 76 65 10 (mob.)
Au cœur de la serra, une maison trentenaire qui produit sur place une excellente eau-de-vie d'arbouse et sert quelques plats du jour.

➤ Glacier

Glacier Natural Come
Mercado municipal, rua Boaventura Passos ☎ 966 71 61 43 (mob.). Lun.-sam. 7h-16h.
Ce glacier a fait le pari du naturel et propose une belle liste de parfums de saison (figue, amande, melon…), le tout fait maison.

SHOPPING

Pelcor
Rua Padre Sena Neto, 48 ☎ 289 84 54 87, www.pelcor.pt. Lun.-ven. 10h-13h et 14h-19h.
La boutique de la marque portugaise Pelcor propose des collections d'articles de maroquinerie et d'accessoires originaux réalisés en peau de liège. Avis aux propriétaires de chiens ou de chats, la collection de colliers et laisses Corky leur est entièrement dédiée !

FÊTES ET MANIFESTATIONS

Pâques. **Festa das Tochas Floridas.** Procession tout en fleurs le dimanche de Pâques.

Fin juillet. **Feira da Serra.** Fin juillet. Concerts, spectacles et démonstrations en soirée.

Vaqueiros

Visite p. 107

OÙ DORMIR ?

Moins de 50 €

Hôtel Casas da Aldeia
Rua de São Pedro, 8
☎ 962 65 22 36 (mob.).

Quelques chambres doubles au calme et au vert, dans une maison typique blanc et jaune. Les plages sont à 40 min.

OÙ MANGER ?

Moins de 15 €

Casa de Pasto Domingos
Rua do Poço Novo, 9 ☎ 281 49 82 87. T. l. j. 8h-21h.
Un restaurant simple servant une bonne cuisine régionale qui tient au corps. L'épicerie mitoyenne, ouverte tous les jours, dépannera en cas de fringale ou de grande soif.

FÊTES ET MANIFESTATIONS

Fin août. **Festa de Vaqueiros** : fête de la ville.

LE BAS-GUADIANA

Les prix indiqués pour l'hébergement sont établis sur la base d'une chambre double de catégorie standard, en haute saison, petit déjeuner inclus. Ils sont donc susceptibles de varier en fonction de la date de votre séjour et de votre moyen de réservation.
Les tarifs mentionnés pour les restaurants sont calculés sur la base d'un plat du jour ou d'un menu, boisson non comprise.

➤ D'ALCOUTIM À ODELEITE

Visite 11, p. 112
Carte p. 30-31,
Carnet pratique p. 193

Alcoutim

Visite p. 113

OÙ DORMIR ?

➤ Auberge de jeunesse

De 45 à 70 €

Pousada de Alcoutim
En bordure du fleuve, sur l'av. da Espanha ☎ 281 54 60 04, www.pousadas juventude.pt.
Une auberge de jeunesse d'une vingtaine de chambres bien tenue avec piscine et WiFi gratuit.

➤ Chambre d'hôtes

De 60 à 90 €

Casa Grande Alcaria Cova
Pereiro, à 15 km S-O d'Alcoutim ☎ 289 84 23 69, www.alcariacova.com. Trois chambres doubles et une suite.
Une maison centenaire du cœur de l'arrière-pays transformée en chambre d'hôtes.

OÙ MANGER ?

Moins de 15 €

Snack-bar et épicerie Tempero
Cortes Pereiras, à 6 km N-E d'Alcoutim ☎ 281 54 61 23. T. l. j. 7h30-20h (22h en été).
On s'arrête dans ce petit bar de village pour acheter sandwichs et boissons avant de repartir requinqué !

O Rio
Av. Prof. José Maria Mendes Amaral, 15 ☎ 281 54 62 06. Lun.-sam. 9h-23h.
Un petit creux en cours de route ? Voici l'adresse parfaite pour être rassasié à moindres frais, à deux pas du centre.

OÙ SORTIR ?

Tá-se Bem Beach Club
Plage fluviale d'Alcoutim. Mars-nov. t. l. j. 10h-1h ☎ 281 54 65 26.
Le bar de la plage fluviale anime les journées et soirées jusque très tard en été. Au menu des réjouissances : soft drinks, cocktails, snacks et bons petits plats.

FÊTES ET MANIFESTATIONS

Août. **Feira de Santa Marta** : le 1er w.-e. d'août, fête de la sainte patronne de la ville.

Septembre. **Festa de Alcoutim** : fête de la ville le 2e vendredi de septembre.

➤ L'EMBOUCHURE DU GUADIANA

Visite 12, p. 116
Carte p. 30-31
Carnet pratique p. 194

Ayamonte

Visite p. 121

OÙ DORMIR ?

100 €

Hôtel Parador de Ayamonte
Av. de la Constitución
☎ +34 959 32 07 00, www.parador.es.
Une tour de guet qui vous offre une vue incroyable sur l'estuaire du Guadiana, le village de Castro Marim et la côte portugaise. Les chambres sont spacieuses et le parking gratuit.

OÙ MANGER ?

Moins de 10 €

♥ **Restaurant La Puerta Ancha**
Plaza de la Laguna, 14
☎ +34 959 32 06 66. Lun.-sam. 12h30-16h et 19h-23h30.
Pour des tapas revisitées d'excellente qualité, c'est ici qu'il faut venir. Produits frais et service impeccables.

Delicatessen Merkajamón
Av. Villa Real de San Antonio, 9
☎ +34 959 47 05 59, www.merkajamon.es. Lun.-jeu. 9h30-14h et 17h-23h, ven.-sam. 9h30-15h30 et 17h-23h, dim. 19h-23h. Tapas : 3 € ; verre de vin : 2 €.
Un lieu deux-en-un avec épicerie fine et bar à vins convivial où vins et fromages font très bon ménage.

Castro Marim

Visite p. 117

OÙ DORMIR ?

Moins de 100 €

♥ **Quinta de São Gabriel B&B**
Varzea das Canas, Rio Seco
☎ 281 51 15 10, www.quintadesaogabriel.com.
Une maison traditionnelle transformée en chambre d'hôtes pleine de charme par une architecte amoureuse de la région. Vue sur les champs d'oliviers à perte de vue…

De 100 à 130 €

Companhia das Culturas
Rua Jacinto Celorico Palma
☎ 281 95 70 62, www.companhiadasculturas.com.
Hôtel ou maison d'hôtes ? Qu'importe, le charme est omniprésent dans cette demeure design où les matériaux nobles dominent. Grand jardin, piscine et hammam.

SPORTS ET LOISIRS

♥ **Água-Mãe**
Accès par la N122, sortie à dr. avant Castro Marim ☎ 961 38 05 03, www.aguamae.pt.
Au cœur de la réserve naturelle de Castro Marim, on s'offre une séance de bien-être hors du commun. À l'intérieur d'une saline, vous pourrez bénéficier d'un massage, d'un gommage aux cristaux de sel et d'une bonne séance de flottaison.

FÊTES ET MANIFESTATIONS

Août. **Dias Medievais de Castro Marim** : spectacles de rue, tournois de chevaliers, banquets et souk.

Vila Real de Santo António

Visite p. 119

OÙ DORMIR ?

Moins de 100 €

Arenilha Guesthouse
Rua Dom Pedro V, 55
☎ 281 51 25 65.
Ce petit hôtel familial très propre et idéalement situé offre des chambres doubles, triples et familiales, ainsi que des dortoirs.

OÙ MANGER ?

➤ Restaurants

Moins de 20 €

Caves do Guadiana
Av. da República, 89 ☎ 281 54 44 98. Ven.-mer.
Près de l'hôtel Guadiana, une terrasse pour jouir de l'animation sur les rives du fleuve. Spécialités de poisson.

De 20 à 30 €

Sem Espinhas
Av. da República, 51 ☎ 281 54 46 05, www.semespinhas.net. T. l. j. 11h30-23h30.
L'adresse chic de la ville. En face de la marina, une table proposant d'excellentes spécialités de poisson dans un cadre contemporain. Les assiettes sont élaborées, la présentation soignée et la carte des vins généreuse ! Terrasse avec vue sur le Guadiana.

➤ Café

Café Sinfonia 25
Rua do Exército, 38-40 ☎ 918 51 97 89 (mob.). Lun.-mar. et jeu. 8h-21h, ven. 8h-minuit, sam. 9h30-21h, dim. 15h-19h.
Un petit bar agréable pour se rafraîchir, manger un snack ou déguster une pâtisserie.

OÙ SORTIR ?

Coraçao da Cidade
Rua Teófilo Braga, 19 ☎ 966 59 09 97.
Pour dîner en écoutant du fado.

FÊTES ET MANIFESTATIONS

Septembre. **Festa de Nossa Senhora da Encarnação** : le 1er w.-e. de septembre, fête religieuse clôturée par des concerts et un feu d'artifice.

Monte Gordo

Visite p. 121

OÙ DORMIR ?

➤ Camping

Parque de Campismo
À 3 km O de Vila Real ☎ 281 51 09 71.
150 emplacements près de la plage. Vaste, ombragé, et très couru.

➤ Hôtels

De 60 à 120 €

Hotel Monte Gordo
Rua de Mayorca ☎ 281 51 02 10.
Hôtel-spa agréable et bénéficiant d'une piscine avec jets, sauna, hammam, salle de sport. Chambres spacieuses et équipées, cependant, oubliez la vue sur les immeubles et les parkings. Personnel aux petits soins.

OÙ MANGER ?

Moins de 15 €

♥ Restaurante Vicius
Rua Gonçalves Zarco, 6 ☎ 962 26 09 90. T. l. j. 12h-minuit.
Proche de la plage, dans le centre animé, cette table propose de bonnes spécialités de viande et de poisson. Les desserts ne déçoivent pas non plus.

OÙ SORTIR ?

Casino Monte Gordo
☎ 281 53 08 00, www.casinomontegordo.solverde.pt.
Bars, restaurants, salles de jeux… Voici le deuxième casino de l'Algarve !

SPORTS ET LOISIRS

➤ Croisière sur le Guadiana

Riosultravel
Rua Tristão Vaz Teixeira, 15 C ☎ 281 51 02 00, www.riosultravel.com.
Naviguer sur la frontière naturelle entre le Portugal et l'Espagne, c'est ce que propose cette agence. Deux à quatre fois par semaine *(selon la saison)*, le bateau *Guaditur* emmène les touristes en balade *(47 €)*, de Vila Real de Santo António jusqu'à Foz de Odeleite, au fil du fleuve. L'excursion inclut une visite du village de Foz et un déjeuner très convivial. Une occasion unique de contempler les rives verdoyantes et sauvages du fleuve où trônent encore fièrement quelques forteresses et de vieux moulins à vent.

Tout savoir sur...

L'histoire, la gastronomie, la religion, la culture…

Du château maure de Silves aux murailles médiévales de Faro en passant par les cheminées dentelées des maisons algarviennes blanchies à la chaux, découvrez cette région fascinante du Portugal, marquée par l'héritage maure et qui a vu naître l'initiateur des grandes découvertes, Henri le Navigateur. Explorez le riche patrimoine naturel de l'Algarve, sans oublier de goûter *percebes, xarém* et *cataplana*.

Histoire

➤ Les dates qui ont fait le Portugal

Marqué par la présence phénicienne puis grecque et romaine durant l'Antiquité, le Portugal est dominé, au Moyen Âge, par les Wisigoths et les Maures, puis reconquis par les seigneurs chrétiens au XIIe siècle. Le royaume devient une grande puissance coloniale et connaît son âge d'or à la Renaissance, avant de décliner à partir du XVIIe siècle. En 1910, la monarchie laisse place à une république qui est renversée par António de Oliveira Salazar. La révolution des Œillets, en 1974, met fin à quarante ans de dictature et restaure la démocratie dans le pays.

La Lusitanie antique

Ier millénaire av. J.-C. Les Phéniciens puis les Grecs installent des comptoirs commerciaux sur le littoral atlantique au Ier millénaire av. J.-C.

IIe s. av. J.-C. Les Lusitaniens, basés entre le Tage et le Douro, refusent la domination romaine. Leur chef, le berger Viriathe, est assassiné en 139 av. J.-C. La tradition fait de ce peuple l'ancêtre des Portugais, et de Viriathe, le premier héros national.

Ier s. apr. J.-C. La Lusitanie, qui comprend également le León, en Espagne, devient une province impériale. Les Romains développent l'agriculture et couvrent le territoire de routes.

Les cités situées sur les grandes voies, comme Bracara Augusta (Braga), Ebbora (Évora), Scallabis (Santarém) ou encore Pax Julia (Beja), gagnent en importance.

Des Barbares à la Reconquista

VIe-VIIe s. Les Wisigoths, maîtres de l'ensemble de l'Hispania au VIe s., développent une brillante civilisation.

VIIIe s. En 711, le Berbère Tariq ibn-Ziyad bat les Wisigoths à Jerez, près du détroit de Gibraltar. Les Maures occupent d'abord l'Algarve – Al-Gharb al-Ândalus signifie «à l'ouest de l'Andalousie» en arabe –, qui reste sous domination musulmane jusqu'au XIIIe s. Ils s'emparent ensuite de la péninsule Ibérique avec une rapidité déconcertante. Ils délaissent rapidement le Nord-Ouest de la péninsule Ibérique, froid et pluvieux, mais s'installent durablement au centre et au sud du Portugal, relativement proche de Cordoue, la capitale de l'Hispanie musulmane. À son apogée, Al-Gharb al-Ândalus est constitué de dix *kuras* (districts), possédant chacune une capitale. Les principales villes sont à l'époque Silves en Algarve, Beja, Alcácer do Sal, Satarém, Lisbonne et Coimbra dans le reste du pays.

IXe s., Afonso II das Astúrias (791-842), basé à Oviedo, dans les Asturies, conquiert la zone comprise entre le Minho et le Douro. Celle-ci reçoit l'appellation de Terra Portucalensis, du nom de sa capitale, Portucale (Porto). La région est définitivement acquise aux chrétiens sous Alphonse III le Grand (866-910), qui fortifie la ligne du Douro, favorise son repeuplement et la place sous l'autorité d'un duc.

Xe s. Les troupes d'Al-Mansour ravagent la Terra Portucalensis et incendient Compostelle en 997. La ligne du Douro est abandonnée.

1057-1064. Fernando Ier (le Grand ; 1035-1065), roi de Castille, reprend Lamego en 1057, Viseu en 1058 et Coimbra en 1064. Le Nord de l'actuel Portugal retrouve définitivement la paix.

Remparts du château de Silves

1093-1112. En récompense de son aide dans son entreprise de reconquête, le roi Afonso VI de Leão e Castela 1072-1109) marie sa fille Teresa à Henri de Bourgogne (1066-1112) et lui donne le comté du Portugal, ancienne Terra Portucalensis.

1112-1140. À la mort d'Henri de Bourgogne, sa veuve Teresa assure la régence. Son fils Afonso Henriques l'évince en battant ses alliés castillans à Guimarães. Sa victoire sur les Amoravides à Ourique (1139), en Alentejo, lui confère une stature de héros de la Reconquista. En 1140, ses troupes le proclament roi du Portugal sous le nom d'Afonso Ier.

1140-1185. Règne d'**Afonso Ier**. Le roi s'empare de Santarém et de Lisbonne en 1146-1147, avant de se voir accorder, en 1179, le droit de s'approprier les terres conquises sur les Maures. Le pape Alexandre III reconnaît explicitement la couronne du Portugal.

1185-1249. Les trois successeurs d'Afonso Henriques, Sancho Ier (1185-1211), Afonso II (1211-1223) et Sancho II (1223-1248), poursuivent la Reconquista. La prise de Faro par Afonso III (1248-1279) marque la fin de la reconquête chrétienne.

Les derniers Bourgogne

1250-1325. L'Église, qui détient aussi les leviers administratifs et judiciaires, entre de plus en plus souvent en conflit avec les monarques. Les heurts persistent jusqu'en 1289, date à laquelle un accord est signé entre les évêques et **Dinis Ier** (1279-1325). Le roi promulgue le portugais langue officielle et crée la première université à Lisbonne en 1290, qu'il fait transférer une vingtaine d'années plus tard à Coimbra.

1325-1385. Le pouvoir royal s'affermit sous les règnes d'Afonso IV (1325-1357), de Pedro Ier (1357-1367) et de Fernando Ier (1367-1383). À la mort de ce dernier, sa fille Béatrice, épouse du roi de Castille, Juan Ier, est seule héritière. Soucieux de préserver l'indépendance du pays, la bourgeoisie et le peuple de Lisbonne déclarent João, frère naturel de Fernando et maître de l'ordre militaire d'Avis, « recteur et défenseur du royaume ». João d'Avis prend le nom de **João Ier** (1385-1433).

Vasco da Gama reçoit un messager du roi de Calcutta

La dynastie des Avis ou l'époque des grandes découvertes

1385. La bataille d'Aljubarrota, en Estremadura, oppose les Castillans aux troupes de João Ier, appuyées par des archers anglais. La victoire sauve l'intégrité du pays et assoit la légitimité de la nouvelle dynastie.

1415. **Henri le Navigateur** (Infante Dom Henrique; 1394-1460), fils de João Ier, convainc son père de s'emparer de Ceuta, au Maroc. L'infant consacre les immenses richesses de sa congrégation à l'école de navigation basée à Sagres, en Algarve. Dans ce « laboratoire scientifique », Henri le Navigateur attire les meilleurs géographes, astronomes et navigateurs d'Europe.

1419-1481. Madère, l'« île du bois », est découverte en 1419, l'archipel des Açores à partir de 1431. En 1434, **Gil Eanes** double le cap Bojador, au sud des Canaries, réputé infranchissable. Des marins portugais comme **Nuno Tristão** s'aventurent bientôt jusqu'à l'embouchure du Sénégal (1434-1444). Grâce à leurs caravelles, ils atteignent les îles du Cap-Vert (1455-1456) et la Sierra Leone (1460), avant de franchir l'équateur et d'explorer la côte du Gabon vers la fin du règne d'Afonso V (1438-1481), dit « l'Africain ».

1481-1495. Règne de **João II,** qui insuffle un nouvel élan aux explorations. Le monarque souhaite atteindre l'**Inde** en contournant l'Afrique pour acheminer directement les épices vers Lisbonne, et ainsi concurrencer le monopole de Venise. En 1488, **Bartolomeu Dias** double le cap de Bonne-Espérance. En 1494, le traité de Tordesillas fixe les limites de domination de la Castille et du Portugal dans l'Atlantique. Tout ce qui se trouve à l'est de la ligne fixée à 50° de longitude ouest revient au Portugal, c'est-à-dire l'Afrique, l'Asie et le Brésil. Les terres à découvrir à l'ouest, le reste de l'Amérique du Sud et l'Amérique du Nord, sont possessions espagnoles.

1495-1521. Règne de **Manuel Ier.** En juillet 1497, Vasco da Gama appareille de Lisbonne. Il arrive le 18 mai 1498 en vue des côtes de l'Inde. À Calicut, il tente de jeter les bases d'un accord économique entre le Portugal et le souverain local. Sans résultat… Lorsqu'il rentre à Lisbonne en août 1499, l'illustre *descobridore,* « l'explorateur », est accueilli comme un prince. Les découvertes s'accélèrent après cet exploit : Pedro Álvares Cabral découvre le Brésil en 1500 ; Ceylan est atteint en 1505 ; Malacca et Sumatra en 1509 ; le Timor et la Chine vers 1515. Prise en 1510, Goa devient la capitale de l'Inde portugaise, et Afonso de Albuquerque son premier gouverneur. Le pays tout entier bénéficie des richesses que les vaisseaux rapportent d'Orient. La cour du roi du Portugal devient l'une des plus brillantes d'Europe.

1521-1557. Règne de **João III.** Avec le fils de Manuel Ier s'achève l'âge d'or des Avis. L'absolutisme s'accroît, en même temps que se resserrent les liens avec l'Église. João III est un ami des arts et un esprit éclairé. Il favorise la pénétration des idéaux de la Renaissance au Portugal et réforme l'université de Coimbra.

Sous la pression de la Castille, le roi accepte néanmoins, en 1536, l'établissement d'un tribunal de l'**Inquisition.** Celui-ci s'acharne contre les anciens musulmans et les juifs convertis : les *cristãos novos* (« nouveaux chrétiens »).

1557-1578. Règne de **Sebastião Ier.** L'infant, âgé de 14 ans à son accession au trône, cherche à égaler ses glorieux ancêtres. Il mobilise une armée de 18 000 hommes et se lance à la conquête du Maroc. La **bataille d'El-Ksar el-Kébir** est un échec sanglant : Sebastião Ier et une bonne partie de l'aristocratie y trouvent la mort. L'absence d'héritier direct ouvre une grave crise dynastique.

La domination espagnole

1580-1640. En 1580, après deux années passées dans l'expectative, Felipe II d'Espagne, oncle de Sebastião Ier, se proclame roi du Portugal sous le nom de **Felipe Ier** (1580-1598). L'unification de la Péninsule est enfin réalisée. Felipe III (1598-1621) et Felipe IV (1621-1640) pressurent la population de taxes et d'impôts pour financer les guerres. L'empire colonial portugais se désagrège sous les assauts anglais et hollandais.

Entre Restauração et Lumières

1640-1706. Le duc de Bragance Dom João est porté au pouvoir par une conspiration de l'aristocratie : c'est la **Restauração** (« Restauration ») de l'indépendance nationale. **João IV** (1640-1656) s'empresse de reprendre aux Hollandais et aux Anglais les comptoirs commerciaux perdus, et de recouvrer le Brésil (1654). L'économie sort ruinée par les guerres. Le **comte d'Ericeira,** ministre de Pedro II (1683-1706), tente de l'assainir en favorisant le commerce et en créant des manufactures, à l'image de Colbert en France. En 1703 est signé le traité de Methuen : en échange de l'entrée de ses textiles, l'Angleterre s'engage à acheter du vin portugais.

1706-1750. Règne de **João V.** Découvert en 1693 au Brésil, l'**or** commence à affluer vers le Portugal. Cette manne providentielle sauve pour un temps une économie nationale qui vivote en exportant huile, sel et vin. João V remet à plus tard la nécessaire réforme des structures économiques entamées par Ericeira.

1750-1777. Règne de **José Ier.** L'or brésilien ayant été dilapidé en quelques années, le fils de João V hérite d'une économie en déroute. Le diplomate Sebastião **José de Carvalho e Melo,** futur marquis de Pombal et tout-puissant ministre de José Ier, favorise la bourgeoisie, qu'il sait apte aux affaires et à l'art de la diplomatie. Clergé et noblesse sont mis à l'écart du pouvoir. En 1755, le jour de la Toussaint, Lisbonne est presque entièrement détruite par un **tremblement de terre.** L'Église considère le séisme comme un châtiment divin à l'adresse du gouvernement « républicain athée » de Pombal. En 1758, une conspiration nobiliaire manquée offre l'occasion au ministre de dissoudre l'ordre des Jésuites (1759). L'Inquisition est transformée en une simple cour de justice royale en 1769.

Dernières heures de la monarchie

1777-1826. Le règne de **Dona Maria Ire** (1777-1792) est marqué par le retour de l'absolutisme par crainte d'une pénétration des idéaux français : c'est la **Viradeira** (« le Revirement »). Refusant d'appliquer le blocus continental, **João VI** (régent de 1792 à 1816, roi jusqu'en 1826) s'enfuit au Brésil en 1807. À l'occupation des troupes napoléoniennes (1807-1810) succède la présence anglaise, qui s'achève par un soulèvement de l'armée en 1820. De retour du Brésil, le roi João VI jure fidélité à la Constitution de 1822, qui octroie la liberté de presse et restreint le pouvoir monarchique. La même année, le Brésil accède à l'indépendance.

1826-1851. Le Portugal entre dans une longue période d'affrontements entre les tenants de l'Ancien Régime et les libéraux favorables à la Constitution de 1822. Ces années d'instabilité et de revirements politiques aboutissent à l'idée d'une nécessaire regénération **(Regeneração)** de la vie politique.

1851-1889. Sous **Pedro V** (1853-1861) et **Luís Ier** (1861-1889) sont prises des mesures en faveur de l'éducation et des sciences. Le pays s'ouvre à l'industrie et se modernise, mais le progrès profite surtout à la bourgeoisie foncière et à l'aristocratie : le peuple se sent exclu.

1889-1910. Grèves et émeutes se multiplient au cours du règne de **Carlos Ier** (1889-1908). Appelé au pouvoir, **João Franco** dissout l'Assemblée et instaure une dictature sanglante. La révolution éclate à Lisbonne en 1910. **Manuel II** (1908-1910) prend le chemin de l'exil. Le Portugal tourne la page monarchique.

La république

1910-1926. La **république,** proclamée le 5 octobre 1910, adopte une nouvelle Constitution. Incapables de gérer la crise économique et sociale, plus d'une quarantaine de gouvernements se succèdent dans un climat d'émeutes, de grèves et de répressions. L'entrée en guerre aux côtés de la France et de la Grande-Bretagne, en 1916, constitue paradoxalement l'un des rares moments de cohérence nationale.

1926-1932. Le 28 mai 1926, le général Manuel de Oliveira Gomes da Costa organise un coup d'État. Un an plus tard, il est évincé par le général **Óscar Carmona.** Nommé ministre des Finances en 1928, l'économiste **António de Oliveira Salazar** conduit une politique d'austérité qui porte ses fruits.

1932-1974. Salazar est promu président du Conseil en 1932. La Constitution de 1933 rétablit « l'État national et autoritaire » et donne au dictateur les moyens de mettre en œuvre une politique répressive. Jouant la carte de la neutralité pendant la guerre de 1939-1945, l'**Estado Novo** (État nouveau) isole le Portugal de l'Europe occidentale. Le pays mise tout sur l'agriculture et le tourisme, en plein essor en Algarve. En l'absence de débouchés industriels, les Portugais émigrent. Dans les années 1960, des jeunes quittent le pays pour ne pas s'enrôler dans les **guerres coloniales** (Angola, Guinée, Mozambique). Salazar quitte la scène politique en 1968 et meurt en 1970. Le régime totalitaire survit jusqu'en 1974, avec **Marcelo Caetano,** ancien ministre des Colonies.

Peinture murale à Lisbonne pour le 40e anniversaire de la révolution des Œillets

La révolution des Œillets et le Portugal démocratique

1974-1975. Le 25 avril 1974, la **révolution des Œillets** rétablit la démocratie. Le général **António de Spinola** (1910-1996), nommé président de la République, met en place le passage au système parlementaire. La **décolonisation** est achevée en 1975.

1976-1987. Une nouvelle Constitution est promulguée en 1976. Le pays entre dans une phase d'instabilité politique. La présidence de la République est assumée par **Ramalho Eanes** (1976-1986), puis par **Mário Soares** (PS) à partir de 1986, date de l'entrée du Portugal dans l'Union européenne.

1987-1995. Le PSD d'Aníbal Cavaco Silva (centre droit) obtient la majorité absolue des sièges aux législatives de 1987 et de 1991. Mário Soares est réélu président de la République en 1991.

1996-2001. Les présidentielles de 1996 et de 2001 portent Jorge Sampaio (PS) à la présidence de la République. En 1998, année de la rétrocession de Macao à la Chine, a lieu l'**Exposition universelle de Lisbonne.**

2002. L'escudo laisse place à l'**euro.** Les législatives anticipées ramènent le PSD au pouvoir. José Manuel Durão Barroso, nommé Premier ministre, entame une cure d'austérité.

2009-2016. **José Sócrates** (PS), reconduit dans ses fonctions de Premier ministre en 2009, mène une **politique d'austérité** qui lui aliène l'opinion. Sans surprise, les élections anticipées de 2011 conduisent l'opposition de droite au pouvoir. Le Portugal est sous perfusion. **Pedro Passos Coelho** mène la politique dictée par l'UE, la BCE et le FMI. Devant la brutalité des exigences de la troïka et ses injustices sociales, les défections interviennent au sein de la coalition gouvernementale courant 2013, laissant craindre une instabilité gouvernementale susceptible d'inquiéter les marchés. En mai 2013, de grandes manifestations contre cette cure d'austérité ont lieu dans les grandes villes, et certaines mesures sont même censurées par la cour constitutionnelle portugaise. Pourtant, ce mécontentement, contrairement à la Grèce ou à l'Espagne, ne trouve pas d'écho politique. Le jeu politique reste inchangé.

La fin de l'année 2014 marque une timide reprise de la croissance économique, sans doute liée à une reprise de la consommation permise par un ralentissement des mesures d'austérité. 2014 marque également une baisse du chômage, qui, après avoir culminé à plus de 17 % en 2013, repasse sous la barre des 13 %. Ce recul, présenté par certains économistes comme le fruit de la flexibilisation du droit du travail, serait également lié à l'exil de nombreux Portugais. Si le gouvernement se targue d'avoir mené une politique efficace, aujourd'hui, un tiers des moins de 25 ans pointent au chômage et un Portugais sur cinq vit avec moins de 411 € par mois.

UNE POPULATION VIEILLISSANTE

Le Portugal compte autour de 10 millions d'habitants (avec les archipels de Madère et des Açores). Naguère réputée pour sa jeunesse et son important taux de fécondité, la population vieillit lentement mais sûrement : le pays devrait perdre 1 million d'habitants à l'horizon 2050 !

➤ L'héritage maure en Algarve

Linguistique, architecture, cuisine… en Algarve, cinq siècles de présence arabo-musulmane ont laissé une empreinte indélébile aux formes et influences multiples. La langue portugaise compte ainsi près d'un millier de mots usuels et de noms de lieux dérivant de la langue arabe. Nombre d'entre eux sont facilement identifiables grâce au préfixe « al », tels que Aljezur, Alvor, Almancil, et en premier lieu l'Algarve !

De l'Al-Gharb à l'Algarve

C'est encore loin l'Al-Gharb ? Oui, vous avez bien lu, le terme Algarve n'est pas un mot portugais mais dérive du terme arabe Al-Gharb al-Ândalus qui signifie « Andalousie de l'Ouest ». Du VIIIe au XVe s., une grande partie de la péninsule Ibérique est en effet occupée par la civilisation arabo-musulmane. Sous le règne d'Afonso III, l'Al-Gharb est la dernière province portugaise à s'affranchir de la domination musulmane. La prise de Faro, en 1249, met fin à la Reconquista au Portugal.

Des châteaux sur le drapeau

Le **château de Silves** *(p. 95)*, bâti au XIe s. par les Almoravides, est une illustration de la splendeur atteinte par les Maures en Algarve. Sa gigantesque porte d'entrée, faisant face à la médina, est protégée par deux tours et une tour de guet. La cathédrale de la ville a remplacé la mosquée principale. À **Faro,** la muraille de fortifications, profondément modifiée et agrandie entre le IXe et le XIe s. à l'époque de la domination musulmane, a conservé ses deux tours albarranes qui servaient à protéger l'entrée de l'Arc du Repos. Après la Reconquista, l'Algarve n'a pas échappé à la règle : ses anciennes mosquées ont toutes été converties en églises. L'église de Mértola, dans l'Alentejo, est sans doute une des plus évocatrices. Seules trois modestes mosquées – les ***morábitos*** – subsistent dans le village d'Alvor *(p. 58)*.

Toits-terrasses à Olhão

L'écu figurant sur le drapeau de la République du Portugal arbore sept châteaux qui figureraient les sept bastions repris aux Maures par le roi Afonso III – l'Algarve étant ainsi symboliquement rattachée au royaume du Portugal. Parmi eux, le château de Paderne *(p. 97)*. Cette forteresse militaire des XIe-XIIe s. a été édifiée sur un mont à 100 m d'altitude, sous la dynastie des Almo-

LA LÉGENDE DES AMANDIERS EN FLEURS

L'émir Ismaël de Loulé s'éprit d'une jeune et belle princesse originaire du nord de l'Europe. Ils se marièrent, mais avec le temps la princesse commença à se languir des champs recouverts de neige de sa terre natale. De peur de perdre sa jeune épouse, le roi ordonna que soient plantés des amandiers dans tout l'Algarve. Quand vint le printemps, la princesse retrouva le sourire en admirant le spectacle des amandiers en fleurs du haut des remparts du château.

hades. Seuls subsistent aujourd'hui quelques pans de muraille, un donjon et les vestiges d'une chapelle. Parmi les autres forteresses figurant sur le drapeau, Aljezur *(p. 81)*, le fort de Cacela Velha *(p. 46)* et le château de Castro Marim *(p. 117)*, relativement bien conservés.

Pavés et cheminées dentelées

La civilisation arabo-musulmane a par ailleurs laissé un héritage remarquable en matière d'architecture et d'urbanisme. Prenons d'abord la maison algarvienne traditionnelle. Avec sa cheminée dentelée, ses moulages colorés, son toit-terrasse pensé pour le séchage des fruits et ses murs enduits à la chaux, elle rappelle les maisons d'Afrique du Nord. Les maisons du littoral, fortement inspirées de leurs cousines nord-africaines, possèdent un escalier extérieur conduisant à la terrasse. Ces maisons blanches cubiques dotées d'un toit-terrasse sont ainsi caractéristiques de la ville portuaire d'Olhão *(p. 43)*. En matière d'urbanisme, à l'image d'autres cités portugaises, les villes d'Algarve possédant un centre historique ont conservé leur plan d'origine avec ruelles pavées rappelant, tantôt la medina, tantôt la kasbah d'Afrique du Nord. Le Museu regional do Algarve *(p. 36)*, à Faro, présente quelques belles reproductions de l'habitat caractéristique de l'Algarve.

Dans les champs…

La vocation agricole de l'Algarve est apparue à l'époque de l'Al-Ândalus. Au XIIe s., le géographe marocain al-Idrisi décrit l'Algarve comme « une terre composée de belles villes entourées de jardins et de vergers irrigués » (*Kitâb Nuzhat al Mushtâq*, R. Dozy éd. et trad., Leyde, 1866). Les Maures ont en effet introduit dans la région des techniques agricoles, mais aussi de nombreux arbres fruitiers (citronniers, orangers, amandiers, figuiers…) et la méthode d'irrigation de la noria, que l'on peut découvrir à la villa romaine du Centro de educação ambiental de marim *(p. 42)*.

… et les marmites !

La ***cataplana*** et le ***xarém*** sont deux spécialités régionales introduites en Algarve lors de la présence arabe *(p. 175)*. Ustensile culinaire typique de la région, souvent en cuivre, et qui donne également son nom au plat, la *cataplana* peut faire penser au tajine pour son mode de cuisson lent et à l'étouffé. Quant au *xarém*, il s'agit d'une savoureuse bouillie de maïs agrémentée de *conquilhas* (tellines) ou de viande de porc. Autre apport des Maures : l'alambic, utilisé pour distiller le jus d'arbouse dans la région de Monchique *(p. 88)*.
Autres produits introduits par les Arabes en Algarve, la caroube et l'amande, qui servent à la préparation des douceurs régionales, tel le massepain.

Danse folklorique à Tavira

Vivre à l'heure portugaise

➤ Sous le signe du changement

Jacinto Lucas Pires, écrivain né en 1974, a évoqué la « portugalité » en ces termes : « savoir vivre dans un pays de poètes, mais, en même temps, vouloir être le plus grand centre commercial de la péninsule Ibérique ». Autre trait typiquement portugais selon lui, une certaine propension à « s'interroger sans cesse sur ce que peut représenter le fait d'être portugais », à « exagérer de petits riens, comme s'il fallait se souvenir à tout instant qu'on est bien portugais pour l'être véritablement ».

Une mutation en accéléré

Longtemps, le Portugal a été une société tripartite constituée d'une poignée de privilégiés, d'une masse dominée de paysans et d'ouvriers, et d'une Église puissante inféodée au pouvoir. Les choses ont bien changé après la révolution des Œillets en 1974 *(p. 159)*: l'**adhésion à l'Union européenne** en 1986, la **croissance des villes,** la montée des classes moyennes, l'essor du tertiaire, puis le **boom économique** des années 1990 ont bouleversé la société. Entre 1986 et 1990, dans les premières années qui suivent son entrée dans l'UE, le Portugal enregistre une croissance annuelle de 5 %. C'est un record, qui fait taire les critiques hostiles à l'intégration de celui qui fait alors figure de parent pauvre de l'Europe. Le pays connaît un second boom économique entre 1996 et 2000. L'importante et constante augmentation de son PIB lui permet ainsi de respecter les critères de convergence de Maastricht et d'intégrer la zone euro. L'Exposition universelle de Lisbonne, en 1998, qui se déroule en pleine période d'euphorie, braque tous les regards sur le Portugal; elle résume l'immense chemin parcouru par le petit pays en un quart de siècle.

Descente aux enfers

Le Portugal adopte l'euro en 2002. De « bon élève de l'Europe », il va devenir en moins d'une décennie le « nouvel homme malade de l'Europe » pour *The Economist*. Que s'est-il passé ? La surchauffe de l'économie, prédite par certaines Cassandres, a bel et bien eu lieu. Elle est venue s'adosser à une croissance de plus en plus faible et à la crise économique mondiale. Début 2011, les agences de notation abaissent la note souveraine du Portugal. La dette est abyssale. Le chômage, déjà de 7 % en 2005, dépasse allègrement les 10 %. Aucun des gouvernements qui se succèdent, qu'ils soient de centre droit ou de centre gauche, ne parvient à redresser la barre, malgré la mise en place de plans d'austérité successifs.

Sous perfusion

En 2011, confronté à un risque de banqueroute, le Portugal est contraint de demander le plan de sauvetage de la « troïka » (FMI, UE et BCE). Apôtre de la rigueur budgétaire, le Premier ministre Pedro Passos Coelho (centre droit) applique avec zèle des mesures d'austérité particulièrement brutales (suppressions de postes et gel des salaires des fonctionnaires, baisse des indemnités de licenciement, hausse des impôts, doublement du ticket modérateur et remise en cause de la gratuité de l'enseignement). Il privatise tout ce qui peut l'être. C'est la grande braderie des « bijoux de famille » : électricité, aéroports, chantiers navals, jusqu'à la poste et la télévision publique ! Dans un pays où l'économie repose en grande partie sur la demande intérieure, les mesures d'austérité alimentent la crise : le Portugal s'enfonce dans la récession (-3,2 % en 2012) ; le chômage atteint des sommets (près de 17 % en 2013).

Les exigences des marchés spéculatifs, relayés par la troïka et le gouvernement portugais, aggravent chaque fois un peu plus le sort des classes moyennes et populaires, souvent lourdement endettées et bénéficiaires de prestations sociales constamment rabotées. Pour survivre, on vend son bien immobilier acheté à crédit, on revient s'installer sous le toit parental, ou l'on va grossir les files devant les soupes populaires. Du côté des jeunes, comme en Espagne, l'espoir n'est plus de mise. On rêve d'un avenir ailleurs, au Brésil, peut-être en Angola ou dans une ancienne colonie africaine.

Près de 10 millions de visiteurs

Dans ce contexte socio-économique fragilisé, le tourisme reste une valeur sûre : il couvre environ la moitié du déficit budgétaire et ses recettes augmentent d'environ 2 % par an.

Le Portugal accueille environ 10 millions de visiteurs étrangers chaque année. Les Britanniques et les Allemands représentent la moitié du contingent de touristes. Environ 10 % des touristes sont désormais des Français, un chiffre en constante augmentation.

Praia Falesia, près d'Albufeira

L'Algarve est plébiscitée : elle représente 33 % des nuitées ! Si le tourisme prend une forme plus culturelle en Estremadura, région possédant le plus important patrimoine historique, il ne fait qu'effleurer les provinces de l'intérieur : à peine 1 Français sur 30 passe une nuit dans les régions proches de la frontière espagnole. La faiblesse de ce chiffre s'explique par le manque d'infrastructures hôtelières… et par l'absence de la mer.

Emigrantes et immigrés

L'un des premiers effets du décollage économique du Portugal dans les années 1990 a été de tarir les flux migratoires vers des pays comme la France.

L'exil en héritage

Une première vague de départs intervient dans les années 1920, quand une situation troublée et le **coup d'État** de 1926 poussent les opposants à l'exil. La deuxième vague d'émigration, beaucoup plus importante, correspond à la période 1956-1974. Elle est la conséquence de l'**exode rural** dans les régions situées au nord du Tage, puis des guerres coloniales qui poussent de nombreux jeunes à fuir le pays. La France est la destination de prédilection, ainsi que le Luxembourg, la Suisse, et l'Allemagne à partir de 1965. On estime aujourd'hui à 800 000 le nombre de Portugais résidant en France. Ils représentent jusqu'à 14 % de la population du Luxembourg.
Pendant des années, les *emigrantes* ont consacré tout leur temps libre à construire, dans leur région d'origine, une grande maison familiale. Ils y passent désormais leurs vacances, ou la moitié de l'année quand ils sont retraités (plus rares sont ceux qui retournent définitivement s'établir au Portugal). Ces maisons ont un aspect cossu et leur architecture est influencée par le pays d'adoption de leurs propriétaires. Jusqu'à la survenue de la crise de 2008, les « binationaux », enfants de Portugais nés à l'étranger, étaient nombreux à venir terminer leurs études au Portugal et à s'y installer pour travailler.

Praça Luís de Camões à Lagos

Contre toute attente, les Portugais renouent aujourd'hui avec l'exil. Conséquence de la crise et des mesures d'austérité, en 2012, 10 000 citoyens quittaient leur pays chaque mois. Une hémorragie supérieure à celle des années 1960, une époque où les Portugais fuyaient en masse la dictature et les guerres coloniales.

« Russes » et Africanos

Au moins dans les grands centres urbains, la **multiethnicité** demeure sans doute le trait sociologique le plus marquant : de traditionnel pays d'émigration, le Portugal est devenu terre d'immigration. On recense aujourd'hui environ 450 000 étrangers, soit 4,3 % de la population totale. La plupart sont venus clandestinement avant de profiter de vagues de **régularisations.** Pour juguler l'immigration clandestine dans un contexte de crise et de chômage, le gouvernement a fait voter en 2002 une loi introduisant des **quotas** pour les non-ressortissants de l'UE.

Aujourd'hui, un tiers des résidents étrangers en situation régulière sont des **Brésiliens.** La deuxième communauté étrangère est constituée de ressortissants des **pays de l'Est** arrivés dans les années 1990, au lendemain de la chute du bloc soviétique et à la faveur du grand chantier d'Expo' 98 – Roumains (env. 30 000), Moldaves (20 000) et surtout Ukrainiens (près de 50 000). Le Portugal doit sa mixité ethnique aux **Africanos** originaires des anciennes colonies : Cap-Vert (environ 45 000), Angola (25 000), Guinée-Bissau (plus de 20 000) et São Tomé-e-Príncipe (10 000).

➤ Une terre religieuse ?

La société portugaise dans son ensemble reste profondément attachée au catholicisme. Au Portugal, on compte encore les jours en fonction du dimanche, selon une tradition instaurée au VIe s., tandis que les* romarias *– fêtes catholiques – rythment la vie des villages. L'Église, si elle perd de l'influence auprès des jeunes, pèse encore largement sur les débats politiques.

Les *romarias*

Les *romarias,* fêtes religieuses données en l'honneur du saint patron local ou de la Vierge, se tiennent du printemps à l'automne. Dans les grandes villes, les festivités durent plusieurs jours (un jour seulement dans les villages). Aujourd'hui, les *romarias* prennent un tour de plus en plus folklorique ; elles s'intègrent parfois dans le cadre d'une foire commerciale ou d'un festival.

Elles débutent par des quêtes, effectuées en musique, qui servent à couvrir les frais de la fête. Puis vient la **procession religieuse** : précédés d'une fanfare, des fidèles portant des cierges accompagnent la statue du saint ou de la Vierge, vêtue de ses plus beaux atours, et souvent placée sur un char fleuri. Les dévotions s'achèvent au sanctuaire du saint. La fête prend ensuite un tour **profane,** avec l'organisation de spectacles (concerts, danses ou courses de taureaux). Chacun improvise de copieux repas arrosés de *vinho verde,* puis c'est la grande kermesse finale au son des musiques traditionnelles. Cette ambiance populaire et bon enfant se poursuit avec un bal, dans une atmosphère de fête foraine, et se clôt par l'inévitable feu d'artifice et par des lancers de pétards.

Le poids de l'Église

L'Église est une **institution puissante,** qui possède des banques, des entreprises florissantes (la loterie nationale) et des médias (Rádio Renascença, la chaîne de télévision TVI à ses débuts...). Elle dispose surtout d'un grand

pouvoir moral et profite de l'action d'organisations apostoliques (les jésuites et l'Opus Dei), même si leur influence est difficilement quantifiable.

La césure Nord-Sud

Environ deux tiers des Portugais se déclarent catholiques, un chiffre en déclin. La jeunesse éprouve une nette **désaffection** pour la liturgie, mais seulement un tiers d'entre eux déclarent vouloir se passer d'un prêtre à l'occasion d'un mariage. Quant aux aînés, tous ne sont pas farouchement attachés au catholicisme. Le **clivage historique** entre le Nord pratiquant et le Sud anticlérical est encore bien réel. Si la moitié des habitants du Minho affirment aller à la messe tous les dimanches, ils sont à peine 10 % à fréquenter régulièrement une église en Alentejo, traditionnel bastion de la gauche.

Le difficile débat de l'avortement

En 1998, le référendum sur la dépénalisation de l'avortement n'a pas abouti, faute d'atteindre le quorum nécessaire de votants puisqu'il y a eu 70 % d'abstention. L'Église appelait à voter « non », certains évêques menaçant même d'excommunication ceux qui enfreindraient la consigne… Le projet a été enterré, au grand soulagement de la classe politique locale.
Des milliers de femmes portugaises ont donc continué à passer la frontière avec l'Espagne pour recourir à l'IVG (l'avortement est autorisé en Espagne depuis 1936, sous certaines conditions), ou, pour les plus pauvres d'entre elles, à recourir à des moyens plus dangereux. Elles étaient ainsi plus de 10 000 chaque année à arriver aux urgences, victimes de complications, s'exposant aux dénonciations et à la prison. En 2002 et 2004, des procès pour avortement illégal mobilisèrent l'opinion en faveur d'une libéralisation. Les socialistes, lors de leur retour au pouvoir en 2005, promirent d'organiser un référendum. Il eut lieu en 2007, un an après la mort d'une adolescente de 14 ans par overdose de pilules abortives. Le « oui » obtint près de 60 % des suffrages.

Vers de nouvelles mentalités

Le déclin du monde rural a favorisé l'évolution de mentalités autrefois conservatrices. La transformation est flagrante chez les moins de 40 ans, qui n'ont pas connu la dictature, et surtout chez les 18-35 ans. Rien ne distingue fondamentalement ces derniers de leurs homologues européens. De mœurs plus libres que leurs aînés, ils utilisent la **contraception** et ont des enfants hors mariage. Nombre d'entre eux vivent en **concubinage** ou n'hésitent plus à divorcer.
L'évolution du statut des femmes est plus contrastée. Dans les villes, le changement est net : le taux d'activité féminine dépasse 50 %, mais l'égalité devant les salaires est loin de suivre… L'image de la mère de famille dévouée reste encore vivace dans les campagnes.

Nature

➤ Le parc naturel de Ria Formosa

C'est l'autre paysage de carte postale de l'Algarve. Le parc naturel de Ria Formosa est un somptueux territoire lagunaire qui s'étire le long de la côte de Faro, sur quelque 60 km. Plages, dunes de sable, observation des oiseaux, balades au fil de l'eau… La Ria Formosa vous étonnera par ses richesses naturelles. Si vous arrivez à Faro en avion, choisissez un hublot pour apercevoir cette merveille depuis le ciel !

Une lagune habitée…

La vaste zone humide côtière abrite plusieurs îles, dont 5 principales, des marais salants, des dunes et des lagunes, l'ensemble vivant au rythme des marées. Dans les zones marécageuses, on observe une flore abondante et diversifiée (spartine raide, salicorne et lavande de mer) tandis qu'au cœur des dunes de sable blanc poussent le roseau des sables ou encore le liseron des dunes. Le parc naturel de Ria Formosa est surtout un véritable paradis pour les oiseaux. Si la talève sultane, rare à observer, est l'emblème du parc naturel, cigognes et flamants roses sont de grands habitués de la lagune de Salgados et de la réserve naturelle de Castro Marim *(p. 117)*. Et chaque année, des milliers d'oiseaux migrateurs hivernent dans cet écosystème protégé. Pour les découvrir, suivez le sentier de découvertes menant à la plage de Barril *(p. 43)*. Il est bordé d'observatoires et de prairies marécageuses fréquentées par des échasses, des goélands, des avocettes, des hirondelles de mer, des hérons…). Pour en savoir plus, rendez-vous au Centre d'éducation environnementale de Quinta do Marim *(p. 42)*.

… et nourricière

De tout temps, la Ria Formosa a joué un rôle économique prépondérant. Dans les vastes estrans, on pratique encore aujourd'hui la saliculture et l'aquaculture (huîtres, palourdes, moules, coques…) sur plusieurs centaines d'hectares (80 % des palourdes consommées au Portugal proviennent de la Ria Formosa !), et dans le district de Tavira, une vingtaine de salines sont en activité. Sur l'île de Culatra, une communauté de pêcheurs est établie depuis les années 1850. Les hommes se consacrent à la pêche, la réparation des filets et l'entretien des bassins d'élevage ; les femmes au ramassage des palourdes. Autrefois, le pêcheur avait pour compagnon un chien d'eau portugais, espèce endémique, réputé pour ses qualités de nageur et son dévouement. De nos jours, cette tradition s'est perdue et la réglementation en matière de sécurité sanitaire ne permet plus leur présence à bord des bateaux.

Une histoire et un patrimoine culturel riches

La civilisation romaine a profondément marqué l'histoire du territoire lagunaire. Des fouilles ont ainsi révélé la présence d'une ancienne villa romaine sur le site de Quinta do Marim, à l'est d'Olhão *(p. 42)*. Les seuls vestiges sont des bassins à salaison de poissons d'origine.
À partir du XVIe s., des forteresses défensives sont apparues en bordure du parc naturel. Les plus emblématiques de la Ria Formosa sont les forts de Tavira, Cabanas de Tavira et Cacela Velha *(p. 46)*. Puis, jusqu'au XVIIIe s., une trentaine de moulins à marée a essaimé dans tout le paysage ! De nos jours, on repère du côté d'Olhão (Quinta do Marim), un moulin à marée de la fin du XIXe s. servant principalement à moudre l'orge.
Autre élément important du patrimoine culturel de la Ria Formosa : l'ancien village de pêcheurs de thon de **Ferreira Neto** à Quatro Águas (Tavira). Constitué en pêcherie (*arraial* en portugais), et d'abord fait de cabanes en jonc très sommaires, ce système est apparu en Algarve au XVIe s. avec l'expansion des industries de la pêche au thon et à la sardine. L'épopée de la pêche à la madrague prit fin au début de la Première Guerre mondiale. Déserté dans les années 1970 en raison de la surpêche, le dernier *arraial* de l'Algarve possédait sa propre école et son église. Transformé en hôtel *(p. 128)*, l'*arraial* de Tavira a été préservé et intègre un petit musée présentant l'histoire de la pêche au thon.

Un paradis sur l'eau

Les îles du parc naturel (Faro, Barreta, Farol, Culatra, Armona, Tavira) se laissent découvrir à pied en empruntant de longues passerelles en bois, ou en bateau depuis Faro, Olhão, Fuseta et Tavira.
Pour apprécier toute la beauté du parc naturel au fil de l'eau, optez pour une balade en bateau *(p. 129)* au cœur du labyrinthe d'îlots et de canaux (19 km de voies navigables) ou pour une sortie en kayak sur la lagune. Si vous êtes sportif, laissez-vous tenter aussi par le kitesurf, la voile ou le windsurf.

Parc naturel de Ria Formosa

Portrait d'Amália Rodrigues

Culture

➤ Fado, entre douleur et espoir

Le fado est né de l'appel du large et de la douleur d'un exil souvent forcé. Il doit beaucoup à la saudade, mélange de regret et de désir qui enveloppe l'âme portugaise. Loin d'utiliser les mêmes formules, le fado a su se renouveler. Il est une musique vivante qui sait aussi parler de bonheur. Le fado est l'un des trois F, un « opium » du peuple, au même titre que le football et que les apparitions de Fátima…

Saudade

Le fado, dont le nom signifie littéralement « destin », peut être considéré comme l'expression chantée de la saudade. Ce mot, dérivé du latin *solitudo* (« solitude »), désigne un sentiment proche du spleen ou du blues, à la fois agréable et douloureux. C'est la **nostalgie** du passé, la conscience déchirante du temps qui passe, le regret de ceux que l'on a quittés, d'un bonheur perdu ou inaccessible. La saudade imprègne la littérature et la musique depuis le Moyen Âge. Elle accompagne les navigateurs au temps des découvertes, puis les colons installés au Brésil ou sur les rives de l'océan Indien. Sous la domination espagnole, elle est un élément clé du sébastianisme, ce mélange de nostalgie de l'indépendance et d'espoir dans le retour du jeune monarque Sebastião Ier. Plus près de nous, les expatriés perpétuent cette constante de l'âme portugaise. On la retrouve aussi dans l'attitude retenue qui distingue les Portugais de leurs voisins espagnols, ainsi que dans certaines formules fatalistes émaillant les conversations, comme *É a vida* (« C'est la vie ! »).

Aux sources du fado

Amália Rodrigues (1920-1999) a fait connaître le fado au monde entier. Apparu au XIXe s., le fado s'enracine dans les mélodies des troubadours *(cantigas)* et dans les complaintes des marins au temps des grandes découvertes. Sa plainte est patiente et presque stoïque, quand le flamenco d'Andalousie est un cri de désespoir.

Le genre connaît son heure de gloire au XIXe s. à Lisbonne, où il prend des formes tantôt aristocratiques et littéraires, tantôt populaires. Au début du XXe s., il s'étend à Coimbra, où les étudiants inventent un fado original, gai et rythmé. Après 1974, on lui reproche de véhiculer l'image d'un pays fermé sur lui-même, et, à tort, d'avoir été la musique officielle de la dictature.

Une renaissance

Le fado est redevenu aujourd'hui un **chant populaire** faisant partie intégrante de la culture lusitanienne. Lors des concerts, le **minimalisme** est de règle : un faisceau de lumière éclaire la scène où se tient le fadiste, habillé de noir, que le public écoute dans un silence quasi religieux. Le chant est accompagné d'une *guitarra* à six cordes doubles, dont le jeu cristallin et très orné s'entremêle à la ligne mélodique, et de la *viola* assurant la basse rythmique.

Depuis Amália Rodrigues, les artistes adaptent des poètes contemporains ou les textes des plus grands auteurs portugais. L'instrumentation s'est élargie, en particulier avec l'utilisation fréquente du piano ou de la contrebasse. Les mélodies empruntent à la musique brésilienne ou à d'autres influences. Plusieurs chanteuses sont devenues des stars internationales : elles se nomment **Mísia, Cristina Branco, Mariza, Katia Guerreiro** ou **Carla Pirès.** Les fadistes masculins ne manquent pas, à l'image de **Camané,** de **Pedro Moutinho** ou du vétéran **Carlos do Carmo,** mais ils sont moins connus hors des frontières portugaises.

➤ Les *touradas*

Les touradas *sont au Portugal ce que les corridas sont à l'Espagne. À la différence notoire que, dans les courses de taureaux portugaises, il n'y a pas de mise à mort de l'animal dans l'arène. La star est le cavalier, et non le torero. Curieusement, les* touradas *sont assez peu suivies par les touristes, alors que c'est l'un des spectacles les plus prenants que l'on puisse voir au Portugal.*

Le spectacle

Une *tourada* se déroule selon un cérémonial strict. Elle est le reflet de l'ancienne société portugaise et d'une hiérarchie dominée par la noblesse, incarnée par le *cavaleiro.* La course de taureaux met l'accent sur l'adresse du cavalier et sur la bravoure des hommes à pied.

Le cavalier, vêtu d'un habit de lumière tout droit sorti du XVIIIe s., monte un cheval richement harnaché, le plus souvent de race lusitanienne : cette monture, élégante et courageuse, est le plus ancien cheval de selle du monde. Dans l'arène, le *cavaleiro* commence par saluer le public et se livre à une démonstration de dressage destinée à échauffer sa monture. Le taureau entre bientôt dans l'arène. L'animal poursuit le cavalier, qui doit déployer toute son habileté équestre et son talent d'esquive pour protéger sa monture des coups de cornes. À chaque occasion propice, le *cavaleiro* plante des *farpas* (banderilles) dans l'échine du taureau, soulevant alors des salves d'applaudissements. L'homme à cheval quitte ensuite l'arène, remplacé par une équipe de *peões* (écuyers) qui achèvent d'épuiser la bête par des figures de capes.

Vient enfin la partie comique du spectacle : la *pega.* Accompagné de sept autres *moços de forcado* (à l'origine un paysan portant une fourche), un jeune homme se place à une vingtaine de mètres du taureau. Après un face-à-face dans un silence crispé, le *forcado* pousse un cri qui amène l'animal à charger. Le choc est violent. L'homme se jette entre les cornes de la bête pour l'aveugler, tandis que les autres *moços de forcado* viennent à sa rescousse pour immobiliser l'animal. Tout le monde se met ensuite à l'abri, sauf un *forcado* qui maintient le taureau par la queue. On fait alors entrer des vaches dans l'arène pour convaincre le taureau de quitter la scène…

La mort reportée

Dans les arènes portugaises, il n'y a ni mise à mort ni *a fortiori* mutilation de l'animal (oreilles ou queue coupées et lancées par le vainqueur au public). La règle fut fixée au milieu du XVIIIe s., à la suite d'une *tourada* au cours de laquelle un noble mourut encorné. Le roi estima alors que les Portugais étaient trop peu nombreux pour qu'ils soient sacrifiés dans une arène. Mais sa décision a peut-être été prise sous l'influence de l'Église, qui considérait la *tourada* comme une survivance païenne. Cependant, le taureau étant trop gravement blessé par les *farpas* pour survivre, il est abattu à son retour au *toril.*

Maison couverte d'azulejo à Faro

Artisanat

➤ L'azulejo

Le goût du Portugal pour les azulejos (de l'arabe azzulaïj*) remonte au XVIe s. Les carreaux de faïence sont alors importés d'Andalousie, et particulièrement de Séville, où Manuel Ier s'approvisionne pour décorer son palais de Sintra. Aujourd'hui, leur ferveur ne se dément pas, et l'azulejo continue d'inspirer décorateurs et artistes.*

Des tapis géométriques

Les épais carreaux mudéjars sont disposés par modules de quatre. Répétant à l'infini des motifs simples (fleurs, sphères armillaires et pommes de pin), ils suggèrent des **tapis muraux** dont les reliefs accrochent la lumière. Une subtile polychromie fait se côtoyer vert émeraude, bleu de Fez, blanc, noir et jaune-orangé.

Les ateliers de la Renaissance

Le Portugal ouvre ses propres ateliers d'azulejos vers le milieu du XVIe s. Les artisans utilisent la **majolique,** d'origine italienne. Ils peignent les arabesques et les motifs géométriques sur un support lisse, selon une technique qui rend possible la représentation figurée. Le plus souvent, il s'agit de médaillons allégoriques de style maniériste, mais l'époque produit aussi de véritables panneaux d'après des cartons de peintres flamands ou italiens.

Du jaune au bleu

Au XVIIe s., les scènes figurées polychromes se multiplient. Réservées aux devants d'autels ou aux parois du chœur des églises, elles présentent de subtils accords de couleurs claires où dominent le vert, le bleu et, surtout, le jaune. Les motifs végétaux ou animaux s'inspirent du monde exotique découvert par les navigateurs.

À la fin du siècle apparaît l'*azulejo fino,* dont l'invention est attribuée aux ateliers de Delft. Cet art bleu et blanc, très influencé par la porcelaine chinoise, connaît une grande vogue au XVIIIe s.

Les entrelacs du baroque

L'apogée de l'azulejo intervient sous le règne de João V (1706-1750). De grands **panneaux monumentaux** ornent les palais, les murs des cloîtres, ainsi que les fontaines. Le temps est aux scènes de genre, aux représentations de batailles, d'épisodes mythologiques ou tirés de la vie des saints. Les scènes évangéliques qui ornent les églises sont représentées avec la plus grande clarté, afin d'édifier les fidèles, mais le baroque reprend ses droits dans les bordures, agrémentées d'entrelacs complexes et envahissants.

Des palais au métro

Le tremblement de terre de 1755 touche l'ensemble du Portugal et les chantiers de reconstruction entraînent une forte demande.

L'azulejo se découvre un nouvel usage après les guerres napoléoniennes : il sert à couvrir les **façades des maisons.** Dans les chantiers officiels, il profite de la vogue de l'historicisme et de l'éclectisme, avant de glorifier les valeurs patriotiques sous la dictature. On l'utilise pour embellir les édifices publics – particulièrement les gares d'Aveiro et de Porto –, mais aussi les palais, notamment celui de Buçaco, ou les façades des églises. Les scènes populaires et la célébration des hauts faits de l'histoire du pays sont les thèmes le plus souvent abordés.

Les premiers décors des stations de métro de Lisbonne, réalisés entre les années 1950 et 1970, ont été conçus par Keil do Amaral et Maria Keil, tous deux à l'origine de la redécouverte des possibilités artistiques de l'azulejo. Dans les années 1980 et 1990, de grands artistes participèrent à la décoration des nouvelles stations, parmi lesquels Hundertwasser, Júlio Pomar, Maria Helena Vieira da Silva, José de Guimarães, Júlio Resende et Erró.

➤ L'artisanat portugais

Vous aurez l'embarras du choix au moment de rapporter des souvenirs de voyage. Si les femmes brodent la dentelle ou tissent couvertures et tapis, les hommes sculptent le bois, tournent et pétrissent l'argile qui sert à fabriquer les traditionnelles poteries portugaises, décorées de motifs fleuris et colorés.

Céramique et verrerie

Les centres de production se comptent par dizaines entre Porches, en Algarve, et Barcelos, dans le Minho, patrie des santons portugais et du fameux **coq emblématique** de la nation.

À l'intérieur du pays, les artisans réalisent des céramiques rustiques très abordables. Les **terres cuites** mates ou vernies sont répandues partout. En Alentejo, notamment à Estremoz, les poteries sont fabriquées à partir d'une argile rouge. Elles sont ornées de fleurs et de fruits, quelquefois de scènes de la vie campagnarde comme celles que réalisent les artisans de São Pedro de Corval. Dans la région de Viseu et jusqu'à Chaves, à la frontière avec la Galice, les poteries sont noires, colorées par la fumée de cuisson. Les plus connues sont celles de Bisalhães, que l'on trouve facilement à Vila Real.

Terres cuites près de Lagos

Les centres proches du littoral, entre Viana do Castelo et Lisbonne, produisent des pièces généralement plus élaborées, dont le visiteur découvrira quelques-uns des plus beaux spécimens dans les musées. Vista Alegre, près d'Aveiro, abrite la plus célèbre manufacture de porcelaine fine du pays. La tradition de la **faïencerie** perdure à Coimbra, avec des céramiques de formes variées reprenant des motifs des XVIIe et XVIIIe s. Plus au sud encore, à côté de Leiria, Marinha Grande est le grand centre verrier du Portugal, même si la crise a entraîné la fermeture de nombreuses manufactures. L'Estremadura, quant à elle, est le berceau des céramiques bleu et blanc d'Alcobaça et des curieuses céramiques colorées de Caldas da Rainha. Très originales, celles-ci prennent la forme de légumes, de poissons ou de fruits.

Le tissage

C'est l'autre grand secteur de l'artisanat au Portugal. Les productions des régions de l'intérieur varient des **couvertures** de laine de la serra da Estrela aux **tapis** de Portalegre ou d'Arraiolos *(encadré ci-dessous)* en passant par les **couvre-lits brodés** *(colchas)* de Castelo Branco, tous inabordables. Sur le littoral, les **dentelles** de Peniche, en Estremadura, rivalisent de finesse avec celles de Vila do Conde. La **broderie** embellit une production textile qui constitue encore, malgré la crise, l'un des grands secteurs de l'économie: en témoigne l'avalanche de nappes brodées et de linge de maison dans les villes frontalières de Valença do Minho, dans l'extrême nord du pays, ou d'Elvas dans le Sud. On pourra préférer à ces objets, aujourd'hui pas toujours made in Portugal, les tissus et foulards colorés que vendent les femmes de pêcheurs de Nazaré.

Objets rustiques

Les artisans travaillent tous les matériaux locaux, à commencer par le **bois** dont sont faits les jolis **meubles peints** alentejans. La **vannerie** est répandue, vendue jusqu'au bord des routes. Affectant des formes variées, elle utilise la feuille de palmier en Algarve, et l'osier dans le reste du pays. Le **cuivre** repoussé est travaillé aussi bien à Caminha, dans le Minho, que dans l'arrière-pays algarvais. Le **fer forgé** est plutôt une tradition du Trás-os-Montes, tandis que les objets en os, en liège ou en corne sont spécifiquement alentejans.
Grâce au tourisme, l'Algarve demeure aujourd'hui une région riche en artisanat. Azulejos, traditionnelles cheminées algarviennes, objets en terre cuite, paniers tressés et céramique de Porches *(p. 137)* constituent les pièces les plus couramment réalisées. Aujourd'hui, de jeunes designers proposent une autre forme d'artisanat en revisitant les matériaux nobles de la région (liège, bois, terre, etc.) à découvrir chez TASA à Loulé *(p. 100)*.

L'EMPREITA : L'ART DU TRESSAGE

Avec la vannerie, le tressage constitue l'une des principales activités artisanales de l'Algarve, l'objet le plus couramment fabriqué étant le panier en osier issu de plusieurs espèces de saule, en palme ou en roseau. Une fois séchées, les palmes, semblables à de petits éventails, sont divisées en fines tiges. Les tiges sont ensuite trempées dans l'eau pour les assouplir. Seconde étape: le bain de soufre pour éclaircir la couleur. La troisième étape facultative est la teinture. La tradition veut que ce soient les femmes qui tressent la palme ou le roseau, assises sur une chaise en bois basse. Sur leurs genoux, une pelote de palme enroulée dans un torchon humide. Tandis que dans la région du Barrocal, entre *serra* et mer, les artisans privilégient le tressage de la palme, dans les régions humides de la serra de Monchique et de la vallée du Guadiana, ils travaillent le roseau pour créer paniers, nasses et tapis servant au séchage des fruits.

Cataplana

Gastronomie

➤ Le Portugal à table

La cuisine portugaise ne se limite pas, selon le dicton bien connu, à accommoder la morue de 365 manières : une par jour ! Copieux, les plats savent tirer profit de mélanges inédits, porc et palourdes, pâtes et poulpe… Et les saveurs varient considérablement du Nord au Sud. En Algarve, la cuisine est influencée par l'héritage maure.

La soupe à l'honneur

En Algarve, les soupes les plus répandues sont la ***sopa de cabeça de peixe,*** une soupe à base de têtes de poissons, et le ***xarém,*** une bouillie de maïs agrémentée de viande de porc ou de coquillages. Tandis que dans le Nord, on trouve surtout le ***caldo verde,*** à base de pommes de terre et de chou émincé, auquel on peut ajouter des rondelles de saucisson *(chouriço)*. Dans le Trás-os-Montes et les montagnes de la région Centre, on sert des potages de haricots ou de châtaignes, ou encore du bouillon de lièvre. L'***açorda*** est une soupe à base de pain dur, d'œufs et d'ail, parfois agrémentée de fruits de mer. En Alentejo et en Algarve, l'***arjamolho*** se sert froid, avec du pain dur, des tomates, du concombre et de l'ail.

Viandes et poissons

Au Portugal, vous pourrez déguster un **steak de bœuf** accompagné d'une sauce au porto *(bife à portuguesa)*, des **brochettes de viande** marinée au vin et à l'ail *(espetadas)* et une panoplie de **volailles** : poulet *(frango)*, canard *(pato)* ou pigeon *(borracho)*. Le **pot-au-feu** *(cozido à portuguesa)* est très fréquent sur les cartes. Les viandes sont généralement accompagnées de riz, de haricots ou de pâtes, mais aussi très souvent de frites.

Le **porc** *(porco)* entre dans de nombreuses préparations. En Alentejo, il est mariné dans des herbes parfumées et cuisiné avec des palourdes. Dans le Nord, il est proposé sous forme de *rojões* (filets), quand il n'accompagne pas la *feijoada à transmontana* (différents morceaux et boudin aux haricots blancs). Les **saucisses** *(alheiras)* de Bragança et le **jambon fumé** de Chaves sont délicieux, de même que le **cochon de lait** *(leitão)* de la région Centre. Le **chevreau** *(cabrito)* est fréquent dans les assiettes : il est cuit au vin dans le Centre mais rôti dans le Trás-os-Montes, où il conserve la saveur de l'herbe sauvage des hauts plateaux. La ***cataplana*** doit son nom à l'ustensile en cuivre en deux parties permettant de cuire à l'étouffée viandes, poissons ou fruits de mer, avec des légumes et des épices. Ce plat originaire du Sud a été adopté par de nombreuses régions. La ***chanfana à Bairrada,*** présente elle aussi sur de nombreux menus, est à l'origine un ragoût d'agneau cuit dans une cocotte avec du vin et des épices.

Les **poissons** se dégustent grillés à l'huile d'olive *(grelhados)*, cuits au four *(assados)*, à la braise *(na brasa)* ou en bouillabaisse *(caldeirada)*. L'***arroz de mariscos*** (sorte de paella) est un plat national. Les spécialités proviennent plutôt de l'intérieur, comme le **ragoût d'anguille** *(enguia)* ou la **lamproie** *(lampreia)* du Tage. Sur le littoral, on a l'embarras du choix: homard *(lavagante)*, crabe *(santola)*, crevette *(camarão)*, raie *(raia)*, calamar *(lulas)*, sole *(linguado)*, thon *(atum)* ou encore sardine *(sardinha)*. Enfin, concernant la **morue** *(bacalhau)*, il faut savoir qu'elle est utilisée comme ingrédient des plats de fête, et que le cabillaud est aujourd'hui une espèce menacée. Sachez aussi qu'il y a bien plus de 365 façons de la préparer: environ 600, dit-on!

Desserts en pâte d'amande lors des fêtes médiévales à Silves

Les fromages

Les fromages sont peu nombreux. Les plus appréciés proviennent d'Alentejo et de la serra da Estrela, comme le ***queijo da serra,*** à base de lait de brebis. À Serpa, Évora ou Castelo Branco, le **fromage de chèvre** se déguste parfois avec de la marmelade de coings. Dans la serra da Arrábida, près de Setúbal, sont produits les savoureux petits fromages d'Azeitão.

Desserts et douceurs

Les pâtisseries se parfument volontiers d'épices. Chaque ville possède sa spécialité. En Algarve, les gâteaux sont à base de figues ou de pâte d'amandes, comme le ***morgados,*** un massepain que l'on trouve à Lagos, mais aussi de **caroube,** souvent mélangé à du chocolat ou de la figue pour en adoucir le goût. Dans le Nord, les gâteaux sont coiffés d'une confiture de jaunes d'œufs *(doce de ovo)*. Le ***pastel de nata,*** un classique, est une sorte de flan pâtissier sur une pâte feuilletée servi tiède et saupoudré de cannelle. Le ***bolo rei,*** gâteau des rois, se déguste début janvier. Essayez les ***queijadas de Sintra,*** tartelettes au fromage, les pâtisseries aux amandes et aux œufs d'Évora, ou encore les **confiseries de nonnes** à Portalegre ou à Beja. Pendant les fêtes de Noël, vous dégusterez deux douceurs: l'***aletria,*** à base de vermicelles cuits dans du lait et saupoudrés de cannelle, et les ***rabanadas,*** un pain perdu saupoudré d'un mélange de cannelle et de sucre.

Pour découvrir la richesse du patrimoine en ce domaine, il faudra suivre les habitudes locales et fréquenter les pâtisseries. En effet, le repas dans un restaurant ne se clôt pas nécessairement par un dessert. Le choix s'y limite souvent aux «basiques»: crème renversée *(pudim flan)*, riz au lait *(arroz doce)*, crème brûlée ou mousse au chocolat.

Les vins portugais

Au Portugal, boire du vin à table n'a rien de systématique. C'est même un luxe ici que l'on réserve seulement aux grandes occasions. Les Portugais accompagnent plus volontiers leurs repas d'une bière *(cerveja)*, de préférence blonde et légère, de marque Sagres ou Super Bock.

Dans la plupart des petits restaurants, le choix en vin reste donc limité. Parfois, on ne vous proposera qu'un vin de table moyen *(vinho da casa)* d'origine locale, servi en bouteille ou en pichet. Pour trouver les meilleurs crus, il faut s'attabler dans un restaurant de catégorie supérieure ou dans celui d'une *pousada* *(p. 195)*.

Le Portugal est le huitième producteur mondial de vin. Il produit une trentaine de vins répondant aux normes européennes **VQPRD** (vins de qualité produits dans des régions déterminées). Voici quelques-uns des meilleurs.

ROUTE DES VINS DE L'ALGARVE

La Commission Vitivinicole de l'Algarve a créé en 2014 la Route des Vins de l'Algarve afin de mettre à disposition des œnophiles quatre itinéraires autour des AOC du Barlavento (Lagos, Lagoa et Portimao) où sont produits la majorité des vins locaux. Chaque itinéraire comprend une description des domaines et de leurs vins, les points d'intérêt, restaurants et hébergements disponibles. L'acccueil se fait en plusieurs langues, dont le français.

➤ **www.rotadosvinhosdoalgarve.pt**

Bairrada (blanc et rouge). Produit entre Coimbra et Aveiro, c'est un vin charpenté et plutôt corsé, qui se déguste avec une viande grillée ou un gibier.

Bucelas (blanc). Produit près de Lisbonne, il est un peu acidulé lorsqu'il est jeune et devient sec en vieillissant.

Colares (blanc et rouge). Issu des vignobles proches de Sintra, il doit être bu très frais, en accompagnement d'un poisson ou d'un fromage fort (blanc). Rouge, il rappelle vaguement le bordeaux.

Dão (rouge et blanc). Originaire de la région de Viseu, le rouge, au goût velouté, rappelle certains bourgognes et se déguste avec les gibiers.

Douro (blanc et rouge). Produit dans la haute vallée du Douro, le rouge est un vin fruité à la robe puissante qui accompagne les gibiers ou les fromages ; le *douro* blanc convient parfaitement aux poissons.

Moscatel. Un vin blanc doux produit dans la région de Setúbal (serra d'Arrábida) qui se boit en apéritif.

Vins de l'Alentejo (blancs et rouges). Qu'ils se nomment *alvito, borba, cuba, reguengos de monsaraz* ou *vidigueira,* tous ont une saveur corsée.

Vins de l'Algarve (blancs et rouges). Si le *lagoa* est le plus renommé, le vin produit à Tavira, lui aussi fruité et corsé, est excellent.

Vin de Lagoa

LA ROUTE DU LIÈGE

Si le Portugal est le premier producteur mondial de liège, les incendies qui ont ravagé les plantations de chênes-lièges de la serra do Caldeirão ont porté un coup au secteur, causant de lourdes pertes. Pour beaucoup en Algarve, c'est le travail d'une vie qui est partie en fumée, car il faut 25 ans avant qu'un jeune chêne-liège ne soit exploitable et pas moins de neuf ans entre deux récoltes! Avant les incendies, la commune de São Brás de Alportel et des producteurs locaux avaient mis sur pied la Rota da Cortiça, la Route du Liège. Aujourd'hui à l'arrêt faute de moyens, cette route permettait de découvrir ce patrimoine culturel, notamment les plantations de chênes-lièges et les usines encore en activité. L'agence Algarve Rotas a pris le relais et a concocté un **Cork Tour** incluant diverses visites: usine traditionnelle de transformation, usine de fabrication de planche de surf en liège, plantation, boutique, etc.
➤ *Algarve Rotas, Mesquita Baixa à* São Brás de Alportel *(carte p. 30-31)*
☎ 918 20 49 77 *(mob.), www.algarverotas.com.*

Vinho verde (blanc et rouge). Produit dans le Minho et la basse vallée du Douro, ce «vin vert» est obtenu à partir d'un raisin pas encore arrivé à maturité. Il est très rafraîchissant, légèrement pétillant et faiblement alcoolisé (de 8 à 11°). Aigrelet et fruité, il s'accorde à merveille avec les fruits de mer et les poissons. L'*alvarinho* passe pour l'un des meilleurs, même s'il est, en fait, un *vin maduro* (mature). Le *vinho verde da casa* le plus anonyme servi en pichet peut s'avérer tout aussi délicieux.

Le chêne-liège

Le Portugal assure 50 % de la production mondiale de liège, utilisé pour fabriquer les bouchons de vin. Les grandes régions productrices sont le Ribatejo et surtout l'Alentejo. L'Algarve n'est plus une grande région de production, mais elle concentre encore quelques usines de transformation *(p. 105)*. De nombreux viticulteurs du Bordelais ne jurent que par les bouchons en liège portugais.
La première récolte s'effectue après vingt-cinq ans d'attente et de soins, lorsque le tronc a atteint un diamètre respectable. L'incision se fait à la main. Des ouvriers découpent de très larges bandes dans le sens longitudinal, entre la base du tronc et le début des branches. Au bout de neuf ans, l'écorce se reconstitue et l'opération peut être renouvelée jusqu'à la mort de l'arbre, qui vit près de deux cents ans.
Après ramassage, le liège est séché puis bouilli, afin d'être assoupli, et de nouveau mis au soleil. Il est ensuite découpé et trié selon son utilisation future: isolant thermique ou phonique, décoration ou, bien sûr, bouchons.

Le vin de Porto

Le porto naît au début du XVIIIe s. de la rivalité franco-anglaise. Par le traité de Methuen (1703), l'Angleterre taxe le vin français, très consommé au Portugal. En échange, elle s'engage à acheter les vins portugais. John Bearsley, un marchand anglais établi à Porto, a l'idée de fortifier ses vins avec de l'eau-de-vie de moût pour les rendre transportables: ainsi naît le porto, dont le succès est immédiat. Dès 1750, c'est le premier produit alcoolisé consommé au Royaume-Uni. En 2011, les principaux clients en volume étaient la France (28,7 %), les Pays-Bas (14,6 %), la Belgique (11,6 %) et le Royaume-Uni (10,9 %).

Les *blends*

Le porto le plus connu est le *blend* rouge ou blanc, obtenu par des assemblages de raisins provenant de parcelles et d'années diverses. Dès la première fermentation alcoolique, le marc est pressé, puis on ajoute une certaine quantité d'eau-de-vie de vin. Selon le moment où la fermentation est interrompue, un *blend* sera **extra-doux, doux, moyen-sec, sec** ou **extra-sec.** Le mélange fermente tout l'hiver dans d'énormes cuves. Dès le printemps et pendant les deux premières années, le vin subit plusieurs soutirages. Le processus de vieillissement dans du bois peut ensuite se prolonger plusieurs années. La robe s'éclaircit à mesure que le vin vieillit : elle passe du pourpre sombre au topaze, sauf pour le porto blanc, dont la couleur vieil or s'épanouit avec le temps. Les portos portant la mention Ruby, mis en bouteilles au bout d'un an ou deux, sont vigoureux et fruités. Leur robe rouge est plus ou moins intense. Les vins de style Tawny (avec ou sans indication d'âge), aux arômes rappelant les fruits secs et les senteurs des bois, conservés au moins un an en fûts, prennent une robe rouge doré à doré clair en vieillissant. Tous les portos se boivent à température ambiante, exceptés les blancs et les très jeunes Tawnies (« Réserve »), qu'il n'est pas criminel de boire en apéritif avec un glaçon. Inversement, rien n'empêche d'accompagner un plat de viande rouge, ou surtout du gibier, d'un verre ou deux de porto rouge.

Les catégories supérieures

Le vintage. Ce vin millésimé obtenu à partir d'une seule récolte de qualité exceptionnelle est le roi incontesté des portos. Il reste entre deux et trois ans en fûts et vieillit au minimum dix ans. Certains millésimes sont mythiques, comme 1947, 1966 et surtout 1994 ; 2007 est considérée comme une excellente année. Un vintage se boit après décantation dans les 24 h suivant l'ouverture de la bouteille.

Le Late Bottled Vintage. Appelé aussi LBV. Issu d'une bonne récolte, il est mis en bouteille après un vieillissement de quatre à six années en fûts.

Le Colheita. Provenant d'une seule vendange, il séjourne au minimum sept ans en fûts avant sa mise en bouteille.

Les Tawnies (avec indication d'âge). Portant la mention « Réserve », ils sont obtenus par assemblage de vins de différentes années et sont élevés en fûts de chêne pendant dix, vingt, trente ou quarante ans.

Les Quintas. Vins de propriété issus de vignobles réputés, ces portos sont quasiment introuvables en dehors du Portugal, tant leur production est réduite. On les trouve sous forme de vintages et de LBV, mais aussi de Tawnies avec indication d'âge.

Carnet pratique

Avant de partir et sur place, tout pour réussir vos vacances

Les rubriques « Avant de partir » et « Sur place » réunissent toutes les informations nécessaires pour organiser votre voyage et réussir votre séjour.
Vous trouverez ci-dessous un pense-bête résumant les informations utiles à prendre en compte avant votre départ.

DÉMARCHES

Formalités. Pour les ressortissants de l'Union européenne, le passage de la frontière s'effectue sans formalité. Une carte d'identité ou un passeport sont cependant nécessaires pour les contrôles et les formalités (hôtels, location de voiture).
Permis de conduire. Si vous avez l'intention de louer une voiture sur place, vous devrez vous munir de votre permis français. Si vous venez avec votre propre véhicule, il vous faudra également la carte grise et l'attestation d'assurance du véhicule pour circuler dans le pays.

LA MEILLEURE SAISON

L'Algarve se visite toute l'année. La région est néanmoins plus agréable – et les prix bien plus abordables – en dehors du pic de fréquentation (juillet-août). Avec des températures douces (autour de 20 °C), le printemps et le début de l'automne sont les meilleures saisons pour visiter la région, et en particulier l'arrière-pays qui invite à de belles randonnées.

RÉSERVATIONS

En période de haute fréquentation touristique, de juin à septembre inclus, il est indispensable de réserver votre hébergement. Un conseil valable lors des ponts du mois de mai également. En dehors de ces périodes, les prix peuvent baisser de moitié.

BON À SAVOIR

Transports. Le billet de train touristique vous permet d'effectuer un nombre illimité de trajets sur deux ou trois jours, entre Lagos et Vila Real de Santo António pour 20 € à 30 € par adulte (tarif réduit pour les enfants). En vente dans toutes les grandes gares de l'Algarve.
Jours fériés. Les musées et monuments sont en général fermés les jours fériés, notamment le 1er janvier, le lundi de Pâques, le 1er mai et le 25 décembre. Le calendrier compte de nombreux jours fériés, renseignez-vous avant votre visite *(p. 197)*.
Décalage horaire. Quand il est 12h à Paris, il est 11h au Portugal. Attention, à tenir compte du même décalage horaire si vous vous rendez en Espagne voisine ! *(visites 11 et 12)*.

Avant de partir

ADRESSES UTILES

➤ Ambassades

En France

3, rue de Noisiel, 75016 Paris ☎ 01 47 27 35 29, www.paris.embaixadaportugal.mne.pt/fr. Lun.-ven. 9h30-13h et 14h-18h.

En Belgique

Av. de Cortenbergh, 12, 1040 Bruxelles ☎ (02) 286 43 70. Lun.-ven. 9h-13h et 14h-16h30.

En Suisse

Consulat du Portugal

Route de Ferney, 220, 1218 Le Grand-Saconnex, Genève ☎ (022) 791 76 36. Lun.-ven. 8h-14h.

Au Canada

645, Island Park Drive, Ottawa K1Y-0B8 ☎ (613) 729 08 83. Lun. 8h30-17h, mar.-jeu. 8h30-16h, ven. 9h-13h.

➤ Offices de tourisme

En France

Turismo de Portugal

☎ 0811 65 38 38, www.visitportugal.com. Envoi et téléchargement de brochures.

À LIRE SUR LE WEB

Le blog du Guide Évasion
www.guide-evasion.fr: retrouvez sur le blog du Guide Évasion toute l'actu Portugal, ainsi que les conseils et les idées de nos experts du voyage.
Le Facebook GuideEvasion
Suivez-nous sur Facebook, découvrez nos nouveautés, participez à nos jeux-concours et partagez vos coups de cœur.

Turismo do Algarve

www.visitalgarve.pt (en français). Informations générales sur l'Algarve, téléchargement de brochures.

En Belgique

☎ 078 79 18 18. Envoi de brochures sur demande.

En Suisse

☎ (022) 43 268 87 68. Envoi de brochures sur demande.

Au Canada

60, Bloor Street West, Suite 1005, Toronto, Ontario M4W-3B8 ☎ (416) 921 73 76.

➤ Instituts culturels

Instituto Camões

26, rue Raffet, 75016 ☎ 01 53 92 01 00, www.instituto-camoes.pt. La prestigieuse institution culturelle propose conférences et expositions.

Centre culturel Calouste-Gulbenkian

51, av. d'Iéna, 75016 ☎ 01 53 23 93 93, www.gulbenkian-paris.org. Lun.-ven. 9h-18h, sam. 11h-18h. Manifestations culturelles, concerts, bibliothèque.

Radio Alfa

La radio de la communauté portugaise et brésilienne d'Île-de-France émet sur 98.6 FM et www.radioalfa986.net.

COMMENT Y ALLER ?

➤ En avion

Variations de prix importantes suivant la saison et les compagnies.

De France

Transavia

Vols directs au départ d'Orly (7 vols/sem.), Nantes (2 vols/sem.) et Lyon (3 vols/sem.). *☎ 0892 05 88 88, www.transavia.com.*

TAP Portugal

Vols Paris/Orly-Faro avec une escale à Lisbonne. 2 vols/j. de Paris et villes de province. *☎ 0820 319 320, www.flytap.com.*

Aigle Azur

Vols directs Paris-Faro, 2 vols/semaine. Départs d'Orly, *☎ 0810 797 977, www.aigle-azur.com.*

Easyjet

5 vols/sem. au départ d'Orly et de Roissy CDG. Départs de Toulouse et

SKYSCANNER

Skyscanner vous aide à trouver un billet d'avion pas cher en comparant les prix. Pour faire une bonne affaire, nous vous recommandons d'être flexible sur : la date de votre départ (mois, jour de la semaine), la compagnie aérienne utilisée et le nombre d'escales.

➤ *www.skyscanner.fr*

Mulhouse 3 fois/sem. ☎ *0820 42 03 15, www.easyjet.com.*

Ryanair
Paris/Beauvais-Faro, 4 vols/sem.
☎ *0892 56 21 50, www.ryanair.com.*

Volotea
2 vols/sem. pour Faro au départ de Nantes, 1 vol/sem. depuis Bordeaux et 1 vol/sem. depuis Marseille.
☎ *+34 931 22 07 17, www.volotea.com.*

De Belgique

TAP Portugal
Vols Bruxelles-Faro avec une escale à Lisbonne. 3 vols/j. *www.flytap.com.*

Brussels Airlines
Bruxelles-Faro, 1 vol/j. ☎ *(0)2 723 23 62, www.brusselsairlines.com.*

Ryanair
Bruxelles/Charleroi-Faro, 1 à 2 vols/j.
☎ *0900 880 87, www.ryanair.com.*

Du Luxembourg

Luxair
Luxembourg-Faro, 2 à 3 vols/sem. de mars à octobre. ☎ *00 800 24 561, www.luxair.lu.*

De Suisse

Air Berlin
Zurich-Faro, 2 à 3 vols/j.
☎ *0848 737 800, www.airberlin.com.*

➤ En train

Un tarif qui ne concurrence pas un vol direct pour Faro et un trajet interminable mais une autre façon de voyager ! Comptez près de 20 h de trajet de Paris à Lisbonne, puis correspondance pour l'Algarve…

SNCF
☎ *36 35, www.voyages-sncf.com.*

➤ En car

Comptez env. 30 heures de trajet pour un Paris-Lagos (départs également depuis les principales villes françaises).

Eurolines
☎ *0892 89 90 91, www.eurolines.fr.*

➤ En voiture

Le trajet de Paris à Faro représente près de 2 000 km ! Le trajet le plus rapide, sinon le plus court, passe par l'Espagne. Comptez au minimum 2 jours de route.

OÙ DORMIR ?

Voir aussi la rubrique « Hébergement », p. 195.

➤ Auberges de jeunesse

7 établissements labellisés FUAJ en Algarve.

Fédération unie des auberges de jeunesse
☎ *01 44 89 87 27, www.fuaj.org.*

Hostelling International
www.hihostels.com/fr.

➤ Camping

Munissez-vous de la carte internationale, souvent exigée. Liste complète des terrains agréés sur le site *www.visitportugal.com.*

Fédération française de camping et de caravaning
☎ *01 42 72 84 08, www.ffcc.fr.*

AU DÉPART DE PARIS : INFOS UTILES

Vous partez de Paris-Orly ou de Paris-Charles-de-Gaulle ? Facilitez-vous la vie en vous connectant sur **www.parisaeroport.fr.** Vous pourrez être informé en temps réel sur votre vol, calculer votre temps de trajet vers l'aéroport, vous renseigner sur les formalités pour embarquer, réserver une place de parking ou découvrir tous les services pratiques (WiFi gratuit, espace Musées, espaces enfants, etc.) et les boutiques mis à votre disposition par Paris Aéroport.

➤ Échange de logements

Une formule qui se développe au Portugal, même si la pratique reste peu courante. Deux organismes en France s'occupent de mettre en contact les adhérents (110 ou 170 € la cotisation annuelle).

Homelink International
19, cours des Arts-et-Métiers, 13100 Aix-en-Provence ☎ 04 42 27 14 14, www.homelink.fr.

Intervac
230, bd Voltaire, 75011 Paris ☎ 05 46 66 52 76, www.intervac.com.

FORMALITÉS

➤ Passeport et carte d'identité

Le passage de la frontière s'effectue sans formalités pour les ressortissants de l'Union européenne. Munissez-vous toutefois d'une carte d'identité ou d'un passeport pour les contrôles éventuels et les formalités dans les hôtels, location de véhicules, etc.

➤ Assurance

Avant de souscrire une assurance, vérifiez les garanties offertes par vos contrats (multirisque habitation, automobile, carte bancaire) : vous éviterez de payer deux fois pour un même risque.
Europ Assistance
☎ 01 41 85 93 65, www.europassistance.fr.

➤ Douane

Les prescriptions douanières sont celles en vigueur dans l'Union européenne.
Info Douanes Service :
☎ 0 811 20 44 44, www.douane.gouv.fr.

ARGENT

➤ Cartes bancaires

Le Portugal étant un pays de la zone euro, vous pouvez y effectuer vos retraits et paiements par carte (Visa, MasterCard, etc.) comme vous le feriez en France. Inutile d'emporter des sommes importantes en liquide. Tous vos paiements par carte sont gratuits et vos retraits sont soumis aux mêmes conditions tarifaires qu'en France (ils sont donc gratuits pour la plupart des cartes bancaires).

Perte ou vol de votre carte

Avant de partir, pensez à noter les 16 chiffres de votre carte bancaire, nécessaires en cas d'opposition.
Visa ☎ *800 811 824.*
MasterCard ☎ *1 800 811 272.*
American Express ☎ *01 47 77 72 00.*

BUDGET

D'une manière générale, le coût de la vie au Portugal est inférieur à celui de la France, à condition de ne pas choisir les stations balnéaires les plus cotées.

➤ Combien ça coûte ?

Y aller

À condition de s'y prendre plusieurs mois à l'avance, on trouve des vols Paris-Faro pour un peu moins de 100 € A/R sur Transavia, Aigle Azur, Ryanair ou encore EasyJet. Un peu plus cher sur TAP Portugal et avec escale à Lisbonne.

Hébergement

Comptez jusque 120 € dans un hôtel de charme en saison, 60-80 € dans une chambre de bon confort et env. 50 € dans une pension modeste ou une auberge de jeunesse. Prévoyez d'importantes variations de prix selon les saisons.

Restauration

Prévoyez env. 15 € le repas complet dans un restaurant simple et autour de 25 € dans un bon restaurant. Un sandwich coûte env. 3 €, une bière autour de 2 € et un café moins de 1 €.

Musées et monuments

L'entrée dans un monument coûte de 2 à 4 €, celle d'un musée autour de 4 €.

DÉCALAGE HORAIRE

Il y a une heure de décalage entre la France et le Portugal. Lorsqu'il est midi à Paris ou à Marseille, il est 11h à Faro. Les horaires d'été et d'hiver s'appliquent aux mêmes dates qu'en France.

QUAND PARTIR ?

L'**été,** grâce aux vents océaniques, le littoral ne connaît jamais de chaleurs étouffantes. La température moyenne oscille entre 18 °C et 30 °C. L'été est aussi la seule saison où la température de l'océan devient acceptable, voire agréable (22-23 °C). Ainsi, on se baigne de juin à septembre sans difficulté. Attention : réservation fortement conseillée en bord de mer et autour des sentiers de grande randonnée.

Si vous souhaitez éviter les foules de l'*época alta* (haute saison), les meilleures périodes sont le **printemps** et l'automne avec des températures maximales de 23 °C et 20 °C respectivement. Il y a peu de touristes en dehors des vacances scolaires et vous trouverez facilement une chambre d'hôtel, même à la dernière minute. Au début de l'**automne,** l'Atlantique est encore agréable et les plages moins surpeuplées. En contrepartie, les paysages de l'intérieur gardent les traces des chaleurs de l'été. Enfin, au moment de l'*época média* (moyenne saison ; avr.-mai et oct.), de nombreux hôteliers réduisent leurs tarifs de 20 %.

En **hiver** les températures restent clémente et la neige inexistante. En outre, c'est l'*época baixa* (basse saison ; nov.-mars) : vous passerez des nuits dans des hôtels de charme sans vous ruiner. En revanche, les restaurants et les hôtels simples ne sont pas toujours très bien chauffés.

VOYAGISTES

➤ Les spécialistes

Chamina Voyages
Randonnées semi-itinérantes encadrées par un guide professionnel ou randonnées en autotour, individuelles ou en groupe.
☎ *04 66 69 00 44, www.chamina-voyages.com.*

La Balaguère
Randonnées en groupe encadrées par un guide professionnel ou en formule autotour. Hébergement en gîte rural.
☎ *05 62 97 46 46, www.labalaguere.com.*

Terres d'Aventures
Randonnées et séjours sportifs en groupe avec départs de mars à décembre selon l'activité.
☎ *01 70 82 90 00, www.terdav.com. M*

Sur place

ARRIVER EN ALGARVE

➤ En avion

Faro est le seul aéroport international en Algarve.

À Faro

Aéroport de Faro
À 7 km O de Faro ☎ 289 800 800, www.ana.pt.
Pour l'accès à Faro depuis l'aéroport, voir la rubrique ***Infos utiles visite par visite, p. 190.***

➤ En train

Les trains en provenance de Lisbonne s'arrêtent dans toutes les gares entre Lagos et Vila Real de Santo António.

➤ Par la route

À Irun, à la frontière franco-espagnole, vous êtes à 1 200 km de Faro via Séville, à 1 220 km via Lisbonne. Les postes-frontières sont ouverts 24h/24 et les formalités y sont souvent inexistantes.

SE DÉPLACER

Avoir une voiture permet de sortir des sentiers battus. Cependant, il est tout à fait possible, si vous séjournez uniquement sur la côte, de vous déplacer en train, en bus ou à vélo !

➤ En voiture

Sur autoroute

L'Algarve compte une autoroute, l'A22 ou IP1, qui traverse la région d'ouest en est, de Lagos à Castro Marim ; elle est à péage électronique. Divers systèmes coexistent pour régler le passage (par carte bancaire ou dans les bureaux de poste Correios). Se renseigner sur *www.portugaltolls.com*.
Dans le cas d'une voiture de location, le loueur vous demandera si vous comptez emprunter l'autoroute, de manière à activer ou non le boîtier dont est munie la voiture.

Les axes secondaires

Les axes secondaires, comme les N124, N125 et N268, sont à privilégier pour les courts trajets. Le trafic est moins dense dans l'intérieur du pays, mais le relief peut rendre la conduite éprouvante.

Code de la route

La vitesse est limitée à 120 km/h sur autoroute, 100 km/h sur voie express, 90 km/h sur route et 50 km/h en agglomération. Théoriquement, le code de la route est le même qu'en France. En pratique, il fait l'objet de quelques « aménagements »… comme de ne pas marquer l'arrêt au stop. La priorité à droite n'est pas appliquée de manière aussi dogmatique qu'en France : l'axe le plus important est prioritaire, notamment en ville. En cas d'accident, attendez la police, qui établira le constat. Le port de la ceinture est obligatoire à l'avant et à l'arrière, de même que celui du gilet fluorescent lors d'un arrêt d'urgence. L'usage d'un téléphone au volant est interdit. Le Portugal a l'un des taux de mortalité routière les plus élevés d'Europe. La vitesse excessive et l'alcool (taux maximal de 0,5 g/l) sont surtout en cause. La répression s'est accrue pour remédier à ce problème.

Verbalisation

Les étrangers doivent s'acquitter immédiatement de l'amende, sous peine de confiscation des papiers ou du véhicule.

Stationnement

Il est difficile et toujours payant (horodateurs). Dans les grandes villes, des « placeurs » aident les automobilistes à trouver une place moyennant un pourboire en forme de taxe (1 €). Refuser expose à une rayure vengeresse sur la portière...

Carburants

L'essence (95 et 98) et le diesel sont plus chers qu'en France. En zone frontalière, il est intéressant d'aller faire le plein côté espagnol, car l'essence est plus lourdement taxée au Portugal.

Location de voitures

Les principaux loueurs de voitures internationaux sont présents en Algarve aux côtés d'entreprises locales.

➤ En train

La **Companhia dos Caminhos de Ferro Portugueses** (CP) possède un réseau peu développé (3 500 km). Les trains en Algarve sont assez lents et pas toujours à l'heure en dehors de l'Alfa Pendular, qui relie Lisbonne aux grandes villes d'Algarve ; prévoyez 3h-3h30 pour faire la liaison Lisbonne-Faro et 1h40 pour faire Lagos-Faro.

Rens. : ☎ *707 210 220, www.cp.pt*

➤ En bus

Le réseau est exploité par des compagnies privées et par la **Rede Nacional de Expressos,** qui disposent d'autocars confortables. Ce moyen de transport coûte plus cher que le train, mais il est beaucoup plus rapide et permet d'aller quasiment partout.
Rens. : ☎ *707 22 33 44, www.rede-expressos.pt.*

➤ En avion

Les vols intérieurs (Lisbonne-Faro ou Porto-Faro) sont assurés par la TAP Portugal et par Ryanair *(www.ryanair.com).*

VISITE PAR VISITE, TOUTES LES INFOS ET ADRESSES UTILES

FARO ET SES ENVIRONS

Visite 1, p. 34
Carte p. 30-31
Plan de la ville p. 35

Faro, p. 35

➤ Accès

En avion

Aéroport : *À 7 km O, près de Praia de Faro* ☎ *289 80 08 00, www.ana.pt.*
Pour rejoindre Faro depuis l'aéroport, empruntez le bus n° 16 jusqu'à la gare *(plan p. 35 / A1)*. Comptez 20 min de trajet. Bus t.l.j. 5h20-0h10.

En train

Gare ferroviaire : *Largo da Estação, à l'O du port (plan p. 35 / A1).* Liaisons régulières
avec les villes de l'Algarve et Lisbonne.

En bus

Gare routière : *Av. da República, près du port (plan p. 35 / A2).* Liaisons quotidiennes avec Évora, Lisbonne et l'Espagne jusqu'à Séville.

➤ Visiter

Offices de tourisme
Rua da Misericórdia, 8-11 (plan p. 194 / B2) ☎ 289 80 36 04, www.cm-faro.pt. Lun.-ven. 9h30-12h30 et 14h-17h30 (19h en été). À l'aéroport ☎ 289 81 85 82. T. l. j. 8h-23h.
Associação de Turismo do Algarve
Av. 5 de Outubro, 18-20 (plan p. 194 / hors plan par B2) ☎ 289 80 04 03, www.visitalgarve.pt ou www.algarvepromotion.pt.

LE LONG DE LA RIA FORMOSA, DE QUINTA DO LAGO À TAVIRA

Visite 2, p. 39
Cartes p. 30-31 et 40-41

Cacela Velha, p. 46

➤ Accès

En bus
Liaisons quotidiennes vers Vila Nova de Cacela puis continuer à pied sur 3 km env. ☎ *281 51 18 07, www.eva-bus.com.*

Manta Rota, Altura et Praia Verde, p. 47

➤ Accès

En bus
Liaisons quotidiennes vers la plage de Manta Rota. Les autres plages sont accessibles à pied ou en voiture. ☎ *281 51 18 07, www.eva-bus.com*

Olhão, p. 43

➤ Accès

En train
Gare ferroviaire : *Av. dos Combatentes da Grande Guerra.* Liaisons régulières avec les villes du littoral.

En bus
Gare routière : *Rua General Humberto Delgado.* Liaisons quotidiennes avec les principales villes de l'Algarve et Lisbonne.

➤ Visiter

Office de tourisme
Largo Sebastião Martins Mestre ☎ 289 71 39 36, www.cm-olhao.pt. T. l. j. 9h30-12h30 et 14h-17h30 (19h en été).

Tavira, p. 45

➤ Accès

En train
Gare ferroviaire : *À 1 km S de la ville par l'av. Dr. Teixeira de Azevedo.* Liaisons quotidiennes avec Faro et Vila Real de Santo António.

En bus
Gare routière : *À 300 m à g. de la praça da República.* Liaisons quotidiennes avec les principales villes de l'Algarve.

➤ Visiter

Office de tourisme
Praça da República, 5 ☎ 281 32 25 11, www.cm-tavira.pt. Mar.-mer. 9h30-19h, jeu.-lun. 10h-13h et 15h-19h.

LAGOS

Visite 3, p. 52
Carte p. 30-31
Plan de la ville p. 53

Lagos, p. 52

➤ Accès

En bus
Gare routière : *À l'entrée de la ville, après avoir franchi le pont donnant accès au centre-ville.* Plusieurs liaisons quotidiennes avec Lisbonne, Évora, l'Espagne et les principales villes de l'Algarve.

En train
Gare ferroviaire : *Sur la rive dr. du rio Bensafrim, à la hauteur du pont.* Liaisons quotidiennes avec Lisbonne et Évora.

➤ Se déplacer
Stationnement sur l'avenida dos Descobrimentos (le long du port), dans le parking souterrain avant la praça Infante Dom Henrique.

➤ Visiter

Office de tourisme
Antigo Paços do Concelho, praça Gil Eanes ☎ 282 76 30 31, www.turismo doalgarve.pt. T. l. j. 9h-18h.

PORTIMÃO ET SES ENVIRONS

Visite 4, p. 57
Carte p. 30-31

Alvor, p. 58

➤ Accès

En bus
La ligne 1P dessert Alvor et quelques plages au départ de Largo do Dique (Portimão).

➤ Visiter

Office de tourisme
Rua Dr. Afonso Costa, 51 ☎ 282 45 75 40.

Estômbar, p. 61

➤ Accès

En train
Gare ferroviaire Estômbar-Lagoa, au sud du village, proche des deux localités et du site de Fontes de Estômbar. ☎ *707 21 02 20, www.cp.pt.*

En bus
Liaisons quotidiennes au départ de Portimão. ☎ *282 41 81 20 ou* ☎ *289 58 06 11, www.frotazul-algarve.pt.*

Portimão, p. 58

➤ Accès

En train
Gare ferroviaire : *Largo Engenheiro Sárreo Prado (au N de la ville en sortant en direction de Lagos et de Monchique).* Liaisons régulières avec Praia da Rocha, les villes du littoral et Lisbonne via Tunes.

En bus
Gare routière : *Arrêt sur l'av. Guanaré et l'av. Afonso Henriques.* Liaisons quotidiennes avec les principales villes de l'Algarve et Lisbonne.

➤ Visiter

Office de tourisme
Édifício do Tempo (Teatro municipal), largo 1º de Dezembro ☎ 282 43 01 65, www.cm-portimao.pt. Lun.-ven. 10h-19h, sam. 10h-12h30 et 14h-19h.

Office de tourisme municipal
☎ 282 40 24 87, www.visitportimao.com. Lun.-ven. 9h30-18h30. Sam. et j. f. 9h30-13h et 14h-18h30.

Praia da Rocha, p. 60

➤ Accès

En bus
Gare routière : *Au bas du fort.* Liaisons quotidiennes entre Praia da Rocha et Portimão, les principales villes de l'Algarve et Lisbonne.

➤ Visiter

Office de tourisme
Av. Tomás Cabreira ☎ 282 41 91 32. T. l. j. 9h30-13h et 14h-17h30 (9h30-17h30 été).

LA CÔTE, DE CARVOEIRO À QUINTA DO LAGO

Visite 5, p. 64
Carte p. 30-31

Albufeira, p. 67

➤ Accès

En bus
Gare routière : *Urbanização Alto dos Caliços (au N du centre-ville) ☎ 289 58 90 55, www.eva-bus.com.* Liaisons quotidiennes au départ des grandes villes du littoral de l'Algarve.

En train
Gare ferroviaire d'Albufeira-Ferreiras, à 7 km du centre. Plusieurs départs par jour depuis les principales villes du littoral. ☎ *707 21 02 20, www.cp.pt.*

➤ Se déplacer
Stationnement payant à l'entrée de la ville.

➤ Visiter

Office de tourisme
Rua 5 de Outubro ☎ 289 58 52 79. T. l. j. 9h-13h et 14h-18h.

Armação de Pêra, p. 66

➤ Accès

En bus
Liaisons quotidiennes au départ

de Lagos, Portimão ou Faro.
☎ *282 41 81 20, www.eva-bus.com.*

En train
Gare ferroviaire : *À Alcantarilha, à 3,5 km N d'Armação de Pêra ☎ 707 21 02 20, www.cp.pt.* Liaisons quotidiennes au départ des gares du littoral.

➤ Visiter

Office de tourisme
Av. Marginal ☎ 382 31 21 45.

Carvoeiro, p. 65

➤ Accès

En bus
Arrêt : *Estrada do Farol, au niveau des taxis ☎ 282 41 81 20, www.eva-bus.com.* Liaisons quotidiennes au départ de Portimão, plusieurs départs par jour.

➤ Visiter

Office de tourisme
Praia do Carvoeiro ☎ 282 35 77 28.

Quarteira, p. 69

➤ Accès

En bus
Gare routière : *Av. Francisco Sá Carneiro ☎ 289 38 91 43, www.eva-bus.com.* Liaisons quotidiennes au départ de Faro ou de Vilamoura.

➤ Visiter

Office de tourisme
Praça do Mar ☎ 289 38 92 09.

Vilamoura, p. 68

➤ Accès

En bus
Liaisons quotidiennes au départ de Olhos de Agua, Quarteira et Faro.
☎ *282 41 81 20, www.eva-bus.com.*

SAGRES ET LA POINTE SUD-OUEST

Visite 6, p. 72
Carte p. 30-31

Burgau, p. 74

➤ Accès

En bus
Liaisons quotidiennes au départ de Lagos. ☎ *281 51 18 07, www.eva-bus.com.*

Sagres, p. 73

➤ Accès

En bus
Liaisons quotidiennes au départ de Lagos, Budens ou Vila do Bispo.
☎ *282 41 81 20, www.eva-bus.com* et depuis Lisbonne ou Aljezur
☎ *707 22 33 44, www.rede-expressos.pt.*

➤ Se déplacer

En voiture ou à pied, en empruntant les sentiers balisés du GR11 Rota Vicentina. *http://en.rotavicentina.com.*

➤ Visiter

Office de tourisme
Rua Comandante Matoso.
☎ *282 62 48 73. Mar.-sam. 9h-12h30 et 13h30-17h30.*

Salema, p. 74

➤ Accès

En bus
Liaisons quotidiennes au départ de Sagres, Vila do Bispo, Raposeira et Lagos.
☎ *282 41 81 20, www.eva-bus.com.*

➤ Visiter

Office de tourisme
Rua Comandante Matoso
☎ *282 62 48 73. Mar.-sam. 9h-12h30 et 13h30-17h30.*

Vila do Bispo, p. 77

➤ Accès

En bus
Liaisons quotidiennes au départ de Lagos ou de Sagres ☎ *282 41 81 20, www.eva-bus.com.* et depuis Lisbonne ou Aljezur ☎ *707 22 33 44, www.rede-expressos.pt.*

➤ Se déplacer

En voiture ou à pied, en empruntant les sentiers balisés du GR11 Rota Vicentina. *http://en.rotavicentina.com.*

DE CARRAPATEIRA À ODECEIXE

Visite 7, p. 79
Carte p. 30-31

Aljezur, p. 81

➤ Accès

En bus
Liaisons quotidiennes au départ de Lagos, Odeceixe, Rogil et Bensafrim. ☎ *282 41 81 20, www.eva-bus.com.* et ☎ *707 22 33 44, www.rede-expressos.pt.*

➤ Se déplacer

En voiture ou à pied, en empruntant les sentiers balisés du GR11 Rota Vicentina. *http://en.rotavicentina.com.*

➤ Visiter

Office de tourisme
Rua 25 de Abril, 62 ☎ *282 99 82 29. Mar.-jeu. 9h-18h (19h en été) ; ven.-lun. 9h-13h et 14h-18h.*

Odeceixe, p. 82

➤ Accès

En bus
Liaisons quotidiennes au départ de Lagos, Aljezur, Rogil et Bensafrim ☎ *282 41 81 20, www.eva-bus.com* et ☎ *707 22 33 44, www.rede-expressos.pt.*

➤ Se déplacer

En voiture ou à pied, en empruntant les sentiers balisés du GR11 Rota Vicentina. *http://en.rotavicentina.com.*

➤ Visiter

Office de tourisme
Largo do Povo ☎ *282 94 72 55. Juil.-sept. t.l.j. 10h-18h.*

Rogil, p. 83

➤ Accès

En bus
Liaisons quotidiennes au départ de Lagos, Aljezur, Odeceixe et Bensafrim. ☎ *282 41 81 20, www.eva-bus.com* et ☎ *707 22 33 44, www.rede-expressos.pt.*

➤ Visiter

Office de tourisme
Av. 16 de Junho ☎ *282 99 50 01. Mar.-sam. 9h-15h30.*

DE BENSAFRIM À LA SERRA DE MONCHIQUE

Visite 8, p. 86
Carte p. 30-31

Bensafrim, p. 87

➤ Accès

En bus
Liaisons quotidiennes au départ d'Aljezur, Odeceixe, Rogil et Lagos. ☎ *282 41 81 20, www.eva-bus.com.*

En train
Liaisons quotidiennes vers Lagos puis randonnée pédestre jusqu'à Bensafrim (10 km) ☎ *707 21 02 20. www.cp.pt.*

➤ Se déplacer

En voiture, en train et à pied, en empruntant les sentiers balisés du GR13 Via Algarviana. *www.viaalgarviana.org.*

Marmelete, p. 88

➤ Accès

En bus
Liaisons quotidiennes au départ de Monchique ☎ *282 41 81 20, www.eva-bus.com et* ☎ *289 58 06 11, www.frotazul-algarve.pt.*

➤ Se déplacer

En voiture ou à pied, en empruntant les sentiers balisés du GR13 Via Algarviana. *www.viaalgarviana.org.*

➤ Visiter

Office de tourisme
Largo de São Sebastião (Monchique) ☎ *282 91 11 89. Lun.-ven. 9h30-13h et 14h-17h30.*

Monchique, p. 90

➤ Accès

En bus
Gare routière : *Rua do Dr. Bernardino Moreira* ☎ *282 41 81 20 ou*

☎ *289 58 06 11, www.frotazul-algarve.pt.* Liaisons quotidiennes au départ de Lagos et de Portimão *(bus 94, Frota Azul).*

➤ Se déplacer

En voiture ou à pied, en empruntant les sentiers balisés du GR13 Via Algarviana. *www.viaalgarviana.org.*

➤ Visiter

Office de tourisme
Largo de São Sebastião ☎ *282 91 11 89. Lun.-ven. 9h30-13h et 14h-17h30.*

DE SILVES À LOULÉ

Visite 9, p. 94
Carte p. 30-31

Alte, p. 97

➤ Accès

En bus
Liaisons quotidiennes depuis Loulé. ☎ *282 41 81 20, www.eva-bus.com.*

En train
Gare de Messines-Alte : *Rua Manuel Teixeira Gomes, São Bartolomeu de Messines (à 12 km d'Alte)* ☎ *707 21 02 20. www.cp.pt.* Liaisons quotidiennes vers Faro et Portimão (via Tunes).

➤ Se déplacer

En voiture ou à pied, en empruntant les sentiers balisés du GR13 Via Algarviana. *www.viaalgarviana.org.*

➤ Visiter

Office de tourisme
Pólo Museológico Cândido Guerreiro e Condes de Alte ☎ *289 47 80 60. Lun.-ven. 9h30-17h30.*

Salir, p. 98

➤ Accès

En bus
Liaisons quotidiennes depuis Loulé. ☎ *282 41 81 20, www.eva-bus.com.*

En train
Liaisons quotidiennes vers Loulé puis randonnée pédestre jusqu'au village. ☎ *707 21 02 20, www.cp.pt.*

➤ Se déplacer

En voiture ou en train puis à pied, en empruntant les sentiers balisés du GR13 Via Algarviana. *www.viaalgarviana.org.*

➤ Visiter

Office de tourisme
Centro Interpretativo de Arqueologia. ☎ *289 48 91 37. Lun.-ven. 9h30-17h30.*

Querença, p. 99

➤ Accès

En bus
Liaisons quotidiennes au départ de Loulé. ☎ *282 41 81 20, www.eva-bus.com.*

➤ Se déplacer

En voiture ou à pied, en empruntant les sentiers balisés du GR13 Via Algarviana. *www.viaalgarviana.org.*

➤ Visiter

Office de tourisme
Largo da Igreja ☎ *289 42 24 95. Lun.-ven. 9h-17.*

São Bartolomeu de Messines, p. 96

➤ Accès

En bus
Liaisons quotidiennes au départ d'Albufeira et de Paderne. ☎ *282 41 81 20, www.eva-bus.com.*

En train
Gare de Messines-Alte : *Rua Manuel Teixeira Gomes* ☎ *707 21 02 20, www.cp.pt.* Liaisons quotidiennes vers Faro et Portimão (via Tunes).

Silves, p. 95

➤ Accès

En bus
Terminus devant l'office de tourisme, pas de gare routière. Liaisons quotidiennes au départ de Portimão, Albufeira et Armação de Pêra. ☎ *282 41 81 20, www.eva-bus.com* et ☎ *289 58 06 11, www.frotazul-algarve.pt*

En train

Gare : *à 2 km au S de la ville (navettes Eva Bus)* ☎ *707 21 02 20, www.cp.pt.* Liaisons quotidiennes au départ des gares du littoral.

➤ Se déplacer

En voiture et à pied, en empruntant les sentiers balisés du GR13 Via Algarviana. *www.viaalgarviana.org.*

➤ Visiter

Office de tourisme

Parque das Merendas ☎ *282 44 22 55, Lun.-ven. 9h-18h.*

Loulé, p. 99

➤ Accès

En bus

Gare routière : *Rua Nossa Senhora de Fatima* ☎ *282 41 81 20, www.eva-bus.com.* Liaisons quotidiennes au départ des principales villes du littoral dont Faro et Albufeira.

➤ Visiter

Office de tourisme

Av. 25 de Abril, 9 ☎ *289 46 39 00.*

DE SÃO BRÁS DE ALPORTEL À BALURCOS

Visite 10, p. 104
Carte p. 30-31

Balurcos, p. 108

➤ Accès

En voiture ou à pied, en empruntant les sentiers balisés du GR13 Via Algarviana. *www.viaalgarviana.org.*

Barranco do Velho, p. 106

➤ Accès

En bus

Liaison quotidienne au départ de Faro. ☎ *282 41 81 20, www.eva-bus.com.*

➤ Se déplacer

En voiture ou à pied, en empruntant les sentiers balisés du GR13 Via Algarviana. *www.viaalgarviana.org.*

Cachopo, p. 106

➤ Accès

En bus

Liaison quotidienne au départ de Faro. ☎ *282 41 81 20, www.eva-bus.com.*

➤ Se déplacer

En voiture ou à pied, en empruntant les sentiers balisés du GR13 Via Algarviana. *www.viaalgarviana.org.*

São Brás de Alportel, p. 105

➤ Accès

En bus

Gare routière : *Rua João Louro* ☎ *282 41 81 20, www.eva-bus.com.* Liaisons quotidiennes au départ de Faro.

➤ Se déplacer

En voiture ou à pied, en empruntant les sentiers balisés du GR13 Via Algarviana. *www.viaalgarviana.org.*

➤ Visiter

Office de tourisme

Largo de São Sebastião, 23 ☎ *289 84 31 65. Lun.-ven. 9h-14h30 et 13h-16h.*

Vaqueiros, p. 107

➤ Accès

En voiture ou à pied, en empruntant les sentiers balisés du GR13 Via Algarviana. *www.viaalgarviana.org.*

D'ALCOUTIM À ODELEITE

Visite 11, p. 112
Carte p. 30-31

Alcoutim, p. 113

➤ Accès

En bus

Plusieurs liaisons par semaine, uniquement en soirée, au départ de Vila Real de Santo António (sens unique) ☎ *282 41 81 20, www.eva-bus.com.*

➤ Se déplacer

En voiture ou à pied, en empruntant les sentiers balisés du GR13 Via Algarviana, www.viaalgarviana.org et du GR 15 : Grande Rota do Guadiana entre Vila Real de Santo António et Alcoutim.

➤ Visiter

Office de tourisme
Rua 1° de Maio (proche de l'embarcadère) ☎ 281 54 61 79. Mar.-sam. 9h-13h et 14h-18h.

L'EMBOUCHURE DU GUADIANA

Visite 12, p. 116
Carte p. 30-31

Castro Marim, p. 117

➤ Accès

En train
Gare ferroviaire : *À 5 km S-O de la ville ☎ 707 21 02 20, www.cp.pt.* Liaisons quotidiennes vers toutes les gares de la ligne du littoral.

➤ Visiter

Office de tourisme
Mercado municipal, rua de São Sebastião ☎ 281 53 12 32. T. l. j. 9h-13h et 14h-18h (19h en été).

Monte Gordo, p. 121

➤ Accès

En bus
Gare routière : *Au N de la ville, au bout de la rua Pedro Alenquer ☎ 282 41 81 20, www.eva-bus.com.* Liaisons quotidiennes vers plusieurs villes de l'Est de l'Algarve dont Tavira et Faro.

En train
Gare ferroviaire : *À 1,5 km N de la ville, de l'autre côté de la N125 ☎ 707 21 02 20, www.cp.pt.* Liaisons quotidiennes vers toutes les gares de la ligne du littoral.

➤ Visiter

Office de tourisme
Av. Infante Dom Henrique (attenant au casino) ☎ 281 54 44 95. Mar.-jeu. 9h-18h ; ven. et lun. 9h-13h et 14h-18h.

Vila Real de Santo António, p. 119

➤ Accès

En bus
Gare routière : *Av. da República, face à l'embarcadère ☎ 282 41 81 20, www.eva-bus.com et www.renex.pt.* Liaisons quotidiennes vers la majorité des villes.

En train
Gare ferroviaire : *Rua da Estação Velha, au N du centre-ville ☎ 707 21 02 20, www.cp.pt.* Liaisons quotidiennes vers toutes les gares de la ligne du littoral.

➤ Visiter

Office de tourisme
Centro Cultural Antonio Aleixo : Rua 5 de Outubro ☎ 281 54 21 00. T. l. j. 10h-13h et 17h-22h.

COURRIER

Les timbres (« *selos* ») s'achètent dans les bureaux de poste portant le sigle **CTT Correios,** dans les bureaux de tabac et chez les marchands de journaux. Le plus simple est d'utiliser les bornes rouges en forme de colonne faisant office de distributeurs de timbres et de boîte à lettres. Délai d'acheminement vers la France des cartes postales et des lettres : au minimum 4 jours. Inscrivez la mention « *Via aérea* » (Par avion).

HANDICAP

Le Portugal est relativement avancé dans la lutte contre la discrimination à l'égard des personnes à mobilité réduite. Trains, bus et tramways récents sont généralement adaptés, tout comme les voies publiques dans une large mesure, ainsi que les grands sites touristiques et les musées nationaux. Les places de stationnement réservées aux handicapés sont plutôt bien respectées, mais parfois malaisées à utiliser car trop étroites.

Instituto Nacional para a Rehabilitação
Av. Conde de Valbom, 63, Lisbonne ☎ 217 92 95 00, www.inr.pt.

Pour connaître l'accessibilité d'un lieu (hôtels, restaurants, monuments, musées, etc.), consultez le site *www.portugalacessivel.com* ou *www.maisturismo.pt* (pour les hôtels surtout). Tout n'est bien sûr pas répertorié, loin de là !

HÉBERGEMENT

Les établissements hôteliers ont de multiples dénominations. L'office de tourisme publie une liste de toutes les adresses homologuées dans le pays. Attention, les prix peuvent varier du simple au double selon les périodes touristiques, tout particulièrement en Algarve. Sauf rares exceptions, il est possible de régler sa note avec une carte de crédit. Une certaine baisse des prix s'observe depuis que le Portugal fait face à la crise.

➤ *Pousadas*

Hôtels de charme, souvent installés dans des monuments historiques (châteaux, palais, monastères…), les *pousadas* ont pour vocation d'accueillir le voyageur et de lui faire découvrir les spécialités locales. Elles valent aussi pour leur cadre géographique. En Algarve, 3 adresses accueillent les voyageurs à la recherche d'un certain luxe !

Les prix sont variables selon les établissements et les périodes de l'année. Le confort correspond à un hôtel 4 étoiles. En outre, la table est généralement d'excellente qualité, offrant des spécialités régionales et des vins difficiles à trouver ailleurs. Comptez de 120 à plus de 250 € pour une chambre de deux personnes. Différentes offres promotionnelles sont mises en place. Les réservations dites « *last minute* » (sur Internet seulement), par exemple, peuvent baisser le prix de la chambre double à 50 € par personne.

Pousadas de Portugal

☎ 218 44 20 00 (Lisbonne), www.pousadas.pt.

➤ Hôtels

Vous avez le choix entre l'hôtel classique (de 2 à 5 étoiles) ou l'auberge, dénommée *albergaria* ou *estalagem*. Le prix d'une chambre dans l'un ou l'autre est souvent inférieur à celui d'un hôtel 4 étoiles. Le cadre est agréable et l'ambiance générale plus intime (moins de lits).

Les prix varient considérablement selon l'importance touristique de la localité et selon les périodes de l'année (de 30 à 40 %). En général, des réductions sont pratiquées pour les enfants de moins de 8 ans.

Les hôtels disposent d'un **restaurant,** sauf dans les catégories inférieures. Le petit déjeuner *(pequeno almoço)* est généralement inclus dans le prix de la chambre.

➤ *Residenciais*

Rien ne distingue les *residenciais,* classés de 2 à 4 étoiles, des hôtels classiques, en dehors de l'éventuelle absence de restaurant. Un certain nombre de ces établissements hôteliers prennent d'ailleurs le nom d'« *hotel-residencial* »… Le confort proposé correspond, en gros, à celui d'hôtels 2 à 3 étoiles.

➤ *Pensões*

Les pensions sont classées en trois catégories selon leur confort.

Là encore, faire le distinguo n'est pas toujours chose aisée, certaines pensions s'appelant « *pensão-residencial* »… La vraie différence tient au nombre restreint de chambres et à l'absence de restaurant (pour la plupart des pensions). Dans tous les cas, choisissez une pension ou un *residencial* plutôt qu'un hôtel 2 étoiles, vous paierez moins cher. En plus, l'ambiance est souvent familiale et plus sympathique.

➤ Tourisme en milieu rural

Surtout présent dans le Nord et le Centre du Portugal, ce type d'hébergement, situé en dehors des grands centres urbains, tend à se diffuser sur l'ensemble du pays, y compris en Algarve.

Il existe trois grandes « appellations » : Solares de Portugal, Aldeias de Portugal et Casas no Campo.

Sous le vocable **Solares de Portugal** sont regroupées les ***casas antigas*** *(Turismo de habitação,* sigle **TH** ; fermes ou demeures des XVIIe-XVIIIe s.), les ***quintas e herdades*** *(Agroturismo,* sigle **AT** ; agrotourisme dans des

exploitations de style traditionnel, avec possibilité d'exercer des activités agricoles) et les ***casas rústicas*** (*Turismo rural*, sigle **TR** ; petites maisons rustiques de village meublées plus simplement). Quelle que soit la formule choisie, vous serez toujours très bien reçu dans ces chambres d'hôtes, avec un accueil personnalisé et des conseils sur la région. Un séjour minimum de 2 nuits est souvent exigé. Les gîtes ruraux prennent le nom d'**Aldeias** (3 nuits minimum) ou de **Casas no Campo** (1 semaine minimum).
Une nuit dans une *casa antiga* vous coûtera env. 80-90 € (plus rarement entre 110 et 125 €), pour un confort et un charme au moins équivalents à ceux d'une *pousada*. Comptez autour de 80 € dans une *quinta/herdade*, et 65 € dans une *casa rústica* (plus rarement 75 €). Une réservation est indispensable dans tous les cas. Sur place, et plus particulièrement en dehors de la période estivale et des vacances scolaires, vous pouvez avoir la chance de trouver une chambre libre sans réservation préalable. Demandez l'assistance des offices de tourisme municipaux.

Central Nacional de Turismo no Espaço Rural (CENTER)
Praça da República, Ponte de Lima
☎ 258 93 17 50, www.center.pt.
Rendez-vous sur les sites *www.maisturismo.pt*, *www.portugal-villa.com* et *www.toprural.fr* pour plus d'adresses.

➤ *Motéis*
Les **motels,** classés de 2 à 3 étoiles, proposent eux aussi, à confort égal, des tarifs moins élevés que ceux des hôtels. Le problème est qu'ils sont souvent situés dans des environnements ingrats.

➤ Chambres chez l'habitant
Elles se rencontrent dans les petites villes touristiques et les stations balnéaires. Les propriétaires sollicitent les clients dans les gares ou dans les rues, en brandissant des pancartes *alugam-se quartos*. Visitez et fixez le prix avant de conclure l'affaire.

➤ Campings
Le camping sauvage est interdit. En général, les sites aménagés *(campismo)* sont bon marché et corrects, surtout ceux qui appartiennent à la chaîne Orbitur. Les terrains sont classés en 4 catégories selon les prestations proposées. Sachez que la carte internationale de camping peut vous être réclamée.
Le *Roteiro Campista* répertorie les terrains et donne leurs tarifs. Il est en vente dans les campings et librairies. Voir aussi *www.roteiro-campista.pt.*

➤ Surfcamps
L'Algarve est la terre de prédilection des surfcamps, qui proposent hébergement (en tente ou en « dur ») et cours de surf ou autres activités.

➤ Auberges de jeunesse
Aux côtés des 7 établissements affiliés à la FUAJ, l'Algarve compte également une multitude d'adresses dénommées *hostels*.
Voir aussi la rubrique Où dormir ?, p. 183.

HORAIRES

➤ Administrations
Lun.-ven. 8h30 (ou 9h)-12h (ou 13h) et 14h (ou 14h30)-18h (ou 18h30).

➤ Banques
Lun.-ven. 8h30 (ou 9h)-14h30 (ou 15h).

➤ Églises
Elles sont fermées entre 13h et 16h ou n'ouvrent que lors des offices, à un moment où la déambulation de touristes est mal vue. Quant aux églises de campagne, elles sont closes. Il faut trouver la clé et quelqu'un pour vous accompagner…

➤ Magasins
Lun.-ven. 8h-12h30 et 15h-19h. Le shopping du samedi après-midi n'est pas une habitude portugaise : à partir de 13h, tout est fermé en dehors des centres commerciaux, qui restent aussi ouverts le dimanche.

➤ Musées
En général, ouverts du mardi au dimanche en continu. Une interruption à l'heure du déjeuner (12h30/13h-14h/14h30) est de règle dans les plus petits musées.

➤ Pharmacies
Lun.-ven. 9h-13h et 15h -19h, sam. 10h-13h.

➤ Postes
Lun.-ven. 8h-12h30 et 14h30-18h. Dans les grandes villes, les postes principales ne font pas de coupure à l'heure du déjeuner et ouvrent le samedi matin.

JOURS FÉRIÉS

1er janvier : jour de l'an. **Février** : Mardi gras (jour variable). **Mars ou avril** : Vendredi saint et lundi de Pâques (jours variables). **25 avril** : jour de la Liberté, fête de la Révolution des Œillets. **1er mai** : fête du Travail. **10 juin** : fête nationale pour l'anniversaire de la mort du poète Luís de Camões en 1580. **15 août** : Assomption. **5 octobre** : anniversaire de la proclamation de la République. **1er décembre** : anniversaire de la restauration de l'indépendance de 1640. **8 décembre** : Immaculée Conception. **25 décembre** : Noël. Le **13 juin** (Saint-Antoine), le **24 juin** (Saint-Jean) et le **29 juin** (Saint-Pierre) peuvent entraîner la fermeture de magasins et monuments.

LANGUE

Le portugais s'avère difficile pour les étrangers. Rassurez-vous : le personnel des offices de tourisme et de l'hôtellerie parle souvent le français. À défaut, il est possible de se faire comprendre en anglais, mais vos efforts pour parler la langue seront appréciés. *Voir le lexique, p. 202.*

POLITESSE ET USAGES

➤ Dans les églises
Évitez de visiter les sanctuaires pendant les offices. Le short est déconseillé.

➤ En général
On s'adressera souvent à vous par des « *Senhor* » ou « *Senhora* ». Apprenez les formules usuelles *(p. 202)* et ne soyez pas avare de « *se faz favor* » (s'il vous plaît) ou de « *obrigado* » – « *obrigada* » au féminin – (merci). Dire « *Olá* » (salut !) quand on entre dans un café ou dans une boutique est de règle.

POURBOIRES

La *gorjeta* est une pratique courante dans certains secteurs comme l'hôtellerie, la restauration et les spectacles. En principe, laissez 10 % de votre note au chauffeur de taxi et au serveur (si le service n'est pas compris).

RESTAURATION

➤ Heures
Le déjeuner *(o almoço)* se prend en général de 13h à 14h-14h30, le dîner *(o jantar)* de 20h à 22h. Si le restaurant est réputé, il est préférable de se présenter tôt ou de réserver.
Dans l'arrière-pays, de nombreux établissements terminent leur service à 21h30.

➤ Mode d'emploi
Tous les restaurants disposent d'une carte *(lista)*, souvent multilingue. Le plat du jour *(prato do dia)* et le menu *(ementa)* sont les formules les moins onéreuses. Dans les restos bon marché, vous lirez parfois les mentions *dose* (portion normale) ou *meia dose* (demi-portion). Cette dernière est largement suffisante pour un grand appétit.

➤ Service
Au restaurant, le service est compris, mais il convient d'ajouter le montant du couvert, sorte de taxe équivalant au prix du pain et du beurre. Les serveurs ont l'habitude d'apporter de petits fromages ou des rillettes de sardine : c'est la coutume pour faire patienter le client. Certains d'entre eux posent d'autorité des assiettes de charcuterie ou de gambas, voire un éventail de spécialités régionales. Attention, tout cela vous sera facturé dès l'instant que vous y aurez touché…
Pour éviter tout malentendu, le mieux est de refuser les amuse-gueules et de se limiter au pain, au beurre et aux olives. Les abus sont devenus rares, en particulier suite à une campagne gouvernementale.

SÉCURITÉ

Prenez les mêmes précautions qu'en France : ne laissez rien en évidence dans votre voiture quand vous allez à la plage, par exemple.

SPORTS ET LOISIRS

➤ Golf

L'Algarve compte de nombreux terrains parmi les plus réputés d'Europe *(encadré p. 136)*.

➤ Pêche

Les loueurs de matériel se multiplient sur la côte, et la pêche à la ligne est facilement praticable. À certaines périodes, la pêche est interdite afin de protéger la faune. En été, faites une partie de pêche au gros. Vous pourrez louer un bateau entièrement équipé dans un port de l'Algarve.

➤ Sports nautiques

Le surf, la plongée, la voile et le kitesurf se pratiquent un peu partout en Algarve, notamment dans les environs de Portimão *(p. 133)*, de Sagres (p. 139), d'Aljezur *(p. 140)* et d'Odeceixe *(p. 141)*.

TÉLÉPHONE

Les numéros de téléphone en 707 et 808 coûtent le prix d'un appel local. Les numéros en 800 sont gratuits. Vous trouverez encore des cabines téléphoniques à pièces ou à carte (cartes prépayées en vente dans les bureaux de poste et kiosques à journaux).

URGENCES

Un tour de garde des pharmacies est effectué les dimanches et jours fériés. Un panonceau indique l'adresse de l'officine la plus proche.
☎ 112 ou ☎ 115 pour les urgences.

Lexique

➤ Les nombres

1 : *um*
2 : *dois (fém. : duas)*
3 : *três*
4 : *quatro*
5 : *cinco*
6 : *seis*
7 : *sete*
8 : *oito*
9 : *nove*
10 : *dez*
20 : *vinte*
30 : *trinta*
40 : *quarenta*
50 : *cinquanta*
60 : *sessenta*
70 : *setenta*
80 : *oitenta*
90 : *noventa*
100 : *cem*
1 000 : *mil*

➤ Interdits et avertissements

Interdit : *proibido*
Défense d'entrer : *é proibido entrar*
Défense de fumer : *é proibido fumar*
Défense de se baigner : *é proibido tomar banho*
Stationnement interdit : *estacionamento proibido*
Passage interdit : *passagem proibida*
Circulation interdite : *trânsito proibido*
Sens interdit : *sentido proibido*
Virage dangereux : *curva perigosa*
Poussez : *empurre*
Entrée : *entrada*
Fermé : *fechado*
Travaux : *obras*
Tirez : *puxe*
Libre : *livre*
Danger : *perigo*
Sortie : *saída*

➤ Mots et expressions usuels

Aidez-moi, s'il vous plaît ! : *ajude-me, por favor !*
Au revoir : *adeus*
Bonjour : *bom dia, boa tarde*
Bon marché : *barato*
Bonsoir : *boa noite*
D'accord : *está bem*
Excusez-moi : *desculpe*
Ici : *aqui/cá*
Loin : *longe*
Madame : *a senhora*
Mademoiselle : *a menina*
Monsieur : *o senhor*
Merci : *obrigado (a) (m., f.)*
Où ? : *onde ?*
Oui : *sim*
Non : *não*
Pourquoi ? : *porquê ?*
S'il vous plaît : *se faz favor*
À tout à l'heure : *até logo*
C'est possible : *é possível*
C'est impossible : *é impossível*
C'est trop cher : *é muito caro*
C'est trop grand : *é grande demais*
C'est trop petit : *é pequeno demais*
Cette place est-elle libre ? : *este lugar está livre ?*
Combien cela coûte-t-il ? : *quanto custa isto ?*
Comment appelle-t-on cela en portugais ? : *como se chama isto em português ?*
Excusez-moi : *desculpe-me*
Il fait beau : *está bom tempo*
Il fait chaud/froid : *está calor/ frio*
J'ai perdu mon sac/porte-monnaie : *perdi a minha mala/a minha carteira*
Je ne comprends pas : *não compreendo*
Je n'en veux pas : *não quero*
Je ne sais pas : *não sei*
Je suis fatigué(e) : *estou cansado (a)*
Je voudrais louer une voiture : *queria alugar um carro*
Quel chemin est le plus pratique pour… ? : *qual é o melhor caminho para… ?*
Montrez-moi, s'il vous plaît : *mostre-me, se faz favor*
Parlez-vous français ? : *fala francês ?*
Quelqu'un parle-t-il le français ici ? : *Alguém fala francês ?*

➤ Le temps et les jours

Aujourd'hui : *hoje*
Demain : *amanhã*
Heure : *hora*
Matin : *manhã*
Midi : *meio dia*
Mois : *mês*
Nuit : *noite*
Semaine : *semana*
Soir : *tarde*
Lundi : *segunda feira*
Mardi : *terça feira*
Mercredi : *quarta feira*
Jeudi : *quinta feira*
Vendredi : *sexta feira*

Samedi : *sábado*
Dimanche : *domingo*

➤ En ville

Autobus : *autocarro*
Avenue, rue : *avenida, rua*
Banque : *banco*
Boutique : *loja*
Hôtel de ville : *câmara municipal*
Marché/foire : *feira*
Office du tourisme : *turismo, posto turismo*
Où est l'arrêt le plus proche ? : *onde está a próxima paragem ?*
Place : *praça*
Poste : *correio*
Quartier : *bairro*
Renseignements : *informações*
Téléphone : *telefone*
Timbres : *selos*
Toilettes : *casa de banho*
Tramway : *eléctrico*
Ville : *cidade ou vila*

➤ En voyage

Aller et retour : *ida e volta*
À quelle heure part le rapide pour… ? : *a que horas sai o rápido para… ?*
Arrivée : *chegada*
Bagages : *as bagagens*
Billet : *bilhete*
Un billet de 1re, de 2e classe pour… : *um bilhete de primeira, segunda classe para…*
Chemin de fer : *caminho de ferro*
Consigne : *depósito*
Départ : *partida*
Essence sans plomb : *gasolina sem chumbo*
Gare (ferroviaire) : *estação*
Gare routière : *rodoviária*
Louer : *alugar*
Où dois-je changer ? : *onde tenho de mudar ?*
Où est la gare ? : *onde fica a estação ?*
Le plein : *cheio ou pleno*
Quai : *plataforma, cais*
Quand part un autobus pour… ? : *quando sai um autocarro para… ?*
Route : *estrada*
Station essence : *posto de gazolina*
Valise : *mala*
Voiture : *automóvel*

➤ À l'hôtel

Avez-vous des chambres ? : *tem quartos livres ?*
Combien coûte cette chambre ? : *quanto custa este quarto ?*
Couverture : *cobertor*
Lit : *cama*
Oreiller : *travesseiro*
Petit déjeuner : *pequeno almoço*
Puis-je voir la chambre ? : *posso ver o quarto ?*
Salle de bains : *casa de banho*
Vous n'avez pas de chambre plus tranquille ? : *você não tem um quarto mais tranquilo ?*

➤ Au restaurant

L'addition, s'il vous plaît : *a conta se faz favor*
Beurre : *manteiga*
Bière (très fraîche) : *cerveja (fresquinha)*
Bifteck : *bife*
Bœuf : *carne de vaca*
Boulette de viande : *almôndega*
Café : *café*
Carte : *lista*
Cochon de lait : *leitão*
Coquillages : *mariscos*
Crevettes : *camarão*
Déjeuner : *almoço*
Dessert : *sobremesa*
Dîner : *jantar*
Fromage : *queijo*
Haricots : *feijão*
Jambon blanc : *fiambre*
Laitue : *alface*
Melon : *melão*
Menu : *ementa*
Morue : *bacalhau*
Mouton : *carneiro*
Note : *conta*
Œuf : *ovo*
Où sont les toilettes ? : *onde é a retrete ?*
Poisson : *peixe*
Pommes de terre : *batatas*
Porc : *porco*
Potage : *sopa*
Rôti : *assado*
Sel, poivre : *sal, pimenta*
Sucre : *açúcar*
Table : *mesa*
Thé : *chá*
Thon : *atum*
Verre : *copo*
Vin : *vinho*
Vinaigre : *vinagre*

➤ Santé

Accident : *acidente*
Dentiste : *dentista*
Faites venir un médecin : *podia chamar um medico*
Hôpital : *hospital*
Médicament : *remédio, medicamento*
Pharmacie : *farmácia*

Index

S

T

U-V

Crédits photos

COUVERTURE

Sergio Stakhnyk / Shutterstock : visuel principal. John Arnold Images / hemis.fr : plat 1 haut et plat 4 d. Pawel Kazmierczak / Shutterstock : plat 4 g.

INTERIEUR

HEMIS

WYSOCKI Pawel : p. 2, p. 52; eye35/Alamy/Hemis : p. 4 ; POMPE Ingolf : p. 8 (haut), p. 163 ; FRUMM John : p. 9 (bas) ; Alamy : p. 11 (bas), p. 101, p. 120 ; Jon Arnold Images : p. 13 (bas), p. 16, p. 27, p. 28, p. 43, p. 51, p. 62, p. 67, p. 68, p. 71, p. 80, p. 81, p. 91, p. 97, p. 106, p. 108, p. 112, p. 113, p. 116, p. 121, p. 164, p. 168, p. 172, p. 173, p. 177 ; MATTES René : p. 33, p. 54, p. 180 ; BLANCHOT Philippe : p. 55, p. 83, p. 95, p. 99, p. 104, p. 155, p. 162 ; Robert Harding : p. 59, p. 61 ; GARDEL Bertrand : p. 72 ; Paul White/Alamy/Hemis : p. 85 ; Westend 61 : p. 88 ; Luis Elvas/ Alamy/Hemis : p. 122 ; Ivy Close Images/Alamy/Hemis : p. 156 ; Louis Champion/Alamy/Hemis : p. 158 ; BORGESE Maurizio : p. 169 ; Food Collection : p. 175.

SHUTTERSTOCK

M.V. Photography : p. 7 (haut) ; florenzo7 : p. 8 (bas) ; tony mills : p. 12 (bas) ; hlphoto : p. 13 (haut) ; tagstiles.com - S. Gruene : p. 14 ; Mauro Rodrigues : p. 42, p. 102, p. 107, p. 111, p. 176 ; Ricardo Furtado : p. 57 ; marvlc : p. 66 ; John Copland : p. 76 ; Peter Etchells : p. 86 ; Christopher Elwell : p. 87 ; Ana Marques : p. 89 ; ah_fotobox : p. 90 ; Pawel Kazmierczak : p. 94 ; inacio pires : p. 115, p. 119 ; Kartouchken : p. 118 ; vvoe : p. 152 ; AngeloDeVal : p. 167

GETTY IMAGES

Inacio Pires / EyeEm : p. 11 (haut).

AGEFOTOSTOCK

Zoonar/Radomir Rezny : p. 48.

PHOTONONSTOP

Werner Dieterich/Westend61/Photononstop : p. 6, p. 36, p. 39, p. 44 ; Philippe Turpin/ Photononstop : p. 7 (bas), p. 34 ; Michael Howard/Sime/Photononstop : p. 9 (haut), p. 18, p. 46, p. 64, p. 96, p. 117 ; Katja Kreder/John Warburton-Lee/Photononstop : p. 10 ; Thomas Peter Widmann/Look/Photononstop : p. 12 (haut) ; Simeone/Photononstop : p. 38 ; Mel Stuart/ Westend61/Photononstop : p. 45 ; Kay Maeritz/Look/Photononstop : p. 47 ; Graefenhain/ Sime/Photononstop : p. 56 ; Michael Howard/4Corners/Sime/Photononstop : p. 74 ; Frédéric Soreau/Photononstop : p. 75 ; Mauricio Abreu/John Warburton-Lee/Photononstop : p. 79 ; Tim Mannakee/4Corners/Sime/Photononstop : p. 82 ; Konrad Wothe/Look/Photononstop : p. 92 ; Hauke Dressler/Look/Photononstop : p. 100 ; Roetting / Pollex/Look/Photononstop : p. 160.

Ce guide a été établi par **Sabrina Pessanha Foucaud.**

Certaines parties ont été reprises et adaptées du guide *Évasion Portugal*, dont l'édition originale a été réalisée par **Denis Montagnon,** et à laquelle ont également participé **Audrey Nguyen** et **Sophie Tardy-Joubert.**

Direction : Nathalie Bloch-Pujo

Direction éditoriale : Cécile Petiau

Responsable de collection : Hélène Firquet

Responsable adjointe : Julie Wood

Édition : Marine Barbier-Blin, Peggy Dion, Laura Gélie-Mouliet, Émilie Lézénès et Jean Tiffon

Cartographie : Aurélie Huot et Frédéric Clémençon

Fabrication : Caroline Le Page, Alexis Moulin

Conception graphique de la couverture et de la maquette intérieure : Thibault Reumaux

Mise en pages intérieure : Chrystel Arnould

Suivi éditorial : Bertrand Lauzanne

Lecture-correction : Mélanie Rebillaud

Ont également collaboré : Marion Carvalho, Camille Martinez, Elma Ziane

Contact presse : Rachida Mazef, rmazef@hachette-livre.fr ☎ 01 43 92 36 66

Contact publicité : Valérie Habert, vhabert@hachette-livre.fr ☎ 01 43 92 32 52

Pour nous écrire : Hachette Tourisme / Guides Évasion
58 rue Jean-Bleuzen - 92170 Vanves
evasion@hachette-livre.fr
Pour nous lire : www.guide-evasion.fr

Édité par Hachette Livre, 58 rue Jean-Bleuzen, CS 70007, 92178 Vanves cedex

Imprimé en Espagne par Industria Grafica Cayfosa

(ctra. De Caldes, km 3, Sta. Perpetua Mogada, 08130 Barcelone)

Achevé d'imprimer : juin 2016. Dépôt légal : juin 2016

Collection n° 25 : Édition n° 01

ISBN : 978-2-01-396076-2

43-7389-2

Tout pour préparer et réussir son voyage

Des questions avant de partir ?
Retrouvez-nous sur Facebook,
Twitter (@guideevasion)
et Instagram (@guideevasion).

Et, à votre retour, venez partager vos souvenirs,
vos plus belles photos et vos adresses préférées…

Avant de partir

Aidez-vous de notre check-list pour être certain de ne rien oublier avant de partir. Vérifiez bien la date de validité de tous vos documents officiels, n'oubliez pas de faire une copie (ou scan) de votre passeport ou de votre carte nationale d'identité et notez bien les numéros d'opposition de votre carte bancaire.

Check-list

Passeport / Carte d'identité	
Visa	
Permis de conduire international	
Carte d'assurance maladie	
Carte bancaire	
Réservations hôtels	
Billets électroniques	
Brevets de plongée et autres brevets sportifs	

Budget

Afin de préparer votre budget, soyez attentif à certains postes de dépenses qui peuvent parfois être oubliés ou sous-estimés :

- Au moment de l'achat de votre billet d'avion, pensez à bien regarder le prix pour un bagage en soute (il est de plus en plus souvent en supplément). Si vous voyagez avec de jeunes enfants, certaines compagnies facturent la prise en charge des poussettes et autres rehausseurs, soyez vigilants.

- Certains pays exigent un visa, tenez-en compte dans votre budget.

- Surveillez les taux de change qui peuvent faire grimper ou baisser le prix d'une chambre d'hôtel de manière significative.

- Les entrées de certains musées ou sites touristiques peuvent parfois être très élevées, mais il est souvent possible d'obtenir un meilleur tarif en achetant à l'avance ses billets sur Internet.

Type de dépenses	**Montant**
Voyage	
Transports sur place	
Hébergement	
Repas	
Entrées musées, sites, monuments	

Votre circuit

JOURS	ÉTAPES / VILLES	DISTANCE
Jour 1		
Jour 2		
Jour 3		
Jour 4		
Jour 5		
Jour 6		
Jour 7		
Jour 8		
Jour 9		
Jour 10		
Jour 11		
Jour 12		
Jour 13		
Jour 14		
Jour 15		

HÉBERGEMENT	TRANSPORT

Ces pages sont les vôtres,
vous pouvez y noter tous vos coups de cœur,
vos découvertes et patienter, ou faire patienter vos enfants,
à l'aéroport, à la gare… en coloriant !